Matchplan Fußball

Für meinen Vater, der das schönste Spiel der Welt mittlerweile von ganz oben betrachten kann.

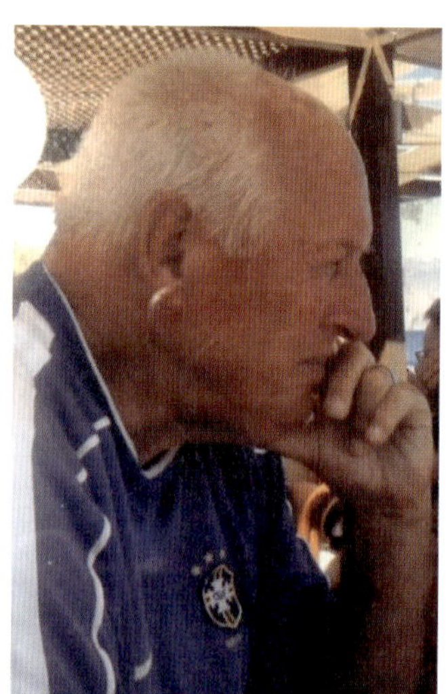

Allgemeiner Hinweis:

Aus Gründen der besseren Lesbarkeit wird bei Personenbezeichnungen die männliche Sprachform verwendet. Gemeint ist sowohl die männliche als auch die weibliche und die diverse Form.

Das vorliegende Buch wurde sorgfältig erarbeitet. Dennoch erfolgen alle Angaben ohne Gewähr. Weder der Autor noch der Verlag können für eventuelle Nachteile oder Schäden, die aus den im Buch vorgestellten Informationen resultieren, Haftung übernehmen.

Sollte diese Publikation Links auf Webseiten Dritter enthalten, so übernehmen wir für deren Inhalte keine Haftung, da wir uns diese nicht zu eigen machen, sondern lediglich auf deren Stand zum Zeitpunkt der Erstveröffentlichung verweisen.

Timo Jankowski

MATCHPLAN **FUSSBALL**

MIT DER RICHTIGEN TAKTIK ZUM ERFOLG

INKLUSIVE EM-ANALYSE 2020

Meyer & Meyer Verlag

Matchplan Fußball

Bibliografische Information der Deutschen Nationalbibliothek
Die Deutsche Nationalbibliothek verzeichnet diese Publikation in der Deutschen Nationalbibliografie; detaillierte bibliografische Details sind im Internet über <http://dnb.d-nb.de> abrufbar.

3., erweiterte Auflage 2015
4. überarbeitete Auflage 2021
Auckland, Beirut, Budapest, Cairo, Cape Town, Dubai, Hägendorf,
Indianapolis, Maidenhead, Singapore, Sydney, Teheran, Wien

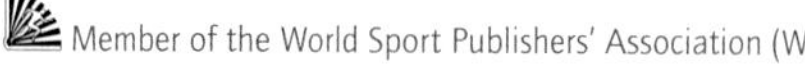
Member of the World Sport Publishers' Association (WSPA)

Gesamtherstellung: Print Consult GmbH, München

ISBN 978-3-8403-7621-4
E-Mail: verlag@m-m-sports.com
www.dersportverlag.de

INHALT

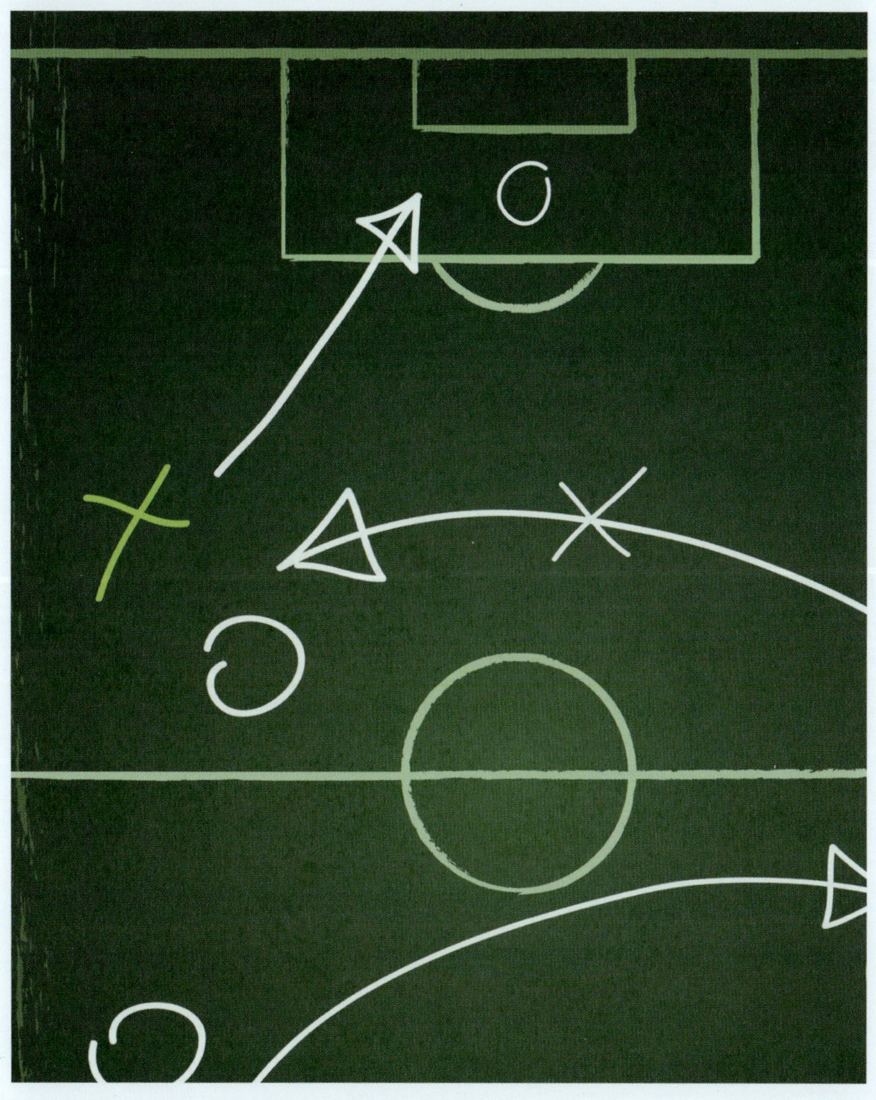

KAPITEL 1

Fußball beginnt im Kopf

„Fußball beginnt immer im Kopf und geht von dort durch den Körper zu den Füßen, niemals andersherum."

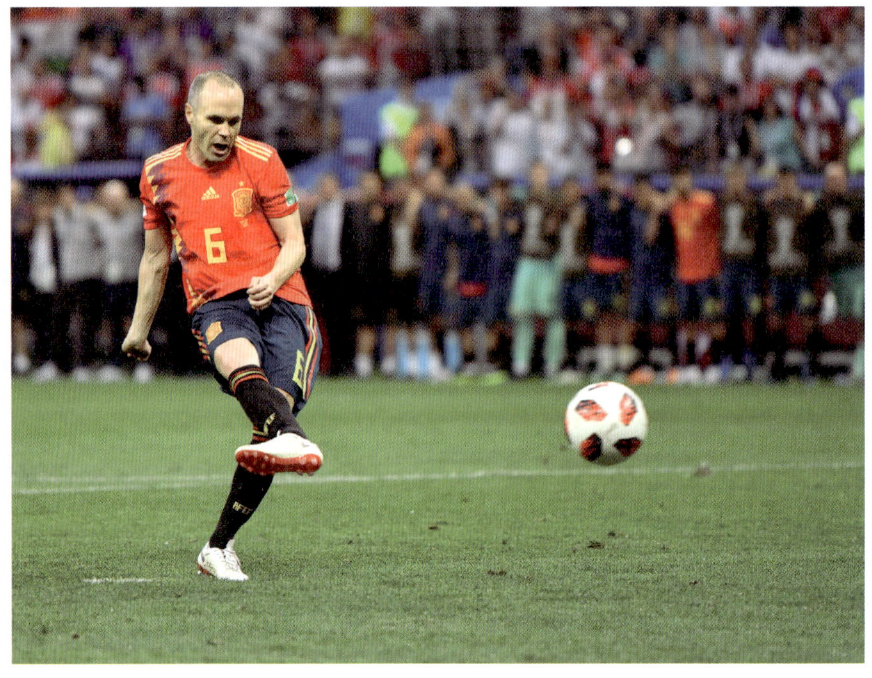

Iniesta mit Spielintelligenz gegen mehrere Gegner

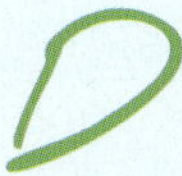

er Fußball verzaubert und fasziniert die Menschen auf der Welt wie kein anderer Sport.

Mehr als 3,5 Milliarden Menschen weltweit haben die WM 2018 verfolgt und alleine das Finale zwischen Frankreich und Kroatien sahen über 1,12 Milliarden Menschen auf der ganzen Welt.

Über 250 Millionen Menschen spielen regelmäßig aktiv Fußball auf der Welt und riesige Länder wie China oder Indien mit Milliarden an Einwohnern entdecken erst jetzt nach und nach ihre Passion für diesen tollen Sport.

Die beiden deutschen Trainerkoryphäen Gero Bisanz und Gunnar Gerisch die, die einen großen Anteil an der Ausbildung und Entwicklung des Fußballs in Deutschland haben, beschreiben die Magie des Fußballs in einem ihrer Fachbücher wie folgt:

„Die einfache Spielidee, leicht verständliche Regeln, die Überschaubarkeit des Spielgeschehens auf dem großen Spielfeld und die besondere Atmosphäre machen einen Teil der großen Popularität aus. Noch mehr Faszination ergibt das Wechselspiel aus Planung und Intuition, mannschaftlicher Geschlossenheit und individuellem Freiheitsspielraum, Kalkulierbarem und Unvorhersehbarem, Zweikampfhärte und spielerischer Leichtigkeit, strategischer Order und hoher kreativer Spielkultur."

Um Fußball in Vollendung auf höchstem Niveau zu spielen, bedarf es vieler verschiedener Leistungsfaktoren, die perfekt aufeinander abgestimmt sein müssen.

Erst das intelligente Zusammenfügen dieser verschiedenen komplexen Leistungsfaktoren, mit dem Ziel, Spielsituationen optimal zu lösen, zeichnet die Spielfähigkeit eines guten Fußballers aus.

Mithilfe taktischer Maßnahmen, welche in Individual-, Gruppen- und Mannschaftstaktik aufgeteilt werden, können diese Leistungsfaktoren dann auf eine komplette Mannschaft übertragen werden.

Bei zwei gleich starken Teams ist es am Ende immer eine gute Spielidee, die richtige Taktik, das geeignete System und die perfekte Umsetzung eines Plans, die die Fähigkeiten eines jeden einzelnen Spielers akzentuieren und den Erfolg bringen.

In jeder Fußballzeitschrift und bei jeder Fußball-Live-Übertragung werden Begriffe wie Taktik, Spielsystem, Grundordnung, 1-4-4-3 oder Matchplan erwähnt oder sogar bildlich dargestellt, doch fast nie genauer erklärt.

Auch wenn man diese Begriffe nicht überschätzen darf, sollte man sie aber auch nicht unterschätzen, denn am Ende des Tages beruht jeder Erfolg im Fußball auf Training, harter Arbeit und einer detaillierten Planung.

Eine lustige, aber wahre Anekdote verdeutlicht die Wichtigkeit der Klärung dieser Begriffe:

Ein Trainer sagt in der F-Jugend zu seinen Spielern: „Ihr fünf spielt heute hinten!" Daraufhin sagt einer der jungen Spieler mutig: „Du, Trainer, wo ist denn hinten genau und darf ich auch mal mit nach vorne?"

Wie sollen junge Spieler ohne ein Verständnis für eine Spielidee oder Taktik das Spiel als Ganzes begreifen lernen?

Wie sollen sie lernen, dass ein Angreifer bei einem Ballverlust auch auf die Defensive umschalten muss und sich der Abwehrspieler bei Ballbesitz mit in die Offensive einschaltet?

Wie vom niederländischen Philosophen Jan Tamboer in der Action-Theorie objektiv unumstößlich aufgezeigt, startet jede Fußballaktion auf der Welt mit verbaler oder nonverbaler Kommunikation (Taktik), woraufhin der Spieler eine Entscheidung trifft (Spielintelligenz) und dann diese Entscheidung ausführt (Technik)[1].

Ob F-Junior, Amateur- oder Profispieler, jeder, der Fußball spielt, führt dieselben Fußballaktionen aus, die wie beschrieben, alle mit einer taktischen Intention starten.

Also können die oben erwähnten Themen automatisch auch schon im jungen Alter auf spielerische Art und Weise gut erklärt werden, wobei Worte wie Taktik oder Umschaltverhalten noch gar nicht in den Mund genommen werden müssen, aber durch

[1] Das Buch kann über folgenden Link bezogen werden: *https://www.fcevolution.com/winkel/books/football-theory/*

geeignete Spielformen und Fragestellungen kann der Lernprozess schon im jüngsten Alter implizit beginnen.

Ein weiterer Punkt, der die Bedeutung von Strategie und Taktik verdeutlicht, ist, dass in der ganzen Geschichte des Fußballs jeder erfolgreiche Trainer seine Mannschaft immer nach taktischen Überlegungen und Plänen auf- und eingestellt hat und sowohl die eigenen Stärken und Schwächen als auch die des Gegners in seine Überlegungen mit einbezogen hat.

Begriffe wie das WM-System (1-3-2-2-3), das der ehemalige Arsenal-London-Trainer Herbert Chapman erfunden hat und mit dem Deutschland 1954 Weltmeister wurde oder der italienische Catenaccio (1-5-4-1), der von Helenio Herrera bei Inter Mailand perfektioniert wurde, sind in der Geschichte des Fußballs tief verankert.

Der renommierte Trainer und dreifache WM-Teilnehmer Guus Hiddink ist sich der Hierarchie der Taktik im Fußball bewusst, wie er in mehreren Interviews beschreibt und weiß, dass er immer zuerst das Hauptaugenmerk auf die Taktik legen muss, da auf dieser die Leistungsfaktoren des Fußballs aufbauen.

Ein Trainer muss sich immer zuerst im Klaren über seine Spielidee und seine taktischen Ansprüche sein, damit er daraus die richtigen Inhalte seiner Trainingseinheiten ableiten kann, um somit Erfolg versprechende Prozesse einzuleiten.

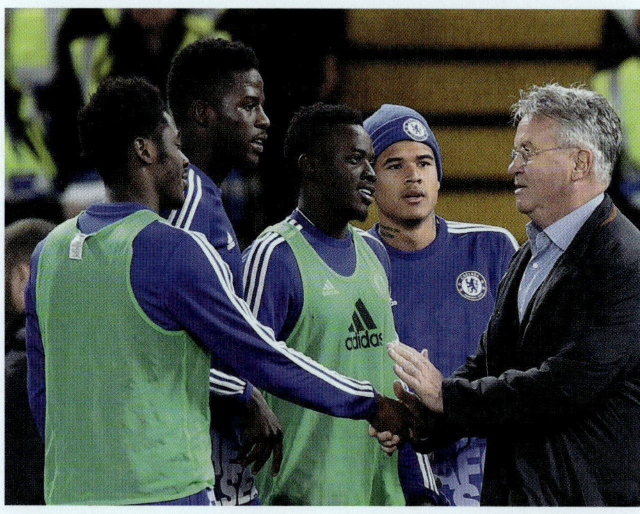

Erfolgstrainer Guus Hiddink – menschlich und fachlich top

Im Fußball ist man immer nur so gut wie das nächste Spiel, weshalb sich ein Fußballtrainer immer wieder Gedanken darüber machen muss, wie er Spielidee und taktische Maßnahmen zielgerichtet auf seine Mannschaft überträgt, um das nächste Spiel zu gewinnen.

Um optimal auf jedes Spiel vorbereitet zu sein, bedarf es immer eines Plans für jeden einzelnen Spieltag – des sogenannten *Matchplans*.

Ziel dieses Buchs ist es, allen, die Interesse, Begeisterung und Spaß am Fußball haben, ausgehend von einer Weltstandsanalyse, Themen wie Spielidee, Taktik, Umschaltverhalten, Zonenfußball sowie Vor- und Nachteile verschiedener Formationen aufzuzeigen, um aus diesen Ideen und Hintergründen heraus dann selbstständig einen konkreten Matchplan für ein einzelnes Spiel zu entwickeln.

„Wer nicht vorausschauend denkt und den Gegner dazu auch noch unterschätzt, wird ganz bestimmt von ihm überwältigt.“ – Sun Tzu, die Kunst des Krieges (ca. 500 v. Chr.)

Viel Spaß beim Lesen und Umsetzen!

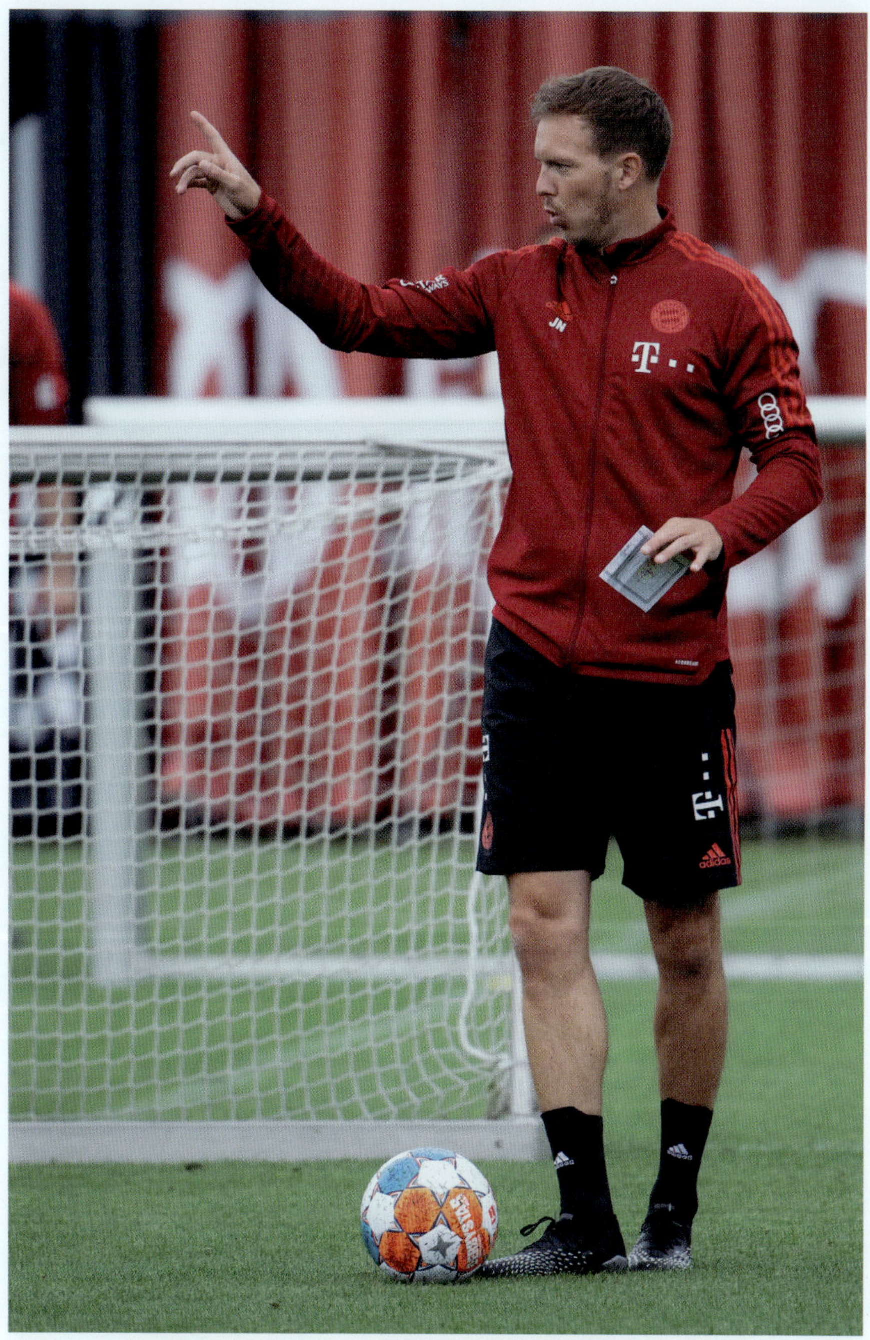

Strukturiert das Training und Spiel seiner Mannschaft mit 31 Prinzipien:

FC Bayern München-Trainer Julian Nagelsmann

KAPITEL 2

Komplexitätsfaktoren im Fußball

„Es ist wie mit Omelettes und Eiern. Ohne Eier keine Omelettes! Es hängt von der Qualität der Eier ab. Im Supermarkt gibt es Eier der ersten, zweiten und dritten Klasse. Einige sind teurer, einige lassen dich bessere Omelettes machen. Wenn die erstklassigen Eier weg sind, hast du ein Problem." – José Mourinho

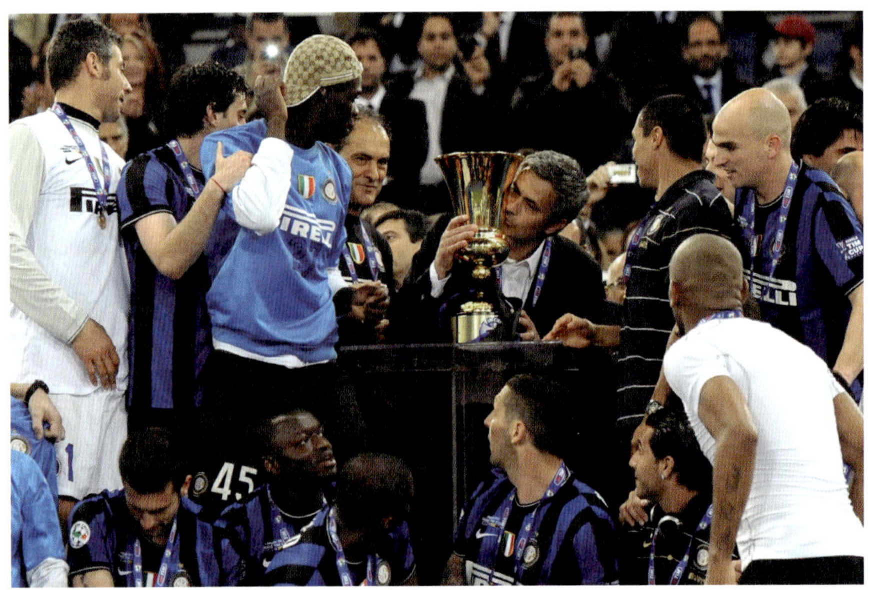

Zunächst werden die wichtigsten Faktoren erläutert, die den Fußball zu einer sehr komplexen Hochleistungssportart machen, was einen großen Einfluss auf taktische Überlegungen hat.

2.1 FUSSBALL IST EIN „OPEN SKILLS"-SPORT

Fußball zählt zu den „Open Skills"-Sportarten, die sich durch unvorhersehbare und chaotische Situationen auszeichnen und eine Vielzahl an Interpretationsmöglichkeiten und kreativen Möglichkeiten in der Ausführung bieten. So können die Spieler nahezu alles tun mit dem Ball, solange er nicht mit der Hand gespielt wird. Zudem können die Spieler sich auf einem sehr großen Feld völlig frei bewegen.

Währenddessen in den „Closed Skills"-Sportarten, zu denen z. B. Schwimmen, ein 100-m-Sprint oder auch Tennis zählen, der Raum deutlich klarer definiert und begrenzt ist. Zudem ist es nicht erlaubt, den Gegner zu attackieren, was die Komplexität deutlich verringert.

Aus diesem Grund zählt Fußball zu den mit Abstand am schwierigsten zu kontrollierenden Spielen und muss deshalb unbedingt als ein kollektives und systematisches Spiel begriffen werden, dessen oberstes Ziel es ist, die Komplexität so weit wie möglich zu vereinfachen, damit durch Modelle und Prinzipien Muster erkannt werden können.

Die Fußballwelt ist in erster Linie komplett auf das Resultat fixiert und nutzt oft lediglich die Resultate, um über einen Verein, eine Mannschaft oder einen Trainer zu urteilen, was im besten Fall als sehr spekulativ bezeichnet werden kann in einem solch komplexen Sport wie Fußball.

2.2 FUSS STATT HAND

Der Ball wird beim Fußball, wie es der Name schon sagt, mit dem Fuß und nicht etwa wie beim Basketball oder Handball mit der Hand gespielt, wodurch die Fehlerhäufigkeit enorm steigt, da der Ball selbst bei einer perfekten Technik lange nicht so gut kontrolliert werden kann, wie mit der Hand, die durch den Alltag von vorneherein durch Tätigkeiten wie Schreiben oder Essen mit Messer und Gabel ganz anders ausgeprägt ist.

Dass auch evolutionär eine stark erhöhte neuronale Anforderung beim Spiel mit dem Fuß besteht, zeigt sich an der Tatsache, dass, wenn einem Affen ein Ball zugerollt wird, er ihn fast ausschließlich und automatisch in die Hände nimmt und diese zum Spielen nutzt.

2.3 GROSSES SPIELFELD UND HOHE SPIELERANZAHL

Weitere Faktoren, die den Fußball zu einer sehr anspruchsvollen Sportart machen, sind die hohe Anzahl der beteiligten Spieler und ein großes Spielfeld, für das bei internationalen Spielen laut FIFA eine Länge von 105 m und eine Breite von 68 m vorgeschrieben ist, wodurch sich ein 7.140 m^2 großes Feld ergibt.

Andere Mannschaftssportarten, wie Handball, Basketball oder Eishockey, haben eine wesentlich geringere Spieleranzahl und es wird auf einem kleineren Spielfeld agiert, was eine weitaus höhere Anzahl an Möglichkeiten hervorbringt, sein Ziel zu erreichen, nämlich einen Punkt oder ein Tor zu erzielen, weshalb Basketballspiele nicht selten im dreistelligen Bereich und Handballspiele immer im zweistelligen Bereich enden.

Beim Fußball hingegen kann ein einziger Moment ein komplettes Spiel entscheiden.

2.4 KLEINES ZIEL

Der Fußball stammt in seinen Ursprüngen vom Rugby ab. Beim heutigen Rugby können die Spieler jedoch auf einem etwa gleich großen Feld den Ball hinter der gesamten Toraußenlinie mit der Hand ablegen, um einen Punkt zu erzielen, wohingegen beim Fußball der Ball genau in einem 7,32 x 2,44 m großen Gehäuse untergebracht werden muss, welches auch noch von einem Spieler bewacht wird, der die Hände zu Hilfe nehmen darf.

2.5 ÄUSSERE EINFLUSSFAKTOREN

Eine wichtige Rolle spielen auch äußere Einflussfaktoren, wie Witterungsverhältnisse und die Beschaffenheit des Spieluntergrundes. Andere Teamsportarten, wie Handball, Basketball oder Volleyball, finden in der Halle statt, wo der Boden immer nahezu identisch ist und das Wetter daher keine Rolle spielt.

2.6 VIELSEITIGE VORAUSSETZUNGEN

Beim Fußball müssen alle athletischen Fähigkeiten, wie Schnelligkeit, Koordination, Kraft, Ausdauer und Beweglichkeit, in einem Zusammenspiel beherrscht werden, wie es in kaum einer anderen Sportart der Fall ist, wo der Athlet oftmals nur in einer dieser Fähigkeiten gut geschult sein muss. Zudem erfordern die ständigen Wechsel von Offensive auf Defensive zusätzlich höchste Anforderungen an die Spielintelligenz.

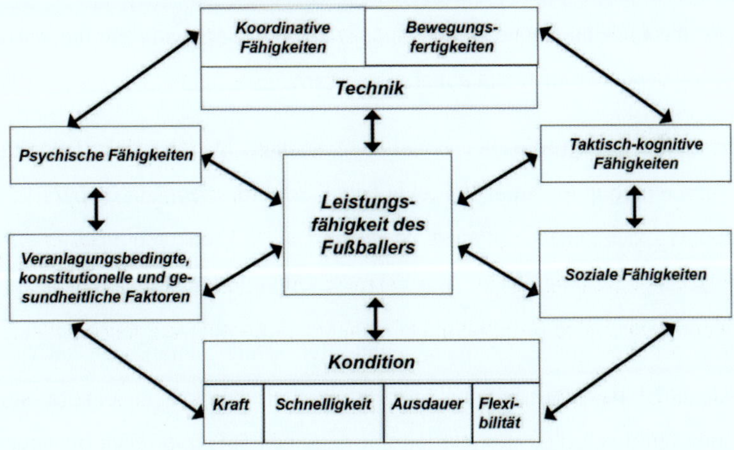

Komponenten der Leistungsfähigkeit des Fußballspielers (nach Weineck, 2004)

2.7 LOW-SCORING-SPORT

Fußball ist ein sogenannter *Low-Scoring-Sport*, wodurch der Zufall eine höhere Gewichtung erfährt und was sich sehr auf die Attraktivität beim Zuschauen auswirkt.

In der Premier League werden im Schnitt 2,79 Treffer pro Spiel erzielt, wohingegen beispielsweise im Basketball in der NBA 204 Punkte im Schnitt erzielt werden.

Im Basketball gewinnt der Favorit in über 80 % der Spiele und im Handball liegt diese Quote sogar noch darüber, wohingegen diese Favoritenquote beim Fußball unter aktuell 65 % liegt.

Im Fußball gewinnt oft nicht die bessere Mannschaft, verglichen mit anderen Sportarten, wodurch die Ergebnisse verzerrt werden, was aber den Fußball auch extrem spannend macht. In Pokalspielen, deren Überraschungsmoment gerade darin liegt, dass Underdogs auf höherklassige Teams treffen und diese auch besiegen können, ist die Spannung für den Fan deswegen noch höher.

Genau aus dieser Faszination heraus gilt es, die Verteilung von Fernsehgeldern kritisch zu hinterfragen.

So könnte die extreme Dominanz der finanzstärksten Mannschaften, die klar an die Finanzen gekoppelt ist, zu einem abnehmenden Interesse führen:

So holte der FC Bayern München bereits den neunten Meistertitel in Folge und Juventus Turin errang in Italien acht Titel in Folge, bevor die Serie 2020/2021 von Inter Mailand unterbrochen wurde, die viel neues Geld durch Investoren aus China zur Verfügung hatten.

In Frankreich holte Paris St. Germain sieben Titel in zehn Jahren, aber auch kleinere Ligen, wie in Österreich, wo Red Bull Salzburg ebenfalls neunmal in Folge Meister wurde, versprechen durch diese Korrelation mit extremen Finanzvorteilen gegenüber der Konkurrenz nur wenig Spannung.

Interessant ist dabei, dass in der Premier League, in der an alle Teams hohe TV-Gelder ausgezahlt werden, in den letzten 10 Jahren immerhin fünf verschiedene Mannschaften die Meisterschaft gewinnen konnten.

2.8 DER BALL IST IMMER FREI

Anders als im Basketball oder in anderen Ballsportarten ist der Ball im Fußball immer frei, da er mit den Füßen gespielt wird.

So kann man im Basketball viel schwerer direkt proaktiv angreifen, sondern befindet sich vielmehr in einer passiveren Verteidigungsrolle.

Dadurch kommt es im Fußball häufiger zu Ballverlusten und Fehlern, da der Ball nicht so gut wie mit der Hand geschützt werden kann.

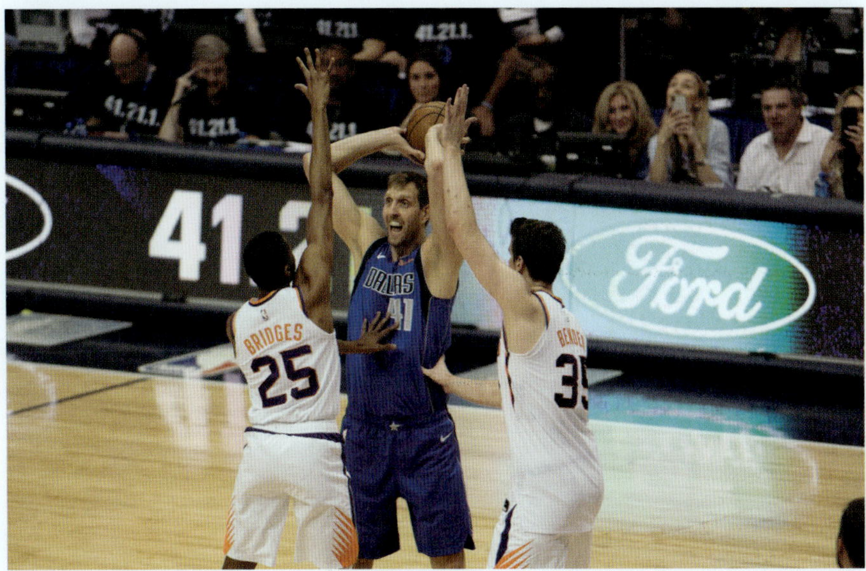

Proaktive Balleroberungen sind im Basketball äußerst schwer möglich, wie Dirk Nowitzki hier perfekt demonstriert.

2.9 FAZIT

Gerade durch die große Komplexität sowie ein hohes Maß an Unvorhersehbarkeit und den hohen Anforderungsgrad benötigt man zielgerichtete Maßnahmen, um dem Prinzip Zufall im Fußball so weit wie möglich entgegenzuwirken und die Erfolgswahrscheinlichkeit zu erhöhen.

Jeder Trainer braucht also ein Konzept, will er zielgerichtet trainieren und seine Mannschaft besser machen.

Das Gegenteil wäre folgender Ansatz, den man leider immer wieder von Trainern hört:

„Ist doch eh nicht so wichtig, was und wie wir trainieren, da beim Fußball fast alles zufällig passiert!"

Stellen Sie sich selbst die Frage, ob Sie gerne unter einem solchen Trainer trainieren möchten.

Das Wort *Training* an für sich bedeutet nämlich schon, dass ich systematisch und geplant trainiere, um eine Leistungsverbesserung zu bewirken.

„Jedes Detail zählt!"

Bei jeder Spitzenmannschaft sind klare Handlungsmuster zu erkennen, mit denen vergleichbare Spielsituationen gelöst werden. Diese vorgegebenen und trainierten Handlungsmuster bringen einen klaren Vorteil in der Ausführungsgeschwindigkeit mit sich, warum es oft so scheint, als ob diese Topteams immer den berühmten Schritt voraus sind.

Generell kann man festhalten, dass, je höher das Niveau einer Mannschaft ist, in jeder Spielphase in derselben Situation simultan mehr kollektive Bewegungen stattfinden.

Dies ist auch der Grund, warum das Thema der dynamischen Raumbesetzung als eine Weiterentwicklung des Positionsspiels in der Zukunft des Fußballs eine wichtige Rolle spielen wird.

Kollektive dynamischen Bewegungen sind wichtiger denn je, damit eine Mannschaft auch in der Zukunft in der Lage sein wird, sich Torchancen zu erarbeiten, oder in der Defensive Torchancen des Gegners zu verhindern.

Diese kollektiven Bewegungen können in allen Spielphasen mit Hilfe von Spielprinzipien und entsprechenden Trainingsprozessen optimal aufeinander abgestimmt werden, sodass der Faktor Zufall durch entsprechende Strukturen minimiert werden kann.

Der interessierte Leser kann in seiner Analyse selber einmal darauf achten, wie viele aufeinander abgestimmte kollektive Bewegungen gleichzeitig bei einer Mannschaft stattfinden und wie sich diese Mannschaften über einen längeren Zeitraum entwickeln werden.

Bei Spitzenmannschaften finden in der Regel 3-4 simultane Bewegungen gleichzeitig statt, wobei das Timing, die Distanzen sowie die Positionsbesetzung entscheidend für das Gelingen sind.

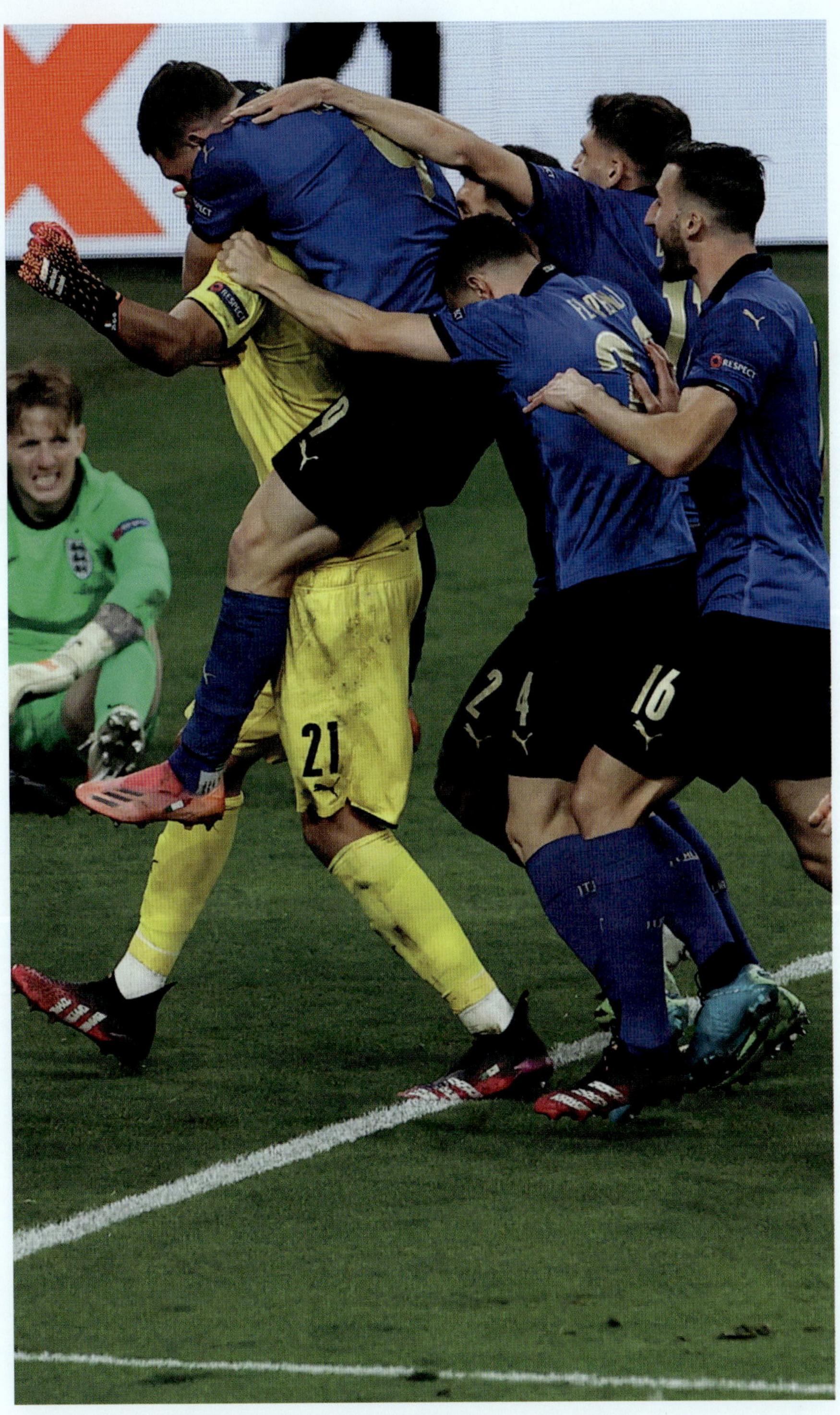

KAPITEL 3

Weltstandsanalyse – Merkmale von Spitzenspielern und Spitzenteams

„Look at the best, learn from the best, be the best!"

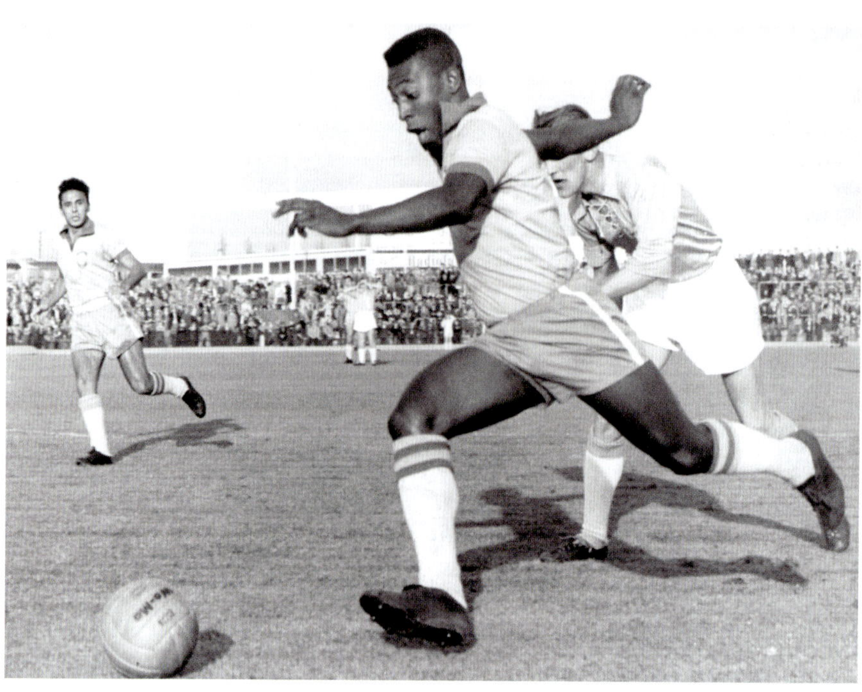

Pele – Weltfußballer des 20. Jahrhunderts

Zunächst muss jeder Fußballtrainer wissen, was die besten Spieler und Teams dieser Welt auszeichnet. Erst nach diesem Benchmarking können überhaupt geeignete Maßnahmen, wie eine Spielidee und eine geeignete Trainingsphilosophie, entwickelt werden, um die Spieler auf Topniveau zu trainieren und mit den höchsten Ansprüchen, die der Fußball stellt, auszubilden.

Mit einer sogenannten *Weltstandsanalyse* werden die besten Teams in den internationalen Topligen, sowie in der Champions League als auch bei Kontinentalmeisterschaften und natürlich Weltmeisterschaften analysiert und verglichen, um daraus Empfehlungen abzuleiten und Entwicklungen und Tendenzen im Spitzenfußball zu erkennen.

Auf den folgenden Seiten werden wesentliche Merkmale, die die Spitzenteams und die Spitzenspieler im modernen Fußball auszeichnen, analysiert.

Was zeichnet die besten Teams und Unterschiedspieler aus?

Welche Details gibt es und welche Fakten und Fähigkeiten müssen in den Trainings- und Spielprozess integriert werden?

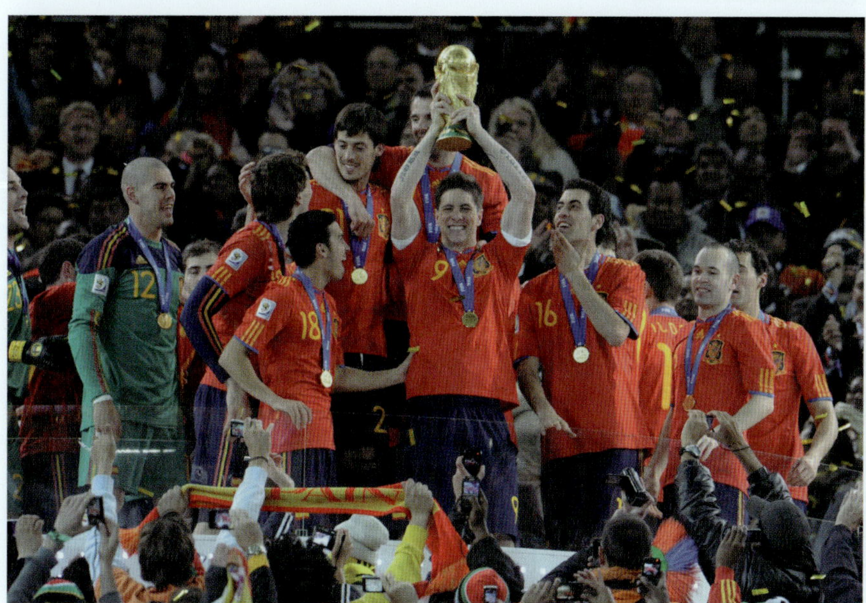

Europameister und Weltmeister Spanien – eine der erfolgreichsten Fußballmannschaften aller Zeiten

3.1 SPIELINTELLIGENZ – DAS TREFFEN VON RICHTIGEN ENTSCHEIDUNGEN

Der moderne Fußball wird über Raumkontrolle entschieden. Die Mannschaft, die zum richtigen Zeitpunkt den richtigen Raum kontrolliert, gewinnt das Spiel.

Raumkontrolle in den spielentscheidenden Zonen, wie den Halbspuren, der Zone 14 und vor allem im Strafraum des Gegners, ist dabei die Königsdisziplin und erfordert Spieler mit einem Höchstmaß an Spielintelligenz.

Zudem ist die Ballkontaktzeit von 1,9 Sekunden (2008) auf 0,9 Sekunden (2016) gesunken und auch immer mehr vermeintlich kleinere Nationen und Teams entwickeln sich in diese Richtung, weshalb immer noch mehr und noch schnellere Entscheidungen getroffen werden, was die Wichtigkeit dieser Thematik weiter verdeutlicht.

Die Spielintelligenz beschreibt im Fußball das Treffen einer Entscheidung und beschreibt und entscheidet neben der Technik über die Fähigkeiten eines Spielers.

Je mehr Spielerfahrung und verschiedene Entscheidungswege ein Spieler auf hohem Niveau und in der ganzen Komplexität des Spiels erlebt und diese permanent weiterentwickelt, desto bessere Entscheidungen kann er dann auch im Spiel treffen.

Fehlt diese Entscheidungsqualität und eine entsprechende Handlungsschnelligkeit, ist dies im Fußball auf hohem Niveau so gut wie nicht kompensierbar!

Oder etwas überspitzt formuliert: „Ein Spieler muss nur groß und stark sein, wenn er nicht über genügend Spielintelligenz verfügt."

Und da Fußball ein Entscheidungssport ist, muss auch statt einem „Durchführungstraining" so oft wie möglich ein „Entscheidungstraining" durchgeführt werden.

Die Spieler müssen lernen, Situationen noch schneller wahrzunehmen und so durch ein gutes Training, die üblichen 0,3 Sekunden Reaktionszeit eines Topathleten um die Hälfte auf 0,15 Sekunden zu reduzieren, um damit dem Gegner im Spiel gedanklich und in der Ausführung immer einen Schritt voraus zu sein.

3.2 TECHNIK – DAS AUSFÜHREN VON ENTSCHEIDUNGEN

Alle Spieler inklusive dem Torhüter müssen fußballerisch perfekt geschult sein, um Spielsituationen immer und überall unter höchstem Zeit- und Gegnerdruck lösen zu können. Mit Technik ist im Fußball, aufbauend auf der Spielintelligenz, die Ausführung einer Entscheidung gemeint, weshalb diese Fähigkeit natürlich auch entsprechend komplex entwickelt werden muss.

Die Spieler müssen über eine perfekt geschulte Basistechnik verfügen, auf der die jeweilige Positionstechnik aufbaut.

Hierbei taucht immer wieder die sogenannte *10.000-Stunden-Regel* auf, die besagt, dass man 10.000 Stunden benötigt, um eine komplexe Fähigkeit, wie beispielsweise eine perfekte Positionstechnik im Fußball, zu erlangen.

Ein wichtiger Punkt im technischen Bereich ist es, möglichst kurze Ballkontaktzeiten anzustreben, da diese die Topteams von durchschnittlichen Teams trennen.

Internationale Spitzenspieler passen den Ball im Durchschnitt bereits nach circa einer Sekunde weiter!

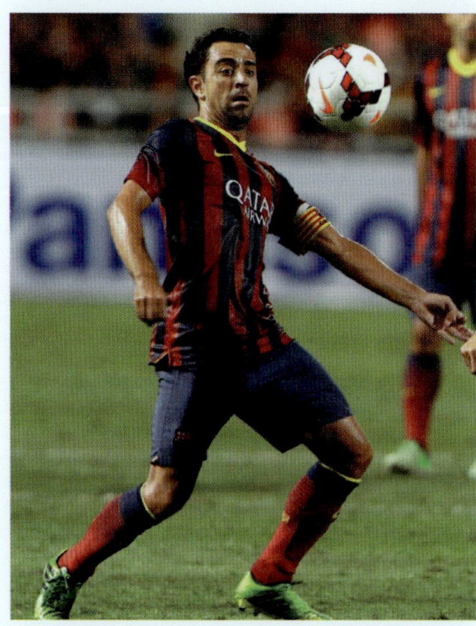

Xavi – Technik in Perfektion

Die Weltmeister, Iniesta und Xavi vom FC Barcelona, spielen zudem nahezu jeden zweiten Ball direkt weiter und das mit einer extrem hohen Erfolgsquote, was es für die gegnerische Mannschaft sehr schwer macht, gegen diese Spieler zu verteidigen, da der Ball im Sekundentakt den Ort wechselt.

Die Bedeutung des Passspiels unterstreicht eine Passstatistik der Europameisterschaft 2012, aus der hervorgeht, das 11 von insgesamt 16 Mannschaften durchschnittlich weit über 500 Pässe pro Partie spielten.

Europameister Spanien spielte im Schnitt sogar 847 Pässe pro Spiel mit einer Erfolgsquote von über 80 %. Neun Jahre später ist dieser Trend von 2012 auch bei etlichen vermeintlich „kleineren" Nationen bei der EM 2020 zu finden wie beispielsweise bei Wales, die mit gut strukturiertem Positionsspiel dynamische und konstruktive Lösungen im Spielaufbau zeigten.

Das Ziel von Spitzenmannschaften ist es, so dominant wie möglich aufzutreten, wobei hohe Ballbesitzzeiten eine wichtige Rolle spielen.

Dazu bedarf es eines perfekten Passspiels, das das häufigste technische Element im Fußball darstellt und deshalb beidfüßig perfekt beherrscht werden muss.

Jede Zehntelsekunde, die der Mitspieler durch einen präzisen und richtig temporierten Pass gewinnt, schafft Zeit für bessere Entscheidungen.

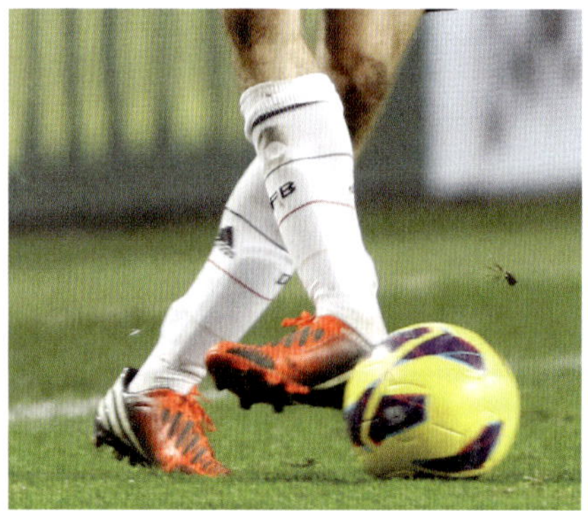

Technisch perfekter Innenseitstoß

Im Vergleich zu anderen Stoßarten, wie dem Vollspann oder Außenrist, bietet der Innenseitstoß die größte Trefferfläche und dadurch die fehlerfreieste Durchführung.

Der Anlauf erfolgt geradlinig in Richtung Ball. Das Standbein steht dabei leicht gebeugt zum Ball und der Standfuß ist ca. 1-2 Fußbreiten neben dem Ball.

Der Spielfuß ist etwa 90° zum Standfuß nach außen rotiert. Die Fußspitze ist angezogen, sodass die Fußsohle parallel zum Boden ist. Die Arme halten in einer natürlichen Position seitwärts angewinkelt das Gleichgewicht.

Wichtig wie bei jeder Aktion ist eine gesunde Körperspannung. Der Ball muss unbedingt mittig getroffen werden, um ein Springen des Balls zu vermeiden.

3.3 FUSSBALLFITNESS UND ATHLETISCHE ZUBRINGER

Fußballfitness heißt, die Bausteine einer Fußballaktion, nämlich Kommunizieren (Taktik), Entscheidung treffen (Spielintelligenz) und Entscheidung ausführen (Technik), so oft wie möglich pro Minute auszuführen (hohes Spieltempo) und so lange wie möglich, da ein Spiel mindestens 90 Minuten dauert.

Es geht also nicht darum, einen Spieler zu konditionieren, sondern den Spielstil einer Mannschaft.

Das ist philosophisch betrachtet der Ausgangspunkt, über den sich viele Athletik- und Fitnesstrainer, die sich im Fußball bewegen, leider nicht im Klaren sind.

Zusätzlich gibt es dann natürlich athletische Zubringer.

Schaut man sich rein optisch die besten Spieler der Welt an, ist auffallend, dass sie alle über eine ausgeprägt schlanke Muskulatur verfügen.

Im Fußball geht es in erster Linie jedoch nicht darum, einen großen Muskel aufzubauen, sondern um die Frage, wie viel Prozent ein Spieler von seinem Muskel nutzen kann!

Wenn ein Spieler durch fußballunspezifisches Krafttraining drei Kilogramm an Muskelmasse zunimmt, aber der Muskel keine Verbesserung in der Ansteuerung erzielt, wird der Spieler langsamer!

Das passiert, wenn ein Großteil der Programme, die im Athletiktraining angewendet werden, blind aus anderen Sportarten kopiert werden.

Komisch genug ist die Tatsache, dass viele Athletiktrainer genau dieselben Übungen durchführen. Egal, ob sie einen Basketballer, Rugbyspieler oder Fußballer vor sich haben ...

Was die Muskulatur betrifft, braucht man im Fußball, um dynamische und hochexplosive Aktionen auszuführen, schnellkräftige und schlanke Muskulatur.

Der Fußball ist in den letzten Jahren sehr viel schneller geworden. Der Anteil der hochintensiven Sprintleistungen ist enorm gestiegen. Die gemessenen Topspeeds und Beschleunigungswerte sind vergleichbar mit der Weltspitze der Leichtathletik.

Das Fußballtraining muss vor allem im physischen Bereich entsprechend angepasst werden. Es muss spezifischer, individueller und besser periodisiert werden.

Auch im Kraftbereich sollten athletische Zubringerübungen im Rahmen einer klaren, objektiven, fußballbezogenen Referenz ablaufen:

80-90 % aller Fußballaktionen starten mit einer bremsenden Muskelarbeit, um dann sofort wieder zu beschleunigen.

Diese Muskelarbeit kann entweder horizontal oder vertikal verrichtet werden, was wiederum Einfluss auf die individuelle Athletisierung und die Verletzungsprävention hat.

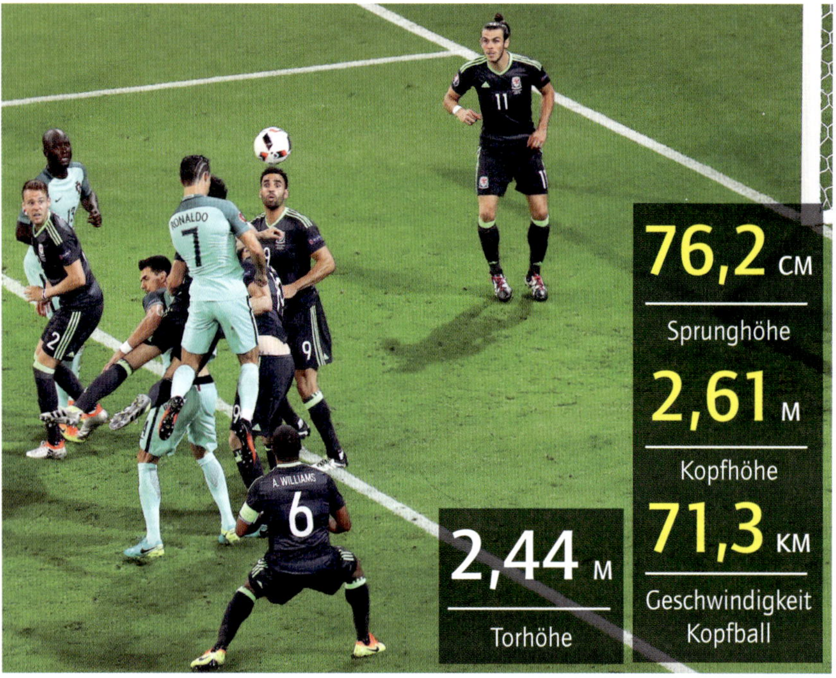

Cristiano Ronaldo – der perfekte Athlet im Fußballer

Durch Entwicklungen wie eine immer stärker werdende Änderung des Spielrhythmus, wie beispielsweise durch die Veränderung der Pressingzonen innerhalb eines Spiels oder die immer kürzer werdenden Ballkontaktzeiten sowie das Absolvieren von immer mehr Spielen nehmen die Anforderungen in diesem Bereich ständig zu.

Dies zeigt sich auch im Anstieg des Spielanteils mit hoher Geschwindigkeit (> 15 km/h), der sich von der WM 2006 zur WM 2014 von 12 % auf 24-28 % gesteigert hat, sowie im Anstieg des Spielanteils mit höchster Geschwindigkeit (> 28 km/h) von 6,2 % (WM 2006) auf 12,7 % (WM 2014). Fußballprofis müssen in der Lage sein, alle 35-43 Sekunden eine hochintensive Aktion absolvieren zu können.

Dadurch ergeben sich Richtwerte für an athletische Minimalvoraussetzungen:

Ein Spieler muss in der Lage sein, 1000 m über 21 km/h in einem Spiel zu laufen und muss 40 Sprints über 24 km/h pro Spiel absolvieren können und einen MaxSpeed von über 32 km/h erreichen.

Bei den Testings ist im sogenannten *YoYo-Test* ein Wert von 22,4 anzustreben und auf der Sprungkraftmatte sollten 70 Watt gemessen werden.

Zudem sind auf Topniveau im Schnitt die meisten Spieler in der Lage, 30 m in 3,90 s zu laufen und der Körperfettanteil sollte die 10 % nicht überschreiten.

Durch eine gute Trainingssteuerung, einen langfristig gut durchdachten Trainingsaufbau und Präventionsmaßnahmen sollte jeder Spieler eine Spiel- und Trainingsverfügbarkeit von über 90 % haben.

3.4 RESILIENZ UND ABLENKUNGSRESISTENZ – DIE FÄHIGKEIT ERFOLGREICHER SPIELER

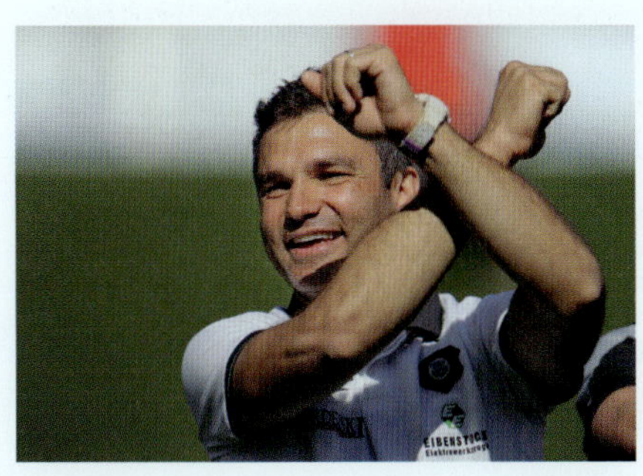

„Angst frisst Seele" – Profitrainer und Menschenfreund Tomislav Stipic

Jeder Mensch, der erfolgreich sein will und somit jeder Spieler, der Profi werden will, muss über eine extrem gute Resilienz verfügen.

Unter *Resilienz* versteht man die psychische Widerstandsfähigkeit eines Menschen. Wie kann ein Mensch Krisen meistern, wie geht man mit Fehlern um, wieso schaffen es manche Menschen, trotz großer Schicksalsschläge, den Optimismus nicht zu verlieren und positiv zu bleiben, wohingegen andere Menschen schon bei kleinsten Rückschlägen nicht in der Lage sind, damit entsprechend umzugehen?

Resiliente Menschen sind Stehaufmännchen: Sie stehen immer einmal mehr auf, als sie hingefallen sind.

Ursprünglich wurde der Begriff verwendet für Menschen, die schlimme Schicksalsschläge erfahren haben, wie KZ-Häftlinge oder Kriegsveteranen, die aber trotzdem in der Lage waren, nach vorne zu schauen und das Gute im Leben zu sehen.

Heute wird der Ausdruck Resilienz zudem für Menschen benutzt, die in unserer extrem leistungs- und erfolgsorientierten Gesellschaft bestehen können, ohne dabei ihre psychische Gesundheit einzubüßen.

Da in einem Fußballspiel, wie bereits beschrieben, auf Champions-League-Niveau über 500 Fehler pro Spiel passieren und der Einfluss durch externe Faktoren wie Zuschauer, Medien, Berater etc., sehr groß ist, müssen Spieler über eine enorm hohe Resilienz verfügen, wenn sie auf höchstem Niveau bestehen wollen.

Zusätzlich stellt eine gut ausgeprägte Ablenkungsresistenz einen Schlüsselfaktor dar: Nur ein Spieler, der eine Aktion zielgerichtet durchführen kann, ohne dass er sich von äußeren Umständen ablenken lässt, wird in der Lage sein, unter maximalem Druck zu performen.

Ein guter Test, ob ein Spieler über ein starkes Gehirn und eine hohe Resilienz verfügt, ist es, ihn an seine Grenzen zu bringen.

Den Faktor Resilienz erkennt man daran, wie sich ein Spieler in absoluten Drucksituationen verhält, wenn man einen Spieler z. B. an einem Sichtungstag sehr lange 1 gegen 1 spielen lässt, oder aber im Training Situationen erzeugt, die das Denken eines Spielers bewusst an den Anschlag bringen. Zum Beispiel, indem man einen entsprechenden Spieler mit Absicht in eine schwache Mannschaft einteilt, die immer wieder verliert.

Gerade bei Sichtungsmaßnahmen sollte sehr auf diesen Faktor geachtet werden, da die ersten Lebensjahre entscheidend dazu beitragen, wie ausgeprägt die Resilienz ist.

In diesem Zusammenhang ist auch der Faktor „Aggressivität" zu erwähnen, der in den ersten Lebensjahren entwickelt wird und im Fußball eine überragende Fähigkeit darstellen kann, wenn man die Aggressivität in positive Bahnen lenken kann.

Es ist schön, dass wir in einer Wohlstandsgesellschaft leben, aber Menschen entwickeln ein schwaches Gehirn in dieser Wohlstandsgesellschaft, weshalb es elementar ist, auf diese Punkte zu achten, da es ein wichtiger Erfolgsfaktor ist, Spieler mit einer hohen Frustrationstoleranz zu haben, die auch Verantwortung übernehmen, wenn es „brennt"!

Auch Trainer müssen über eine hohe Resilienz verfügen und in diesem Bereich ein absolutes Vorbild sein, wenn die psychische Widerstandsfähigkeit der Spieler stimuliert werden soll.

Das passende Trainingskonzept für ein starkes Gehirn nennt sich *Footballbraining* und wurde wie die Action-Theorie von Raymond Verheijen entwickelt, einem der weltweit führenden Köpfe moderner Trainingslehre im Fußball.

Mehr Informationen über diese Konzepte und Kurse vom vermutlich besten Coach-Educator der Welt gibt es hier: https://www.fcevolution.com/

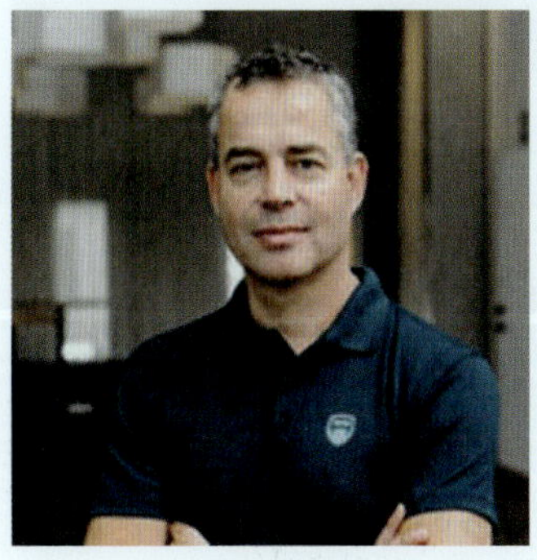

Coach-Educator Raymond Verheijen – „Raise the Bar": objektive Fakten statt subjektiver Meinungen

3.5 DEFENSIVE

Das ballorientierte Spiel hat sich weltweit durchgesetzt und ist die vorherrschende Grundidee in der Defensive.

Das oberste Ziel der Defensivarbeit ist es, im Mannschaftsverbund mit einem massiven Block geschlossen zum Ball zu verschieben.

Wie man bei Spielaufnahmen mit dem sogenannten „Tactical View" oder von den obersten Reihen im Stadion beobachten kann, ist dieser stabile Block bei toporganisierten Teams gerade einmal ca. 25 x 25 m groß, wodurch eine extrem hohe Kompaktheit hergestellt wird.

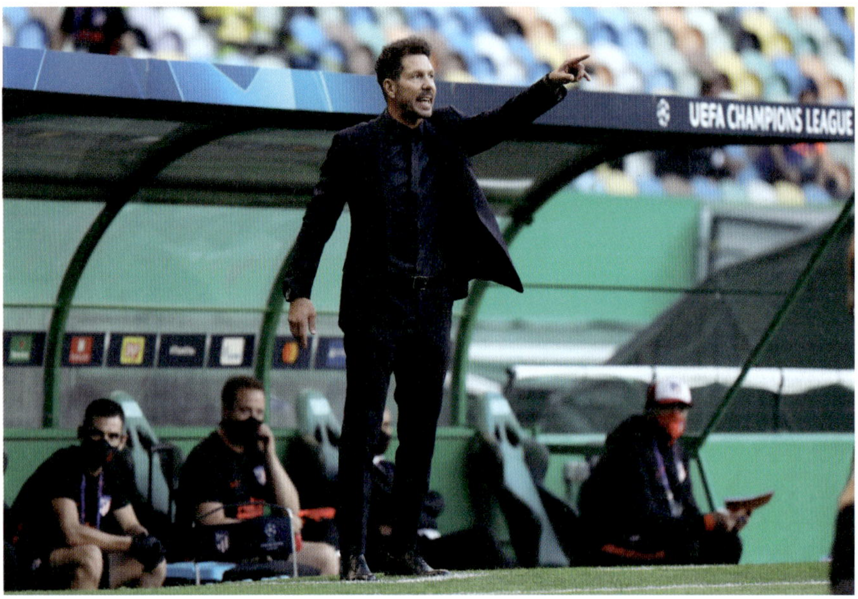

Perfekte Defensive als Grundlage für Erfolg: Atletico Madrid-Trainer Diego Simeone

Dadurch werden die Aktionsräume des Gegners verengt und der Angriff verzögert.

Es wird ständig versucht, in Ballnähe Überzahlsituationen zu schaffen, um so den Ball zu erobern.

Alle Spitzenteams nutzen gezielt Defensivstrategien, um den Ball oftmals bereits möglichst weit weg, vom eigenen Tor entfernt, zu erobern oder agieren bzw. variieren aus einem tiefen Block, der Raum für gefährliche Konteraktionen bietet.

Bei Ballverlust und beim Umschalten zur Defensivarbeit ist es oberste Priorität – sofern ein Gegenpressing nicht möglich ist –, so viele Spieler wie möglich hinter den Ball zu bekommen, um so aus einer gut organisierten und eng gestaffelten Deckung heraus den Ball wieder zu erobern.

Zudem hat sich das Anforderungsprofil eines Defensivspielers vor allem im Aufbauspiel stark entwickelt und generell hat sich die Wertschätzung für Defensivspieler extrem zum Positiven verändert, was sich auch in Transferzahlen widerspiegelt.

Platz 1: Harry Maguire: 87,4 Millionen Euro Ablöse

Platz 2: Virgil van Dijk: 84,65 Millionen Euro Ablöse

Platz 3: Lucas Hernandez: 80 Millionen Euro

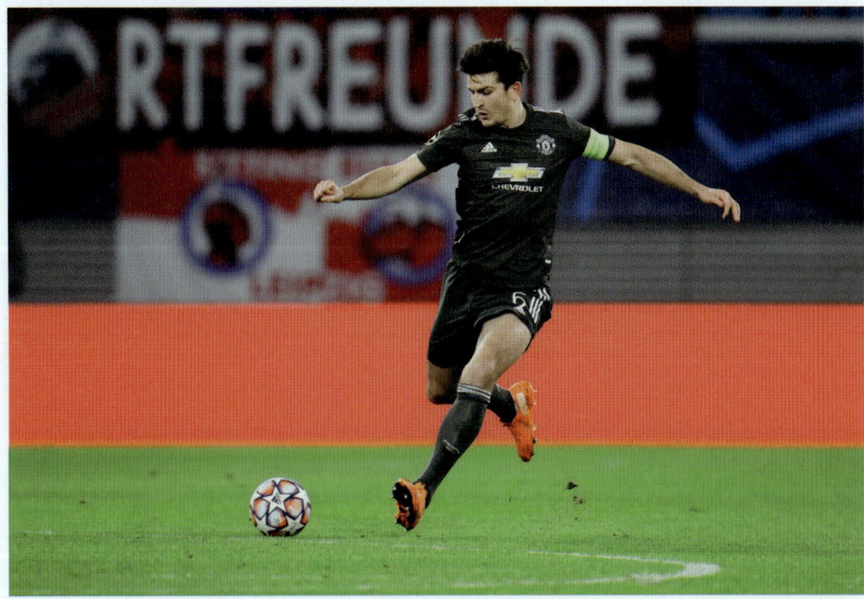

Teuerster Abwehrspieler der Welt – Harry Maguire von Manchester United

3.6 OFFENSIVE

Ein klarer Trend zu einer offensiveren Spielweise kann bei internationalen Spitzenteams beobachtet werden. Nahezu alle Spitzenteams spielen „um etwas zu erreichen" anstatt „etwas zu verhindern". Dieser Ansatz ist auch für die Entwicklung von Spielern entscheidend, da es logisch ist, dass Spieler mit dem als erstes genannten Ansatz besser ihr Potential entfalten und so auch attraktiver werden als bei letzterem.

Die Anzahl der Spieler vor dem Ball nimmt bei den meisten Topteams immer mehr zu.

Bei eigenem Ballbesitz wird versucht, das Spielfeld möglichst breit und tief aufzufächern, um der Spielfeldverengung entgegenzuwirken.

Durch eine schnelle Spielverlagerung versucht man, den Gegner zum Laufen zu bringen und mit scharfen, vertikalen Bällen Linien des Gegners zu überspielen.

Eine hohe Variabilität und Kreativität sowie ein perfektes Positionsspiel sind die Hauptmerkmale im modernen Offensivspiel.

Das Positionsspiel kann dabei auf vier verschiedene Arten dominiert werden:

1. **positionell**
2. **numerisch**
3. **individuell**
4. **dynamisch**

Ein gutes Beispiel, mit dem nach wie vor in fast alle vier Bereichen des Positionsspiels Vorteile bei einer guten Umsetzung und bei einem entsprechenden Spielertyp erzielt werden können, ist die „falsche oder auch variable Neun".

Die „variable Neun" sorgt, wie es der Name schon sagt, für eine hohe Variabilität in der Offensive.

Die „variable Neun" lässt sich immer wieder ins Mittelfeld zurückfallen, um den Innenverteidigern auszuweichen, die oftmals nicht abschätzen können, wie sie mit dieser Situation umgehen sollen. Sie sorgt gleichzeitig für Zuordnungsprobleme im Mittelfeld, aus denen sich im ständigen Wechsel Rochaden und gegengleiche Tiefenläufe entwickeln.

Auf den Flügeln ist es schon länger Trend, die Spieler „seitenverkehrt" einzusetzen, damit diese dann mit dem Ball und dem gegnerentfernten Fuß in die Mitte in Richtung Tor ziehen und mit dem starken Fuß aus zentraler Position abschließen können.

Mit dem Italiener Leonardo Spinazzola vom AS Rom zeigt auch ein Außenverteidiger neue, spannende Optionen auf, indem er „seitenverkehrt" eingesetzt wird.

Eine wichtige Rolle spielen mehr denn je schnelle, vertikale Konteraktionen mit wenigen Stationen, um innerhalb kurzer Zeit zum Abschluss zu kommen und die Unordnung des Gegners auszunutzen.

Die schnelle Durchführung der Konteraktion ist deshalb so wichtig, da die Mannschaften im Spitzenbereich nach einem Ballverlust nur ca. 6-10 Sekunden unorganisiert sind.

Des Weiteren sollte, wie bereits in Kap. 3.2 angesprochen, die Kontaktzeit des Balls am Fuß so niedrig wie möglich gehalten werden, um nicht in Pressingsituationen zu geraten und die freien Räume schnell zu nutzen.

Außerdem werden die individuellen Fähigkeiten im 1 gegen 1 eine noch größere Rolle spielen, wenn es darum geht, Spiele in der Offensive zu entscheiden.

Ausnahmekönner wie Cristiano Ronaldo, Lionel Messi oder Kevin De Bruyne werden immer noch wichtiger, da oftmals nur eine Einzelaktion oder ein Geniestreich Löcher in den perfekt organisierten Abwehrverbund des Gegners reißen kann.

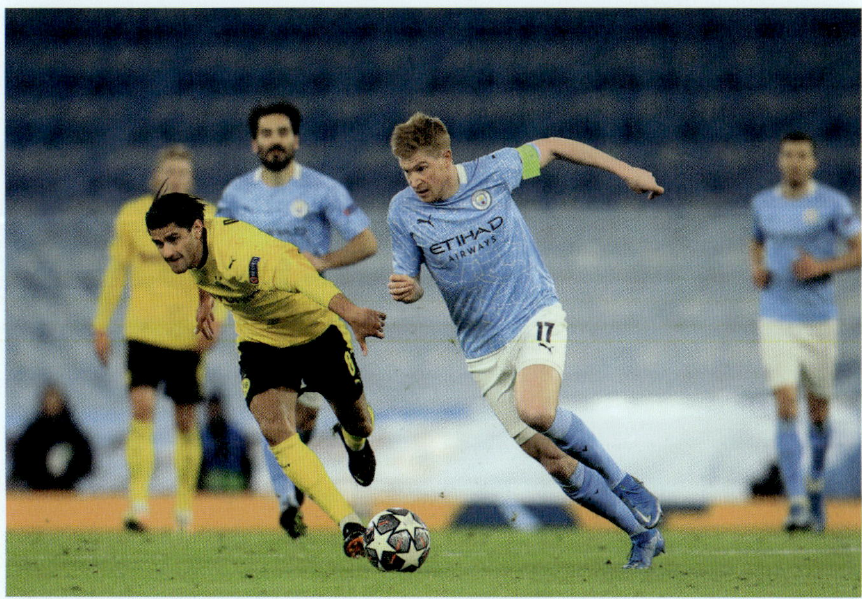

Enorme offensive Qualitäten vereint Kevin De Bruyne.

3.7 SPIELTEMPO

Die vermutlich größte Entwicklung im Fußball hat im Bereich des Spieltempos stattgefunden.

Schaut man auf die Liste der momentan weltweit besten Spieler, erkennt man, dass alle Spieler über die Fähigkeit verfügen, das Spiel schnell zu machen, sei es mit einem Dribbling, einem Sprint in den freien Raum oder mit einem genialen Direktpass.

Schnelligkeit ist dabei ein taktisches Mittel, das situativ richtig eingesetzt werden muss. Die Spieler benötigen hierfür eine überragende Handlungsfähigkeit, da sie im Bruchteil von Sekunden die richtigen Entscheidungen treffen und ausführen müssen, da ihnen immer weniger Raum und noch weniger Zeit zur Verfügung stehen wird.

Das Umschaltverhalten ist extrem wichtig und wird auch weiterhin einer der entscheidenden Schlüsselpunkte sein, da das Spieltempo weiterhin zunehmen wird.

Nicht mehr wegzudenken im Spitzenfußball ist das schnelle Gegenpressing, das jedes Spitzenteam im Repertoire hat.

Die bereits 1990 geänderte Rückpassregel hat den Grundstein für dieses taktische Mittel gelegt.

In der Vergangenheit war es so, dass nach einem Ballverlust schnellstmöglich versucht wurde, einen kompakten Mannschaftsverband hinter dem Ball zu bilden. Jede Weltklassemannschaft, wie Chelsea London, Bayern München oder der FC Barcelona, strebt heute eine möglichst schnelle Rückeroberung des Balls innerhalb oder sogar unterhalb von fünf Sekunden an, Tendenz sinkend.

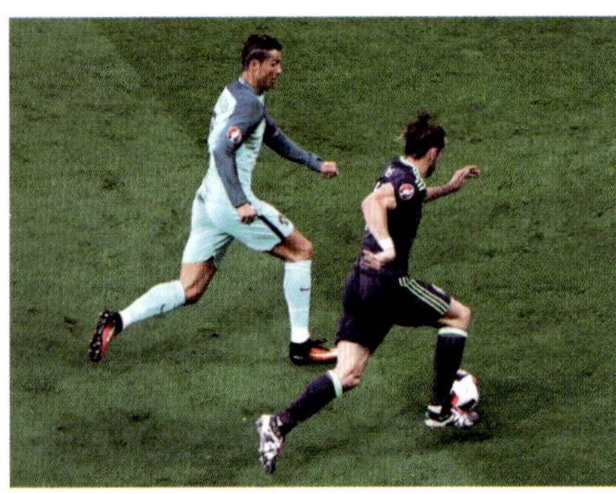

Gareth Bale vs Cristiano Ronaldo: Gamespeed – 100 % schneller Fußball. Das Spieltempo ist extrem gestiegen und wird noch weiter steigen.

3.8 RELEVANZ UND POTENZIAL VON STANDARDSITUATIONEN

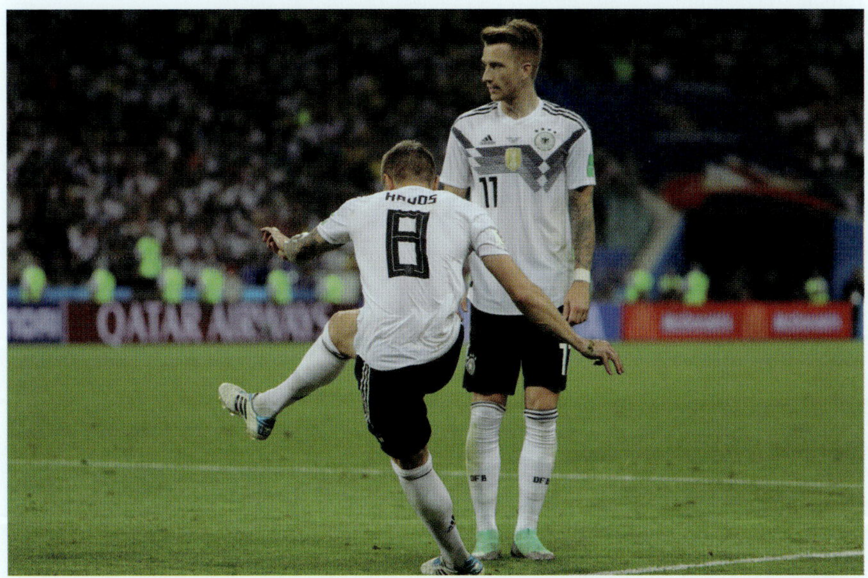

Eine perfekte Schusstechnik wie hier von Toni Kroos ist für die Erfolgschance von Standards extrem wichtig.

35 % aller Tore im Profifußball fallen bereits nach Standardsituationen mit einem klaren Trend nach oben.

Experten sind sich einig, dass sich diese Quote zeitnah auf mindestens 45 % und höher verschieben wird, da es im Schnitt über 10 gefährliche Offensivstandards pro Spiel gibt und es nur 50 Eckbälle für ein Tor braucht, im Vergleich zu den 85 Angriffen, die man dafür benötigt.

Spitzenteams in diesem Bereich sind bereits jetzt in der Lage, mit Standardsituationen konstant über 15 Tore pro Saison zu erzielen!

Die Wichtigkeit dieser Thematik kann auch helfen, viel Geld zu sparen: Wie viel Geld müsste man nämlich für einen Stürmer ausgeben, der einem Verein jedes Jahr 15 Tore garantiert ...

Aus diesem Grund sollte der Umgang mit Standardsituationen ein wichtiger Baustein in jedem ganzheitlichen Konzept sein.

Niemand kann es sich mehr erlauben, nur 60 % aller torgefährlichen Möglichkeiten zu nutzen.

Genauso müssen alle Teams in der Lage sein, Defensivstandards bestmöglich abzuwehren und die Konterchancen, die sich hier bieten, optimal zu nutzen!

Und Achtung: Das Ballverlustrisiko bei einem Eckball beträgt aktuell ca. 25 %, das heißt, jede vierte Ecke ergibt einen Konter und zeigt erneut die Wichtigkeit von Details auf.

Ein weiter steigendes Bewusstsein für diese Thematik ist äußerst wichtig, bieten Standardsituationen doch nach wie vor jede Menge Potenzial.

Deshalb ist es völlig logisch, einen entsprechenden Prozentsatz in die Ausbildung und das Training von Standardsituationen zu investieren.

Ein wichtiger Aspekt in dieser Thematik ist das Kopfballspiel, das noch besser altersgerecht und systematisch entwickelt werden muss.

Hier besteht großes Potenzial, gute methodische Prozesse und auf Kinder und Junioren abgestimmte Trainingsmittel, wie dem Einsatz von Light-Bällen bis hin zum altbekannten Kopfballpendel, und geeignete Spielformen zu entwickeln.

Die Bedeutung des Kopfballspiels wird oftmals unterschätzt, doch ein Blick in die Geschichte und aktuelle Situation zeigt die Wichtigkeit auf:

Cristiano Ronaldo erzielte bereits über 100 Tore in seiner Karriere mit dem Kopf und selbst der 1,69 m kleine Lionel Messi entschied das Champions-League-Finale 2011 mit einem tollen Kopfballtor.

Spielmacher Zinedine Zidane köpfte Frankreich 2006 mit zwei Kopfballtoren zum WM-Sieg.

Bei der Europameisterschaft 2012 wurden von 76 Toren gleich 22 per Kopf erzielt.

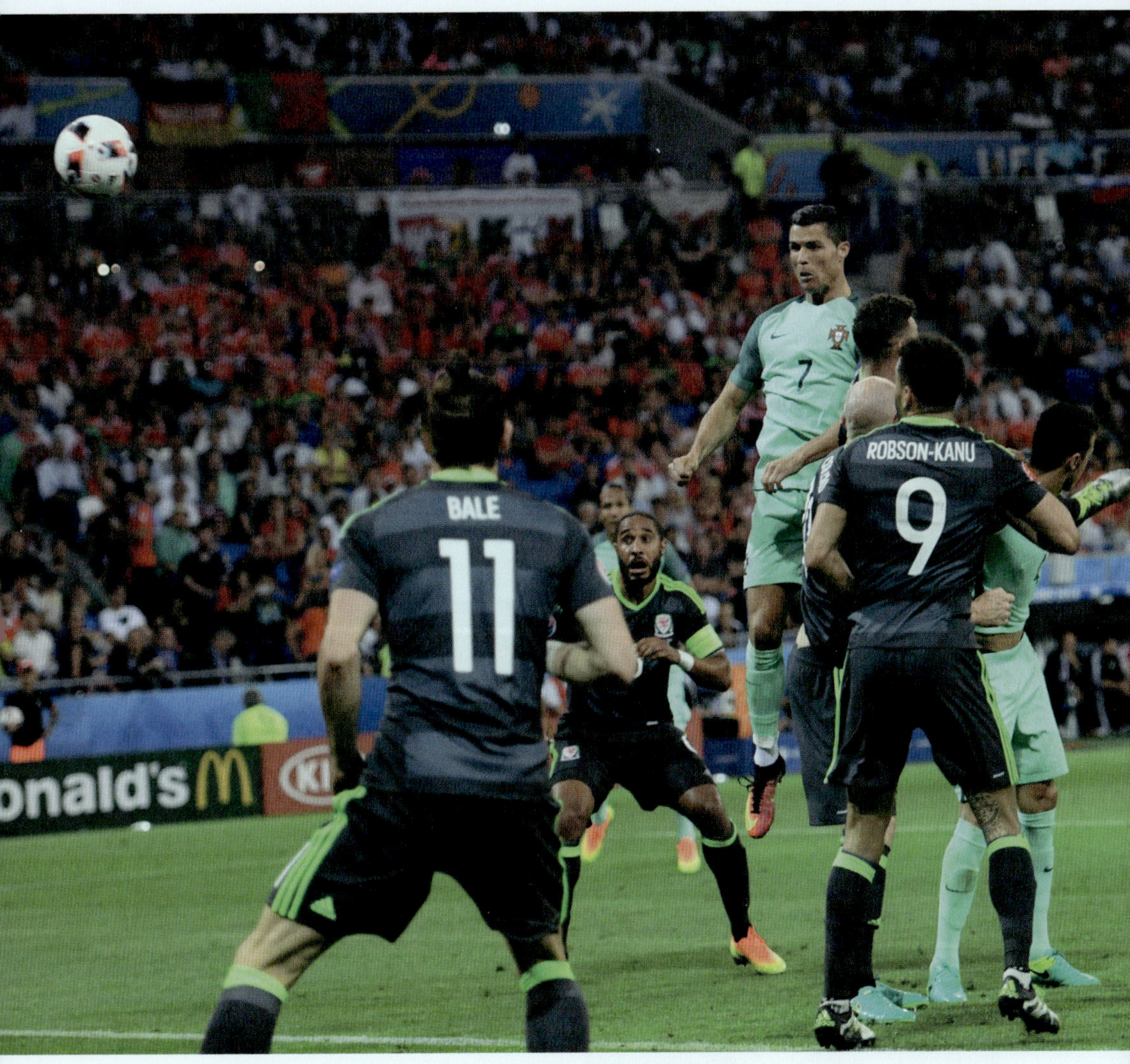

Cristiano Ronaldo erzielte in seiner Ausnahmekarriere über 100 Tore per Kopf.

KAPITEL 4

Die Talentfrage – Übung macht den Meister

„Mein Geheimnis ist die Übung. Ich habe immer daran geglaubt, dass man, wenn man etwas Besonderes im Leben erreichen will, dafür arbeiten und arbeiten und noch mal arbeiten muss."

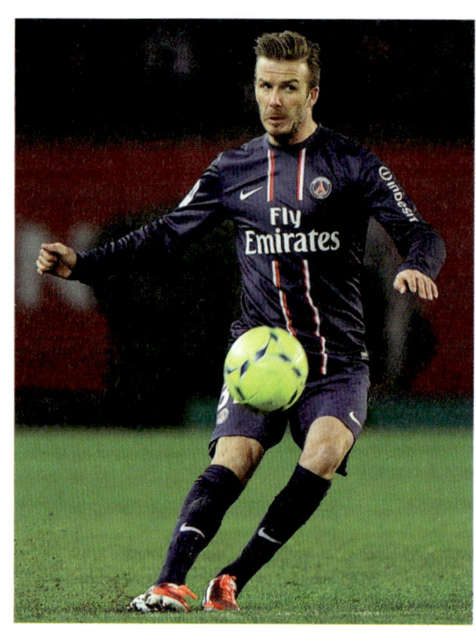

David Beckham (Champions-League-Sieger, Weltpokalsieger und 115 Länderspiele für England)

Um die richtigen Spieler für eine gefundene Spielidee zu selektieren, muss vorab geklärt werden, was ein „Talent" überhaupt ausmacht.

Kann jeder Mensch, der bei voller Gesundheit ist, es zum Profi schaffen oder ist dies einer speziellen Gruppe vorenthalten, die von Geburt an Fähigkeiten besitzt, die sie zum Profi machen?

Viele Wissenschaftler sprechen dabei von einem Talentmythos und behaupten, dass jeder Mensch zu einem Experten in seinem Fachbereich werden kann, wenn die richtigen Faktoren aufeinandertreffen.

ÜBUNG MACHT DEN MEISTER

Dabei ist immer wieder die Rede von der sogenannten 10.000-Stunden-Regel, die durch den schwedischen Psychologen Anders Ericsson bekannt wurde, der sich seit zwei Jahrzehnten ausgiebig mit dem Thema Begabung auseinandersetzt.

Diese Regel besagt, dass 10.000 Stunden Übung benötigt werden, um in seinem Fachbereich an die Spitze zu kommen.

10.000 Stunden: Das wären 2 Stunden und 44 Minuten Übungszeit jeden Tag über 10 Jahre.

Waren Mozart, Tiger Woods oder Lionel Messi also wirklich Wunderkinder oder lag es viel mehr daran, dass diese Personen bereits in einem sehr jungen Alter Tausende von Stunden geübt haben?

Mozart hatte beispielsweise bereits mit sechs Jahren über 3.500 Stunden Übungszeit hinter sich. Eine Übungszeit, auf die selbst viele passable erwachsene Musiker nicht kommen.

Einer der weltbesten Tennisspieler und ebenfalls als Wunderkind betitelte Andre Agassi machte in seiner Autobiografie *Open* folgende Aussage: „Mein Vater sagt, wenn ich jeden Tag 2.500 Bälle schlage, dann sind es pro Woche 17.500 und am Ende des Jahres fast eine Million. Mathematik ist seine Religion. Zahlen, sagt er, lügen nicht. Ein Kind, das pro Jahr eine Million Bälle schlägt, wird unbesiegbar sein."

Den Ansatz von Ericsson griff der ungarische Erziehungspsychologe Lészló Polgár auf, der seine drei Töchter mit 10.000 Stunden Übungszeit zu Weltklasse-Schachspielerinnen formte und was der Fachwelt als das „Polgar-Schwestern-Experiment" bekannt ist.

Polgar war überzeugt davon, dass herausragende Leistungen auf Übung beruhen. Sein Leitspruch war: „Genies werden gemacht, nicht geboren!"

Seine erste Tochter Susan stieg bereits mit 15 Jahren zur weltweiten Nummer eins auf und gewann viermal die Weltmeisterschaft der Frauen.

Seine Tochter Sofia wurde bereits mit fünf Jahren Erste bei den ungarischen Meisterschaften für unter 11-Jährige und gewann mehrere Goldmedaillen bei Schacholympiaden.

Seine jüngste Tochter Judith stieg mit 15 Jahren zur Großmeisterin auf und gilt als beste weibliche Schachspielerin, die es jemals gab und besiegte männliche Großmeister wie Garri Kasparow.

Dies sorgte für ein solches Aufsehen, dass der niederländische Milliardär Joop van Oosterom bei Polgár anfragte, ob er drei Kinder aus Entwicklungsländern adoptieren würde, um sein Experiment endgültig zu beweisen, was jedoch die Frau von Polgár nicht durchführen wollte.

BEGEISTERUNG UND HINGABE

Wichtig ist jedoch nicht nur die Quantität, sondern auch die Qualität der Übungszeit. Entscheidend ist ein gezieltes Üben, das voraussetzt, dass sich die betreffende Person aus einer inneren Motivation heraus frei für das Üben entschieden hat und mit Begeisterung übt, wodurch die benötigten Gehirnregionen nachweislich deutlich besser angesprochen werden, als bei einer Person, die nicht mit Begeisterung übt.

DAS RICHTIGE UMFELD

Zudem ist neben 10.000 Stunden gezielter Übung der Zugang zu den richtigen Trainingsmöglichkeiten wichtig.

Dass kein Schwimmweltmeister aus der Elfenbeinküste kommt, ist nicht verwunderlich, da es dort einfach keine Schwimmbecken gibt, in denen man überhaupt nur die Möglichkeit hätte zu trainieren.

Dafür kommen aber viele Weltklasse-Fußballer von der Elfenbeinküste wie Didier Drogba oder die Touré-Brüder, was auch nicht verwunderlich ist, da allein in Abidjan an einem Sonntagnachmittag über 3.000 Fußballspiele auf einmal ausgetragen werden.

DURCHHALTEVERMÖGEN

Schon der große britische Staatsmann Winston Churchill antwortete auf die Frage, was sein wichtigstes Erfolgsgeheimnis ist:

„Geben Sie nie, nie, nie, nie auf."

Die Eiskunstläuferin Shizuka Arakawa stürzte auf ihrem Weg zum Olympiasieg über 20.000-Mal.

Die Basketballlegende Michael Jordan berichtet von sich selbst, dass er mehr als 9.000 Bälle danebengeworfen hat und Gerd Müller ging in die Geschichte des deutschen Fußballs nicht nur als der Spieler mit der besten Trefferquote ein, sondern auch als der mit den meisten Fehlschüssen.

Der Wille zum Durchhalten und sich von Rückschlägen nicht entmutigen zu lassen, ist also ein extrem wichtiger Bestandteil eines Sportlers, der es ganz nach oben schaffen will.

RELATIVE AGE EFFECT

Auffallend viele Fußballer sind im ersten Quartal geboren, wodurch diese oftmals körperlich weiterentwickelt sind und dadurch vermehrt in den Genuss von Fördermaßnahmen kommen.

Das hat zur Folge, dass diese Spieler ein besseres Training mit besseren Mitspielern erhalten und auch oftmals deutlich mehr Spielzeit bekommen und an den Schlüssel-Aktionen auf dem Platz beteiligt sind.

Zudem werden Frühentwickler häufiger gelobt, was ihnen zusätzliche Motivation und Bestätigung bringt und das Selbstvertrauen stärkt.

Bei der Sichtung von jungen Spielern muss deshalb unbedingt immer auf das Geburtsdatum und das biologische Alter geachtet werden.

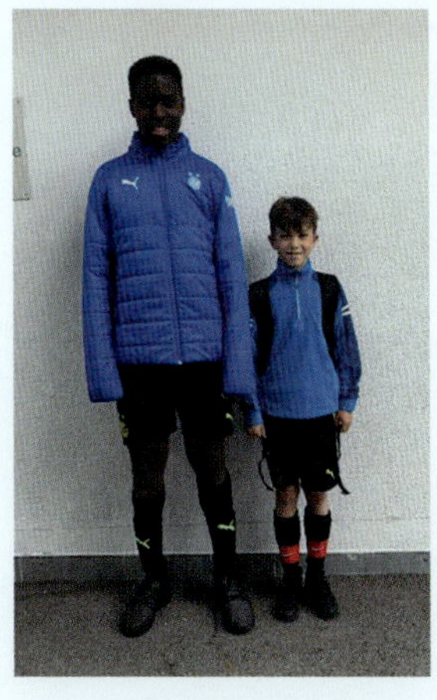

Trotzdem sollte auch nicht der Fehler begangen werden, Spieler mit bereits speziellen physisch ausgeprägten Merkmalen gezielt zu fördern, wie das Beispiel des belgischen Weltstars Lukaku zeigt.

Ein gesunder Menschenverstand und eine individuelle Betrachtungsweise der Fußballfähigkeiten sind hier gefragt: Spielern die vom RAE betroffen sind, sollten immer da-

Gleich alt aber nicht gleich groß – zwei hochinteressante Spieler des selben Jahrgangs des Grasshopper Club Zürich.

nach analysiert werden, was Sie mit ihrer Intuition erreichen wollten, auch wenn der Ball eventuell aufgrund aktueller körperlicher Nachteile verloren geht.

GROWTH MINDSET

Eine weitere interessante Studie führte Prof. Carol Dweck[2] durch.
Dweck gab 400 Kindern im Alter von elf Jahren Puzzles zum Zusammensetzen.

Nachdem die Kinder die Puzzles zusammengesetzt hatten, wurde die eine Hälfte mit den Worten ‚Du bist aber richtig talentiert' und die andere Gruppe mit den Worten ‚Du hast sehr hart gearbeitet' gelobt.

Im nächsten Schritt wurden die Kinder gefragt, ob sie einen Test mit einem schwierigeren Anspruch wählen möchten, aus dem sie aber viel lernen würden, oder lieber wieder einen einfacheren Test wie beim ersten Mal.

Erstaunlicherweise wollten mehr als zwei Drittel der Kinder, die für ihr Talent gelobt wurden, lieber einen einfacheren Test machen, wohingegen 90 % der Kinder, die für ihre Anstrengung gelobt wurden, die schwierigere Variante wählen.

Die Gruppe, die für ihre Anstrengung gelobt wurde, war nicht am Erfolg interessiert, sondern daran, ihr eigenes Potenzial auszureizen, wohingegen die Gruppe, die für ihr Talent gelobt wurde, ihren Status nicht verlieren wollte.

Als Nächstes bekamen alle Kinder derart schwierige Aufgaben, dass keines der Kinder sie lösen konnte. Die Kinder, die für ihre Intelligenz gelobt wurden, gaben viel schneller auf und hielten sich nicht für schlau genug, um die Aufgaben zu bewältigen, worunter ihr Selbstvertrauen litt. Die Kinder, die für ihre Anstrengung gelobt wurden, blieben deutlich länger an den Aufgaben dran, hatten Spaß an den schwierigen Aufgaben und hatten nach wie vor ein gutes Selbstvertrauen.

Als Letztes führten alle 400 Kinder einen weiteren Test durch, der genauso schwer war wie das erste Puzzle.

[2] Ihr Buch ist zu beziehen über: https://www.thalia.de/shop/home/artikeldetails/ID46999121.html
Youtube Video: https://www.youtube.com/watch?v=hiiEeMN7vbQ

Die talentierte Gruppe verschlechterte sich um 20 % und die Gruppe, die für ihre Anstrengungen gelobt wurde, verbesserte sich um 30 %.

In der sportlichen Praxis nutzt der wohl bekannteste Tennistrainer Nick Bollettieri dieses Prinzip in seiner Tennis Academy, die eine Vielzahl an internationalen Tennisstars wie Andre Agassi oder Anna Kournikowa hervorbrachte.

Bollettieri lobt nie das Talent, immer nur den Einsatz seiner Schüler, wodurch seine Schüler nach einer Zeit eine völlig andere Einstellung an den Tag legen.

Die Schüler lernen die Bedeutung von Disziplin, harter Arbeit und Eigenverantwortung kennen. Ohne diese Werte würde es kein Sportler an die Spitze schaffen.

Denkansätze Growth Thinker vs Fixed Thinker:

„Wie denke ich über..."	GROWTH THINKER	FIXED THINKER
Grundmotiv	Entdecken	Sicherheit
Harte Arbeit	Grundvoraussetzung	Talent
Hindernisse	Lernmöglichkeit	Vermeiden
Erfolg von Anderen	Inspiration	Eifersucht
Fehler	Teil des Prozess	Unbedingt vermeiden
Kritik & Feedback	Lernmöglichkeit	Persönlicher Angriff
Lösungsansatz	Kreativ	Reaktiv

Warum die Entwicklung eines Growth Mindsets so bedeutend ist, zeigt die folgende Grafik auf:

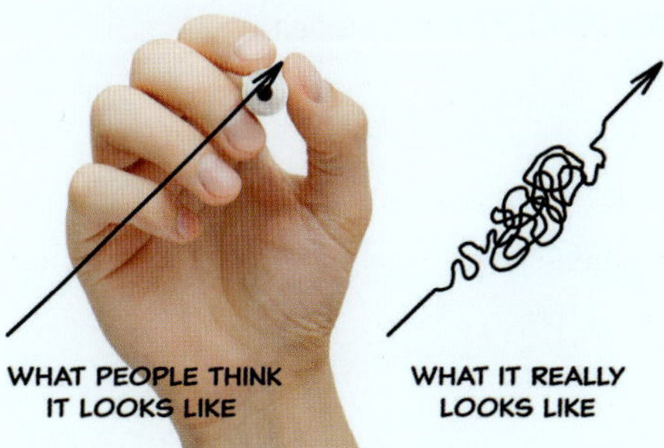

Spielerentwicklung für den Fußball aber auch im Leben generell, ist alles andere als ein linearer Prozess und es müssen etliche Hürden und Hindernisse aus dem Weg geräumt werden, was mit einem Growth Mindset wesentlich einfacher zu erreichen ist und der Prozess auf eine spielerische Art abläuft.

KAPITEL 5

Weltmeister 2014 – der Matchplan der DFB-Elf

Die Experten sind sich einig: Die DFB-Elf wurde verdient Weltmeister, da Deutschland die kompletteste und kompakteste Mannschaft aller 24 Teilnehmer stellte.

Vizeweltmeister Argentinien trat zwar ebenfalls als geschlossene Einheit auf, war jedoch in der Offensive zu stark alleine von der individuellen Klasse von Messi und Di Maria – der sich im Halbfinale verletzte – abhängig.

Ohne Zweifel hat der Trainer der deutschen Fußballnationalmannschaft, Joachim Löw, einen sehr großen Anteil am Gewinn des WM-Titels 2014 in Brasilien.

Durch die richtige Kaderzusammenstellung, eine optimale Vorbereitung, perfekt ausgetüftelte Matchpläne und die richtige Motivation ist Joachim Löw der Trainer der WM 2014.

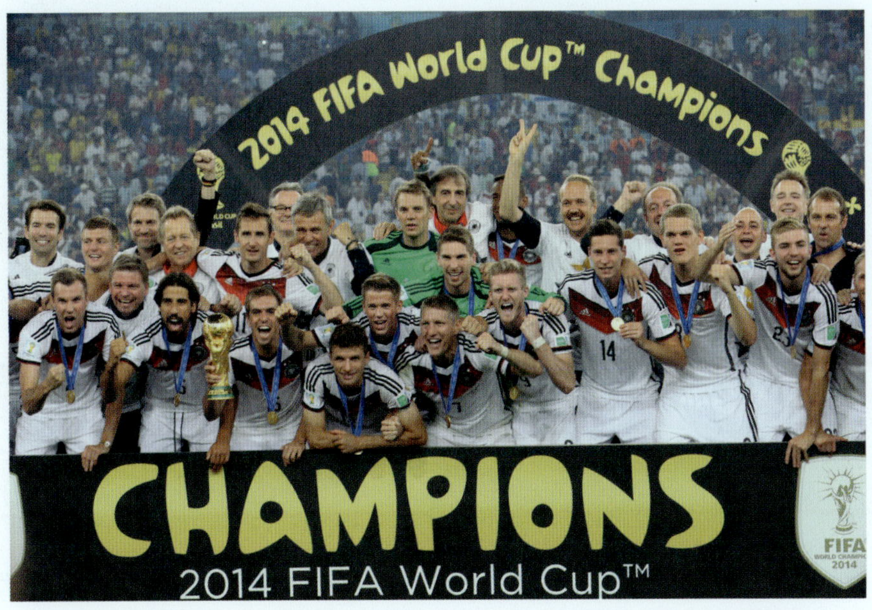

Deutschland – verdienter Weltmeister 2014

5.1 DIE 10 ERFOLGSFAKTOREN UND TRENDS DER WM 2014

Etliche Trends im modernen Fußball wurden bei der WM in Brasilien bestätigt und weiterentwickelt.

Hier die 10 wichtigsten Entwicklungstendenzen, die bei der Weltmeisterschaft in Brasilien zu beobachten waren:

1. **Hohe taktische Variabilität**

Bei der WM 2010 in Südafrika agierten auffällig viele Teams noch in einem starren 1-4-2-3-1.

Bei der WM in Brasilien konnte man so ziemlich alle Formationen beobachten, die es im Fußball gibt:

Ob 1-4-3-3, 1-3-4-3, 1-5-4-1, 1-4-4-2 oder 1-4-3-1-2 etc. – nahezu jede erdenkliche Formation wurde genutzt.

Viele Mannschaften waren sogar in der Lage, ihre Grundordnungen innerhalb einer Partie mehrmals zu ändern, was für eine extrem hohe taktische Variabilität spricht.

Auch Weltmeister Deutschland nutzte verschiedene Grundordnungen und konnte flexibel innerhalb eines Spiels von einer zur anderen switchen.

Es gab zwar Mannschaften wie Ecuador oder Kroatien, die in der taktischen Ausrichtung relativ statisch agierten, auffällig war jedoch, dass gerade vermeintlich „kleinere" Mannschaften taktisch enorm aufgeschlossen haben und durch diesen Faktor die individuelle Klasse des Gegners übertrumpfen konnten, wobei als Musterbeispiel sicherlich Costa Rica zu nennen ist.

Bei der WM hat sich bestätigt, dass es nicht nur noch eine fixe Ordnung gibt, sondern eine offensive und eine defensive Ordnung – die je nach Gegner und Spielsituation variiert wird.

Fußballtrainer müssen daher taktisch extrem variabel sein.

DFB-Chefausbilder Frank Wormuth sagt dazu Folgendes:

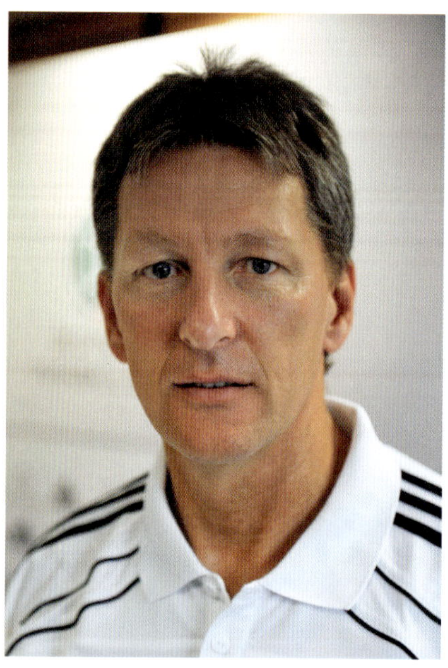

„Die Trainer sollten künftig alle Systeme aus dem Effeff beherrschen und gegebenenfalls die Grundordnung verändern können ... Bei der Kaderzusammenstellung müssten die Chefcoaches angesichts dieser Anforderungen noch besser aufpassen."

Taktisch variabel – DFB-Chefausbilder Frank Wormuth

2. Flexible strategische Ausrichtung

Neben einer hohen taktischen Variabilität war zu beobachten, dass die Topmannschaften in der Lage waren, auch ihre Strategie zu ändern.

So variierte Deutschland seine Strategie beispielsweise zwischen einem zielgerichteten Ballbesitzspiel und einem kompakten, überfallartigen Konterfußball.

Die Spitzenteams nutzten auch alle verschiedene strategische Ausrichtungen, was das Pressing anbelangt und waren ebenfalls in der Lage, ihre Pressingstrategien innerhalb eines Spiel zu verändern.

Auch sogenannte „Wenn-dann-Strategien" wurden vielfach gekonnt eingesetzt. Beispielsweise bei einem Rückstand oder einem Platzverweis.

Ein Musterbeispiel dafür war Deutschland im WM-Finale: Zunächst musste Sami Khedira kurzfristig ersetzt werden. Christoph Kramer, der für Khedira einsprang, wurde nach 30 Minuten verletzungsbedingt ebenfalls wieder ausgewechselt, woraufhin Deutschland die Formation wechselte.

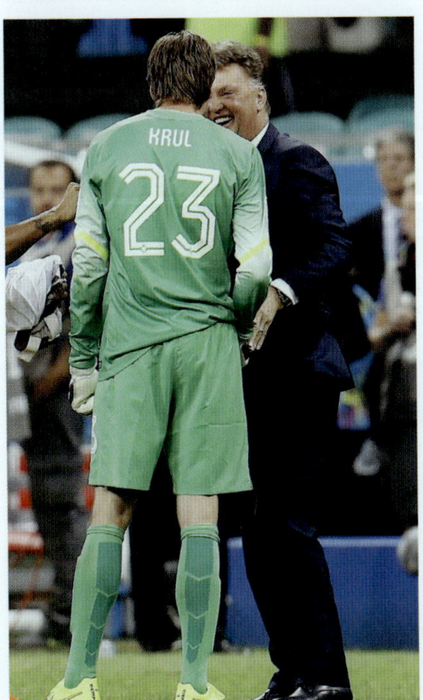

Louis van Gaal sorgte im Viertelfinale gegen Costa Rica mit dem Wechsel des Elfmeterexperten Krul gegen seinen Stamm-Torspieler Cillessen kurz vor Ende der Verlängerung für einen strategischen Geniestreich.

Krul hielt den entscheidenden Elfmeter und van Gaal wurde zum Held.

Louis van Gaal und Elfmeterexperte Tim Krul – strategischer Geniestreich

3. Das Comeback der Dreierkette und die Fünferkette als Defensivsystem der Zukunft

Das Comeback der Dreierkette hat sich im Vereinsfußball schon lange abgezeichnet und wird gerade bei der Offensivformierung von vielen Mannschaften genutzt.

Ein durchschlagender und in der Praxis bewährter Trend der WM war eine extrem kompakte Fünferkette im Defensivverhalten.

Es ist kein Zufall, dass immer mehr Mannschaften gegen immer schwerer auszurechnende Offensiven der gegnerischen Mannschaft mit einer Fünferkette im Defensivverhalten reagieren.

Auffällig: Sowohl die Niederlande als auch Costa Rica, die beide überwiegend mit einer Fünferkette agierten, verloren kein einziges Spiel in der regulären Spielzeit.

Die beiden großen Vorteile der Fünferkette:

- Keine Lücken, da die Fünferkette auch dann mit vier Spielern besetzt ist, wenn ein Spieler die Kette verlässt.
- Die Nahtstellenspieler des Gegners können in allen Zonen variabel angelaufen werden, wodurch der Raum zwischen Fünferkette und Mittelfeld besser kontrolliert werden kann.

Die Fünferkette wurde von Costa Rica perfekt umgesetzt:
Bei Costa Rica verschoben die fünf Spieler gemeinsam ballorientiert in einer Reihe: Wenn der Außenverteidiger nach vorne presste, dann schoben die restlichen Spieler der Fünferkette nach und besetzten die Räume mit gleichbleibenden Abständen, was einen Durchbruch für den Gegner nahezu unmöglich machte.

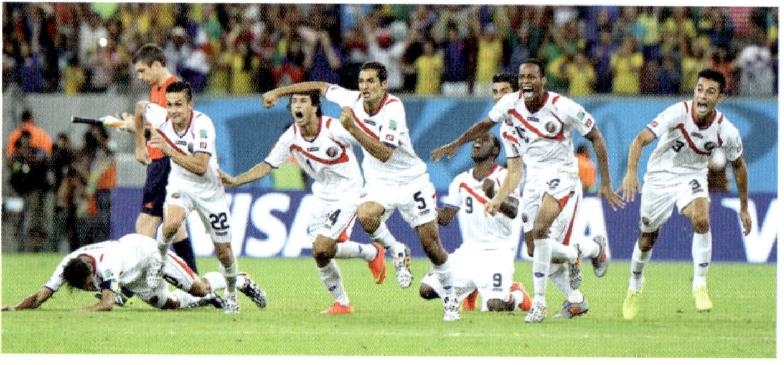

Costa Rica – überzeugt mit Teamgeist und Fünferkette

4. „Must-have": Schnelles Umschalten und Standardsituationen

Das schnelle Umschalten innerhalb der vier Phasen eines Spiels war der Erfolgsgarant schlechthin bei der WM.

Zudem wurden 30 % aller Treffer bei der WM nach Standards erzielt.

Gerade bei Standardsituationen ist noch enormes Potenzial vorhanden:

Denn welcher Trainer investiert 30 % der Zeit in Elfmeter, Freistöße, Eckbälle oder Einwürfe?!

Das beste Mittel gegen Standards ist, Standards überhaupt nicht zuzulassen.

Joachim Löw achtete bei der Auswahl seiner Spieler sehr darauf, dass diese in der Lage sind, ohne Foulspiel auszukommen und keine sogenannten Unforced Errors um den Strafraum herum begehen.

Sollte es trotzdem zu Standardsituationen kommen, dann werden gerade bei Eckstößen und Standards aus dem Halbraum hervorragende Kopfballspieler wie ein Mats Hummels, Jerome Boateng oder Per Mertesacker benötigt.

Bei direkten und indirekten Freistößen in Strafraumnähe bedarf es eines überragenden Torspielers wie Manuel Neuer.

Gerade in der Kategorie Standards zählte die DFB-Elf sowohl bei den Defensivstandards wie auch bei den Offensivstandards zur Elite.

5. Verstärkte Mannorientierungen im Defensivverhalten

Viele Teams wie die Niederlande setzten trotz vorherrschender Raumdeckung eine gezielte Mannorientierung ein.

Chile und Algerien agierten beispielsweise bei ihrem aggressiven Pressing phasenweise fast komplett mannorientiert.

Diese Mannorientierungen werden genutzt, um 1-gegen-1-Situationen zu fokussieren. Damit wird versucht, individuelle Aktionen, die durch die immer weiter steigende individuelle Klasse der Spieler entstehen können, durch eine klare Zuordnung zu unterbinden.

6. Die flexible Interpretation der Rolle des Außenverteidiger

Die Interpretation der Rolle des Außenverteidigers variierte stark bei dieser WM.

Während sich bei der letzten Weltmeisterschaft die Außenverteidiger nahezu auf das reine Flügelspiel konzentrierten, war die taktische Interpretation bei dieser WM wesentlich größer.

Der Brasilianer Marcelo beispielsweise, der als linker Außenverteidiger bei Brasilien eingesetzt wurde, agierte phasenweise im Offensivverhalten als Spielgestalter.

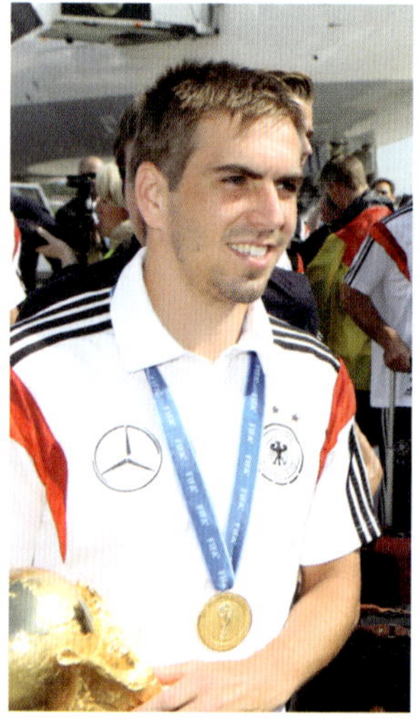

DFB-Kapitän Philipp Lahm – als 6er und Außenverteidiger Weltklasse

Der Niederländer Kuyt spielte auf dieser Position unheimlich variabel und teilweise sogar je nach Gegner im Halbraum.

Deutschland agierte zeitweise mit zwei gelernten Innenverteidigern als Außenverteidiger, wodurch die Position des Außenverteidigers natürlich eher defensiv interpretiert wurde.

Und dann muss natürlich Ausnahmespieler Philipp Lahm erwähnt werden, der neben seiner Stammposition als Außenverteidiger auch auf der 6er-Position zur absoluten Weltklasse zählt.

7. Das enorme Anforderungsprofil des modernen Torspielers

Der Torhüter hat die Entwicklung zum Torspieler endgültig vollzogen.

Die Position des Torspielers war die am stärksten besetzte Position bei dieser WM.

Ob Manuel Neuer, Keylor Navas, Claudio Bravo, Tim Howard, Hugo Lloris, Jasper Cillessen oder Sergio Romero – alle Mannschaften verfügten über eine enorme individuelle Klasse auf der Position des Torspielers.

Paradebeispiel war der Auftritt von Manuel Neuer im WM-Achtelfinale gegen Algerien.

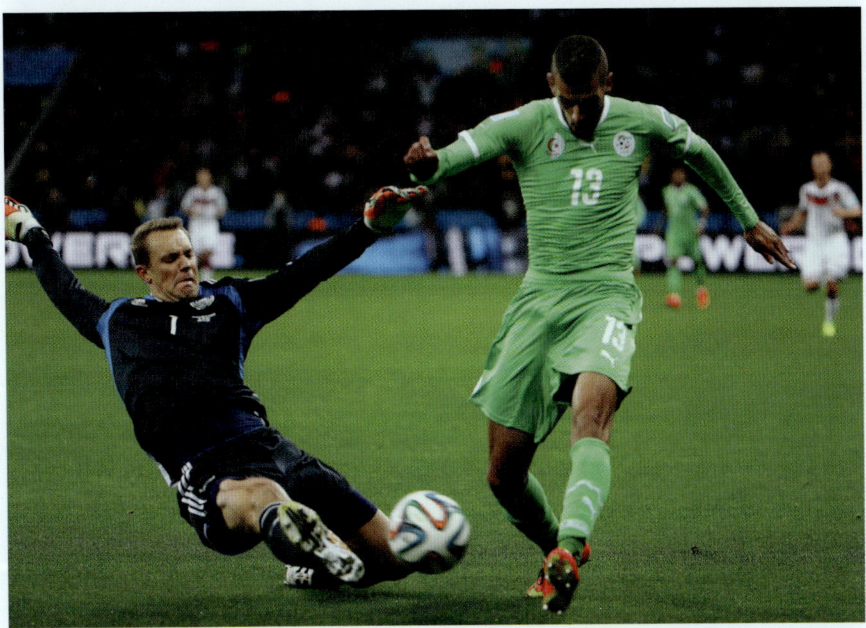

Musterbeispiel für einen modernen Torspieler – Manuel Neuer beim Tackling gegen Algerien

8. Die Rückkehr des Stoßstürmers und die Bedeutung der falschen Neun

Gegen immer besser organisierte Defensivblöcke wird der Stoßstürmer wieder mehr an Bedeutung gewinnen, was auch bei der WM zu beobachten war.

Im deutschen Team spielte beispielsweise WM-Rekordtorjäger Miroslav Klose eine sehr wichtige Rolle in dieser Funktion.

Wichtig ist jedoch die nötige Flexibilität im Offensivspiel, zu der die sogenannte variable Neun enorm beitragen kann.

So wurde Mario Götze als falsche Neun für Stoßstürmer Miroslav Klose eingewechselt und erzielte so das entscheidende Tor im Endspiel für die DFB-Elf.

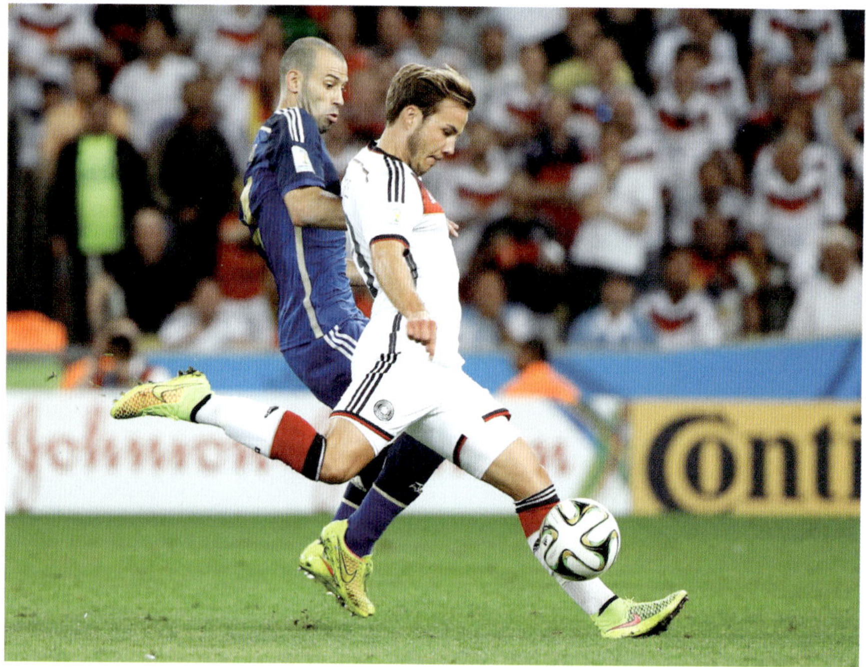

Siegtorschütze Mario Götze als variable Neun

9. Team-Spirit und Jokertore: Die WM der Einwechselspieler

Dass Fußball ein Mannschaftssport ist, ist jedem klar. Jedoch wurde der Teamspirit noch nie so ausdrücklich gelebt wie bei der WM 2014.

Gerade die Spieler der Teams aus Südamerika wie Chile, Kolumbien oder Costa Rica „zerrissen" sich förmlich für ihre Mitspieler.

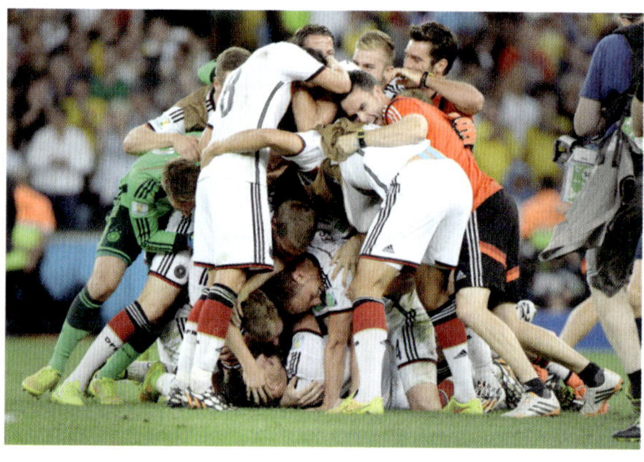

Teamspirit – die WM der Joker

Auch die DFB-Elf überzeugte mit einem tollen Teamspirit.

Außerdem wurden so viele Jokertore wie noch nie bei einer WM erzielt – 31 von insgesamt 171 Treffern wurden von Einwechselspielern erzielt und sprechen für sich.

10. Exkurs: Der geplante Fehlpass als taktisches Mittel

Dass eine sehr hohe Prozentzahl an Toren nach einem unmittelbaren Ballverlust erzielt wird, ist bekannt, auch dieser Punkt war bei der WM in Brasilien deutlich zu beobachten.

Im Vereinsfußball setzte vor allem Borussia Dortmund unter Jürgen Klopp in diesem Bereich mit einem perfekten Gegenpressing neue Maßstäbe.

Deshalb ist es nicht mehr verwunderlich, dass darüber diskutiert wird, einen geplanten Fehlpass als taktisches Mittel einzusetzen.

Denn – ein attraktiver, schneller Offensivfußball wird durch immer kompakter stehende und taktisch perfekt eingestellte Defensivblöcke ständig weiter erschwert.

Daher ist es mehr als eine Überlegung wert, in bestimmten Situationen der gegnerischen Mannschaft den Ball gezielt zu überlassen, um dann durch ein bereits vorbereitetes Gegenpressing den Ball zu erobern und die fehlende Defensivstruktur des Gegners auszunutzen.

Gerade bei Einwürfen ist diese Überlegung sehr interessant, da die Spielfortsetzungsmöglichkeiten sehr eingeschränkt sind und die Räume leicht zugestellt werden.

Die Statistiken belegen dies: Den Ball bei einem eigenen Einwurf in das Seitenaus zu werfen, um dann selbst zuzustellen, ist oftmals Erfolg versprechender, als selbst einzuwerfen.

5.2 MATCHPLAN – DER WEG DER DFB-ELF

Weltmeistertrainer Joachim Löw schaffte es mit seinen Matchplänen, das Prinzip Zufall so gut wie möglich auszublenden.

Wer es schafft, die Spielstrategie des Gegners zu durchschauen und zu seinem Vorteil zu nutzen, startet mit einem großen Vorteil in das Trainerduell.

Durch exakt ausgearbeitete Matchpläne, detaillierte Gegneranalysen und richtige Einschätzungen, die dann von den Spielern der deutschen Nationalmannschaft perfekt auf dem Platz umgesetzt wurden, war die DFB-Elf das ganze Turnier über hervorragend auf ihre Gegner eingestellt.

PORTUGAL

Deutschland konterte das 1-4-3-3 der Portugiesen mit einem 1-4-3-3.

Joachim Löw reagierte damit auf den Gegner, was besonders bei der Spielerauswahl zu beobachten war.

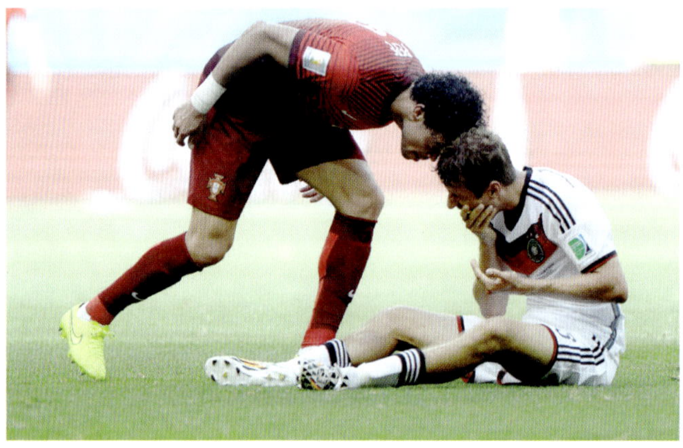

Foul mit Folgen – Portugals Verteidiger Pepe trifft Müller und sieht Rot.

So wurde die Viererkette mit vier Innenverteidigern besetzt, um somit gegen die große individuelle Klasse von Cristiano Ronaldo und Nani auf den Flügeln mit einer erhöhten defensiven Stabilität zu reagieren.

Der Matchplan von Löw ging voll auf: Was von der Presse kritisch beäugt wurde, war in diesem Spiel ein wesentlicher Erfolgsfaktor.

In der Offensive interpretierte Deutschland das 1-4-3-3 wesentlich flexibler und setzte sich, wie es oft der Fall ist, wenn zwei identische Systeme aufeinandertreffen, auch auf aufgrund der insgesamt besseren individuellen Klasse durch.

Zudem erzielte Mats Hummels nach einem einstudierten Standard ein tolles Kopfballtor.

GHANA

Joachim Löw analysierte das Spiel gegen Ghana folgendermaßen: „Die erste Halbzeit war taktisch geprägt, im zweiten Durchgang war es dann ein offener Schlagabtausch, den wir eigentlich vermeiden wollten. Aus dem Nichts fielen zwei Tore, danach ist unsere Mannschaft aber sehr gut zurückgekommen."

Die Führung der DFB-Elf durch Götze bestätigte zunächst den Matchplan, mit hohen Ballbesitzzeiten zu agieren, wurde jedoch umgehend durch Ayew mit einem schönen Kopfball ausgeglichen, bei dem der in der Halbzeit für Boateng eingewechselte Mustafi nicht gut aussah.

Gyan konnte dann sogar einen seltenen Fehlpass von Lahm zur Führung nutzen.

Daraus ergab sich der von Löw im Zitat angedeutete offene Schlagabtausch:
Durch das extreme Klima ging die Laufleistung und, damit einher, die Kompaktheit nach unten.

Deutschland musste aber offensiver agieren, was für noch mehr Platz für die gefährlichen Konter von Ghana sorgte und Ghana musste das Spiel unbedingt gewinnen.

Durch einen Eckball, der von Höwedes auf den zweiten Pfosten verlängert wurde, wo Klose goldrichtig stand, gelang Deutschland dann doch der verdiente Ausgleich.

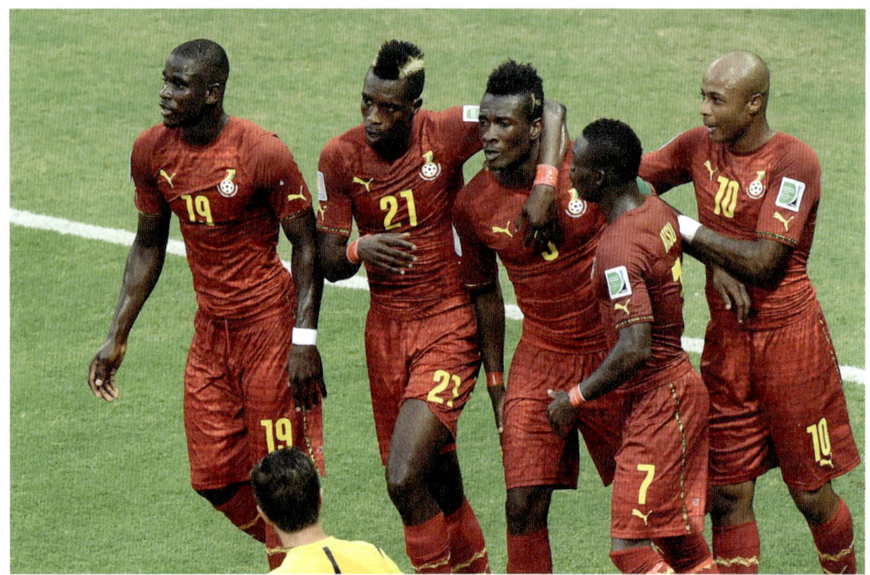

Ghana feiert den Führungstreffer gegen den späteren Weltmeister.

USA

Mit dem 1:0 gegen die USA sicherte sich die deutsche Mannschaft den Gruppensieg.

Dieser Sieg spricht für eine tolle Siegermentalität und Einstellung des DFB-Teams, das bereits vor diesem Spiel für das Achtelfinale qualifiziert war.

Die Defensive der deutschen Elf war wieder deutlich stabiler als gegen Ghana und ließ nur ganze vier Torschüsse der Amerikaner zu.

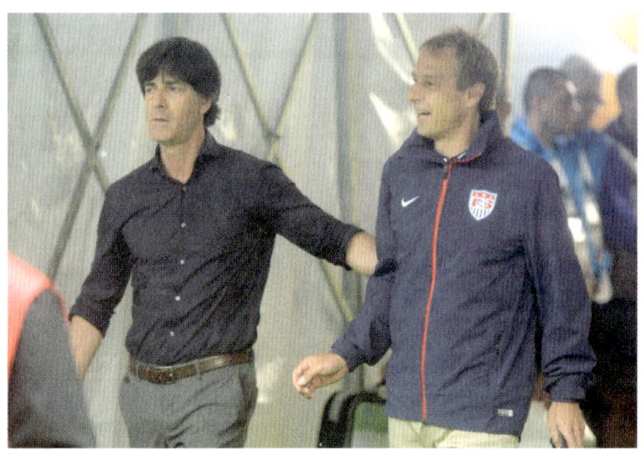

Alte Bekannte – Klinsmann und Löw vor dem Spiel

Deutschlands Mittelfeld hatte das Spiel im Griff und dominierte mit hohen Ballbesitzzeiten (67 %), die USA hielten mit einem kompakten Pressing und einem guten Umschaltverhalten dagegen.

Auffällig:
Das Siegtor resultierte erneut aus einer Standardsituation.

Thomas Müller erzielte mit einem überlegten Innenseitstoß nach einer kurz ausgeführten Eckballvariante den verdienten Siegtreffer.

ALGERIEN

Defensiv agierte Deutschland gegen Algerien in einem 1-4-4-2, um nicht in einen der gefährlichen Konter der Algerier zu laufen und offensiv im gewohnten 1-4-3-3.

Gegen aggressiv und mannorientiert verteidigende Algerier tat sich Deutschland schwer, behielt jedoch auch in dieser Partie die Ruhe und gewann auch dank eines überragenden Manuel Neuer.

Die Heatmap von Manuel Neuer aus diesem Spiel, auf der die Aufenthaltsorte eines Spielers zu sehen sind, verdeutlicht die Funktion eines modernen Torspielers sehr klar.

Der im Matchplan vorhergesehene Wechsel von André Schürrle als neuen Rechtsaußen sorgte dann für die Entscheidung.

Schürrle postierte sich immer wieder sehr hoch und sehr breit und suchte immer wieder das 1 gegen 1, wodurch die defensiven Schwächen seines offensivstarken Gegenspielers Ghoulam zum Tragen kamen.

Auch wenn Deutschland gegen unbequeme Algerier zu kämpfen hatte, wurde die Leistung der Deutschen zu kritisch bewertet.

Erstens gibt es bei einer WM im Achtelfinale keine schwachen Gegner und die Statistiken spiegeln mit 28:10 Torschüssen, 66 % Ballbesitz und 56 % gewonnenen Zweikämpfen letztendlich einen verdienten Sieg wider.

FRANKREICH

Gegen ein starkes Frankreich verzichtete Joachim Löw auf Per Mertesacker und setzte Kapitän Lahm erstmals als Außenverteidiger ein.

Diese Änderung war wichtig, um den beweglichen Benzema von Real Madrid optimal zu kontern.

Bastian Schweinsteiger bestach als Organisator auf der Sechserposition und Philipp Lahm machte ein ganz starkes Spiel auf seiner Stammposition.

Miroslav Klose rückte in die Startelf für Mario Götze, wodurch auch Thomas Müller auf der rechten Außenbahn auf seiner Wunschposition beginnen konnte.

Die deutsche Auswahl war gut auf die starken Franzosen eingestellt und erzielte den Siegtreffer erneut nach einem im Matchplan einstudierten Standard durch Mats Hummels.

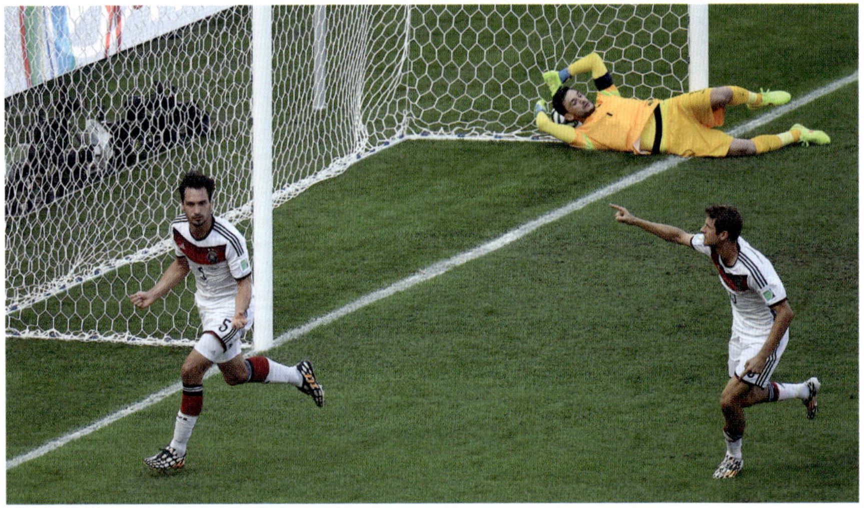

Mats Hummels mit „Köpfchen" beim Siegtor nach einer erneuten Standardsituation

BRASILIEN

Wie schon gegen Portugal und Frankreich konnte die deutsche Mannschaft das Aufbauspiel Brasiliens mit einem einstudierten Pressing sofort ersticken.

Durch das disziplinierte Verschieben zum Ball bekam Deutschland gerade in der ersten Halbzeit nahezu jeden zweiten Ball und konnte Brasiliens Offensive immer in klarer Unterzahl isolieren.

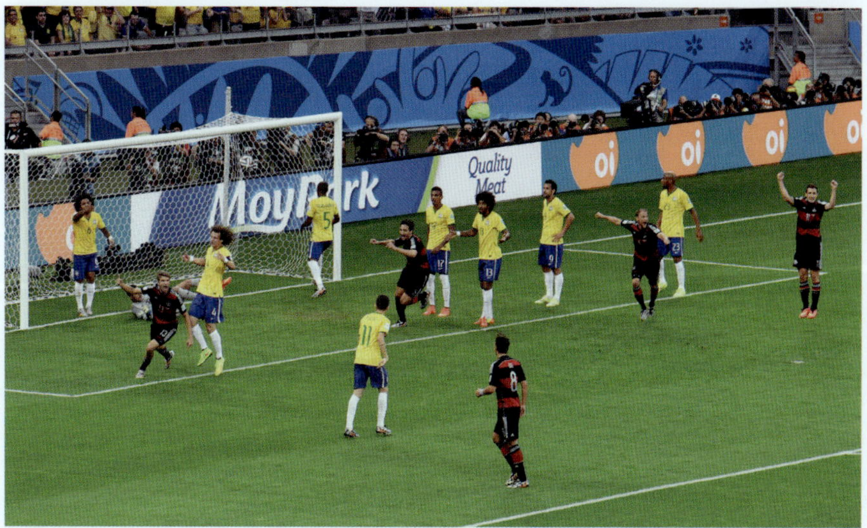

Unglaublich – Deutschland vs. Brasilien 7:1

Neben dem auf den Gegner abgestimmten Pressing wurde die Schwäche des Gegners im Umschalten gnadenlos ausgenutzt.

Deutschland ging nach einem weiteren einstudierten Standard durch Miroslav Klose in Führung, welcher mit diesem Treffer zum WM-Rekordtorschützen aufstieg.

Innerhalb von sieben Minuten baute Deutschland die Führung auf 5:0 aus, womit das Spiel nach einer halben Stunde entschieden war.

In der Endphase stellte Löw dann das System auf 1-4-2-3-1 um, wobei Özil auf die 10 wechselte und Deutschland defensiv sehr kompakt stand und wichtige Kräfte für das Finale sparen konnte.

ARGENTINIEN

„Never Change a Winning Team" – mit dieser altbekannten Wahrheit wollte sowohl Deutschland als auch Argentinien mit derselben Aufstellung aus den Halbfinals antreten.

Jedoch fiel Sami Khedira kurz vor Beginn der Partie beim Warm-up aus.

Aber auch solche Ausfälle sind in einem guten Matchplan vorgesehen und so rückte Christoph Kramer in die Startelf.

Es war beeindruckend zu sehen, wie Deutschland den kurzfristigen Ausfall von Khedira wegsteckte, was ein großes Qualitätsmerkmal ist und von einer starken Mentalität in der Mannschaft zeugt.

Joachim Löw setzte wie in den Spielen zuvor auf ein 1-4-3-3 und auch Argentiniens Trainer Alejandro Sabella blieb bei seinem kompakten 1-4-4-1-1 mit vielen Freiheiten für Weltstar Lionel Messi, der hinter dem beweglichen Gonzalo Higuaín agierte.

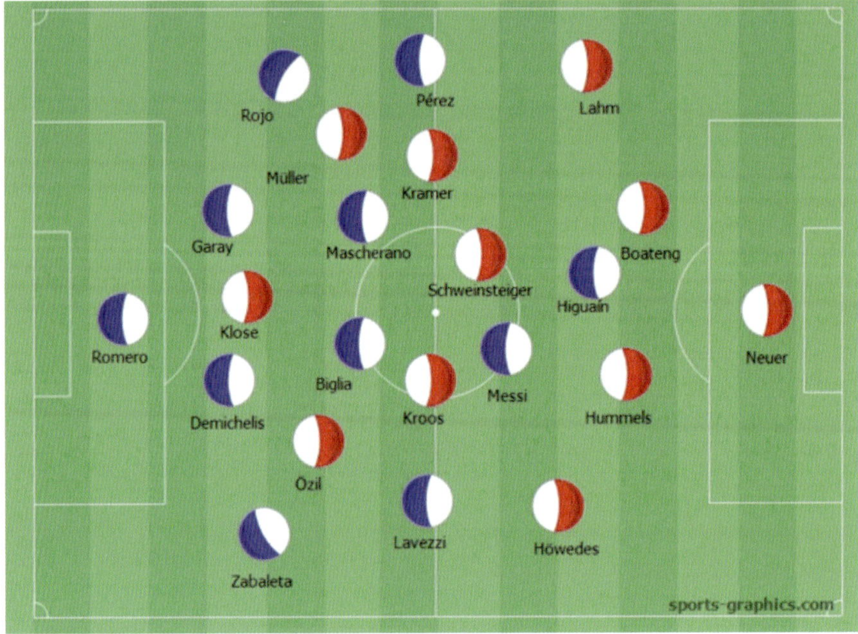

Grundordnung im WM-Finale 2014 zu Spielbeginn: Deutschland 1-4-3-3 vs. Argentinien 1-4-4-1-1

Wie in allen Spielen versuchte Argentinien in der Offensive mit dem „Konzept Messi" zu agieren, worauf die deutsche Elf jedoch gut eingestellt war und versuchte, Messi bei jedem Kontakt sofort mit einer entsprechenden Absicherung zu stellen, was aber natürlich gegen solch ein Kaliber nie 100%ig klappt, so leitete Messi einige gute Aktionen der Argentinier ein und schaffte Raum für seine Mitspieler.

Auch die Verletzung von Kramer nach einer halben Stunde steckte die deutsche Elf gut weg.

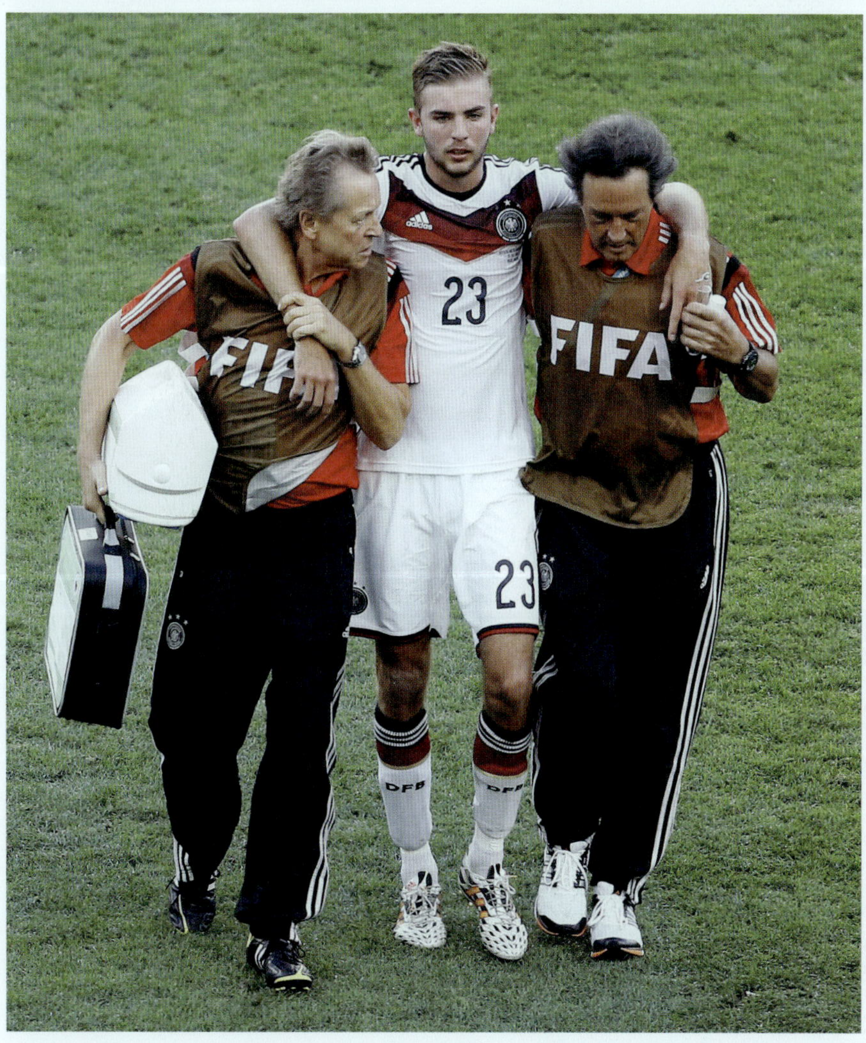

Der kurzfristig ins Team gerückte Christoph Kramer verletzte sich.

Für Christoph Kramer kam André Schürrle ins Spiel, wodurch aus einem 1-4-3-3 ein 1-4-2-3-1 wurde.

Mesut Özil schob auf seine Lieblingsposition im zentralen offensiven Mittelfeld, Schürrle spielte links außen und Bastian Schweinsteiger sicherte gemeinsam mit Toni Kroos auf der Doppelsechs ab.

Mit einer so extremen taktischen Variabilität zu agieren, war zu Beginn der Löw-Ära noch undenkbar.

In der zweiten Halbzeit passte Sabella sein Team an und agierte in einem 1-4-3-1-2 mit Raute, womit Deutschland zunächst nicht zurechtkam, weshalb Löw taktisch klug die Mannschaft umstellte:

Kroos rückte von der Doppelsechs eine Position nach vorne neben Özil, wodurch ein 1-4-1-4-1 entstand und Deutschland im Mittelfeld wieder die Oberhand gewann und über das ganze Spiel gesehen mit 64 % deutlich mehr Ballbesitz hatte.

Mit dem Schlusspfiff ist die Weltmeistermannschaft ganze zehn Kilometer mehr gelaufen als Argentinien, was auf eine perfekte Planung und Umsetzung im athletischen Bereich schließen lässt.

Deutschland gewann 54 % der Zweikämpfe und war gerade in der Verlängerung die aktivere Mannschaft und versuchte, das Glück selbst in die Hand zu nehmen, während die Argentinier nur noch passiv agierten und sich immer weiter zurückzogen.

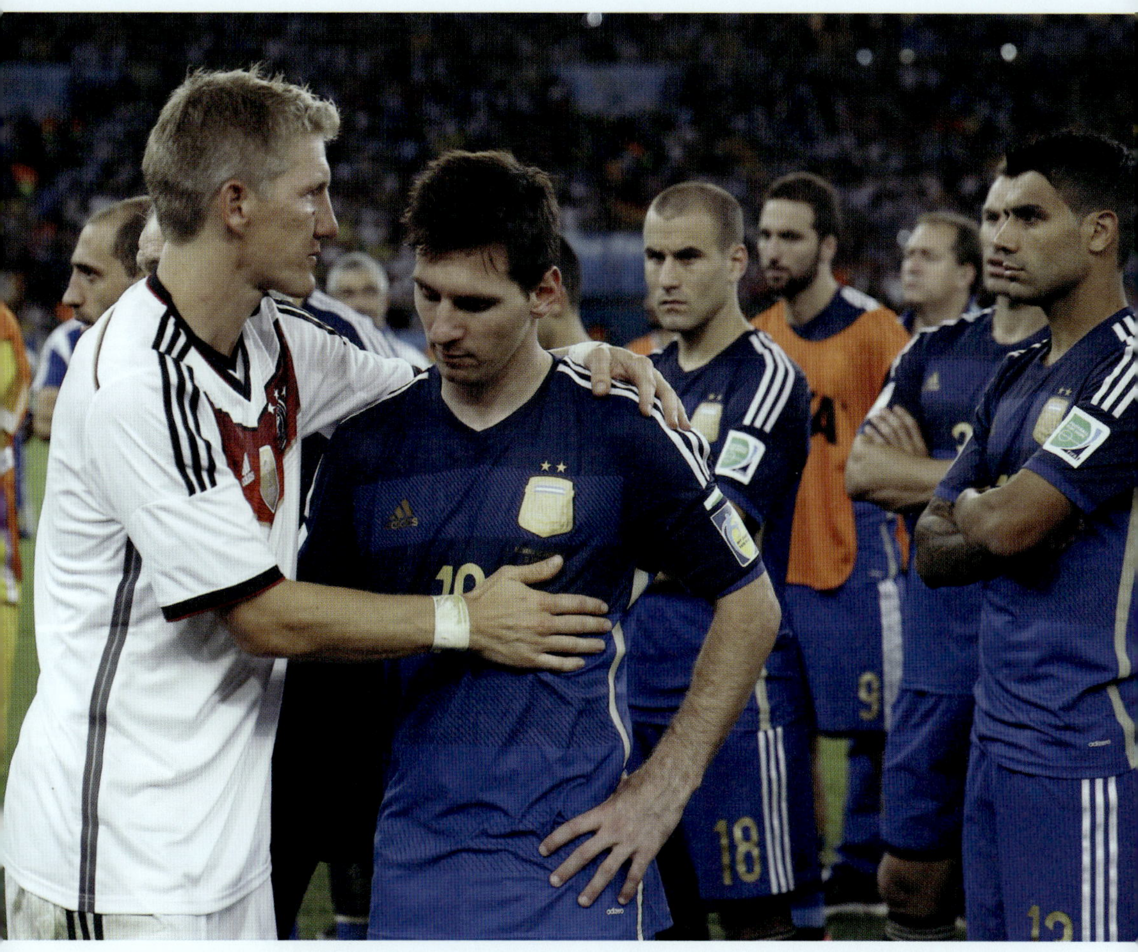

Weltstars unter sich – Bastian Schweinsteiger tröstet Lionel Messi.

5.3 DIE ERFOLGSGEHEIMNISSE DES DFB-WELTMEISTERTEAMS

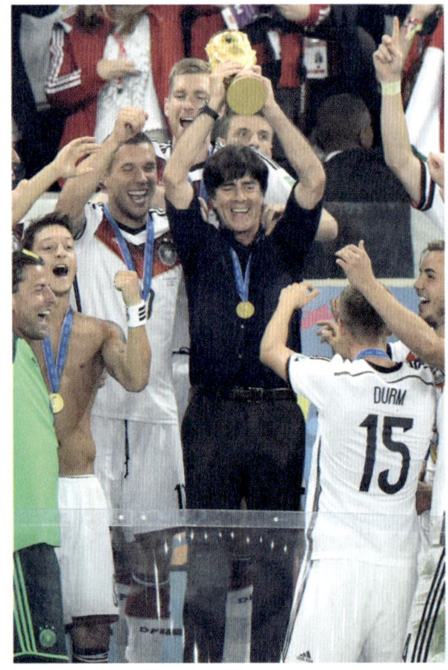

Weltmeistertrainer Joachim Löw – Matchplan erfolgreich umgesetzt

Allgemeine Merkmale:

> Dominanz in allen vier Phasen des Spiels.

> Hohe taktische Variationsbreite.

> Zielorientierter Kombinationsfußball gepaart mit starken 1-gegen-1-Situationen.

> WM-Kader mit enormer individueller Klasse (Welche andere Mannschaft kann Götze oder Schürrle auf der Bank lassen, oder Barcelonas Torspieler ter Stegen erst gar nicht nominieren?).

> Hochprofessioneller Trainer- und Betreuerstab mit Experten aus allen Bereichen.

> Enormer Teamgeist, positive Stimmung und Siegermentalität.

> Mentale Stärke: Mut, Selbstvertrauen und hohe Eigeninitiative der Spieler.

Defensive:

> Bewusste Pressingstrategien: perfekt einstudiertes Mittelfeldpressing mit fließendem Übergang in ein Forechecking und eine situativ tiefere Staffelung.

- Situativ auf den Gegner abgestimmte Defensivmuster.
- Extrem organisierter und kompakter Defensivblock mit engen Abständen und Beteiligung aller Spieler im Defensivverhalten mit großem Engagement.
- Sofortiges kollektives Gegenpressing nach Ballverlust.
- Manuel Neuer als überragender Torspieler des Turniers.

Offensive:

- Zielorientierte Spieleröffnung mit auf den Gegner abgestimmten Mustern.
- Schnelles Umschalten nach Balleroberung.
- Schnelle Ballzirkulation mit wenigen Kontakten.
- Viele vertikale Kurzpässe in die Schnittstellen des Gegners.
- Variables Spiel: viele Positionswechsel in Breite und Tiefe.
- Individuelle Klasse in 1-gegen-1-Duellen.
- Spitzenklasse bei Offensivstandards.

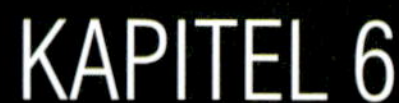

KAPITEL 6

Die Grundlagen einer erfolgreichen Fußballstrategie: die Spielidee und das Spielmodell

„Noch nie in meinem Leben habe ich für ein Unentschieden gespielt."

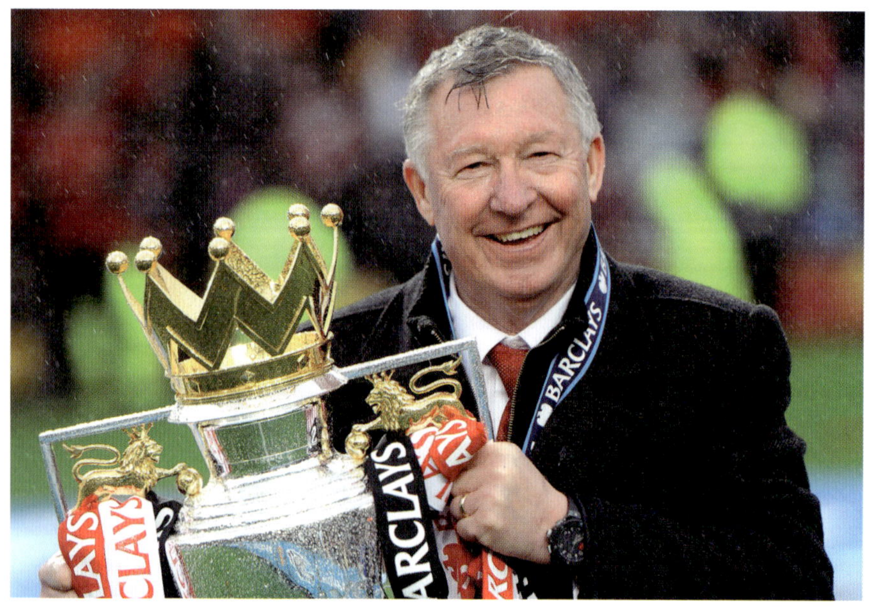

Alex Ferguson, 13-mal englischer Meister und zweimal Champions-League-Sieger

Herrscht Klarheit darüber, welche Anforderungen die Weltspitze stellt, muss im nächsten Schritt eine „Fußballstrategie entwickelt werden mit einer klaren Spielidee, die sich in einem Spielmodell mit entsprechenden Spielprinzipien wiederfindet und aus der dann eine eigene Methodologie erarbeitet wird, wie diese Spielmodell im Training umgesetzt wird.

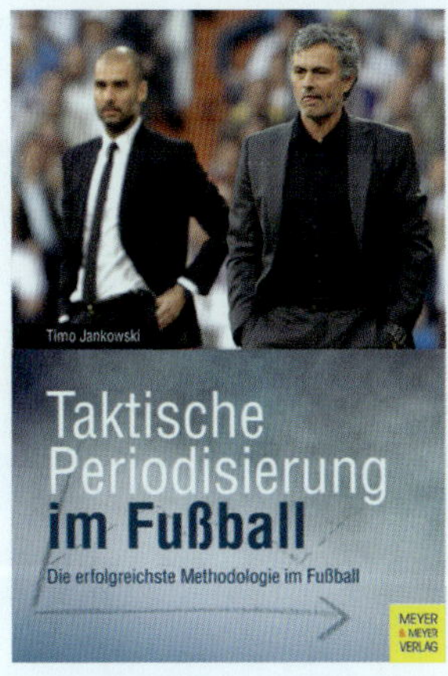

Detaillierte Informationen erhalten Sie in meinem Buch: Taktische Periodisierung

www.dersportverlag.de

ISBN: 978-3-8403-7824-9

Dieses Spielidee und das Spielmodell sind der Schlüssel zum Erfolg eines Vereins und dürfen nicht blind mit jedem neuen Trainer über den Haufen geschmissen werden. Im Gegenteil: Der Trainer sollte danach ausgesucht werden, ob er die gewünschte Spielidee des Vereins umsetzen kann.

Recherchen des Fußballstrategen Mads Davidsen zeigen auf, dass in den Top-5-Ligen bei mehr als 75 % der Vereine kein nachhaltiges Modell vorliegt, in dem auch die Spielidee klar definiert ist.

https://madsdavidsen.com/columns/75-of-all-clubs-are-strategically-unhealthy/

Jedes Team, jeder Verein und jeder Verband, der längerfristig plant, muss zwingend eine eigene Spielidee entwickeln und verinnerlichen, da erst diese Spielidee einer Mannschaft eine eigene Identität verleiht und einen Verein einen langfristigen, geplanten Weg beschreiten lässt, der sich auf alle weiteren Bereiche wie Scouting, das Ausbildungskonzept oder das Einstellen des bestmöglichen Personals auswirken wird.

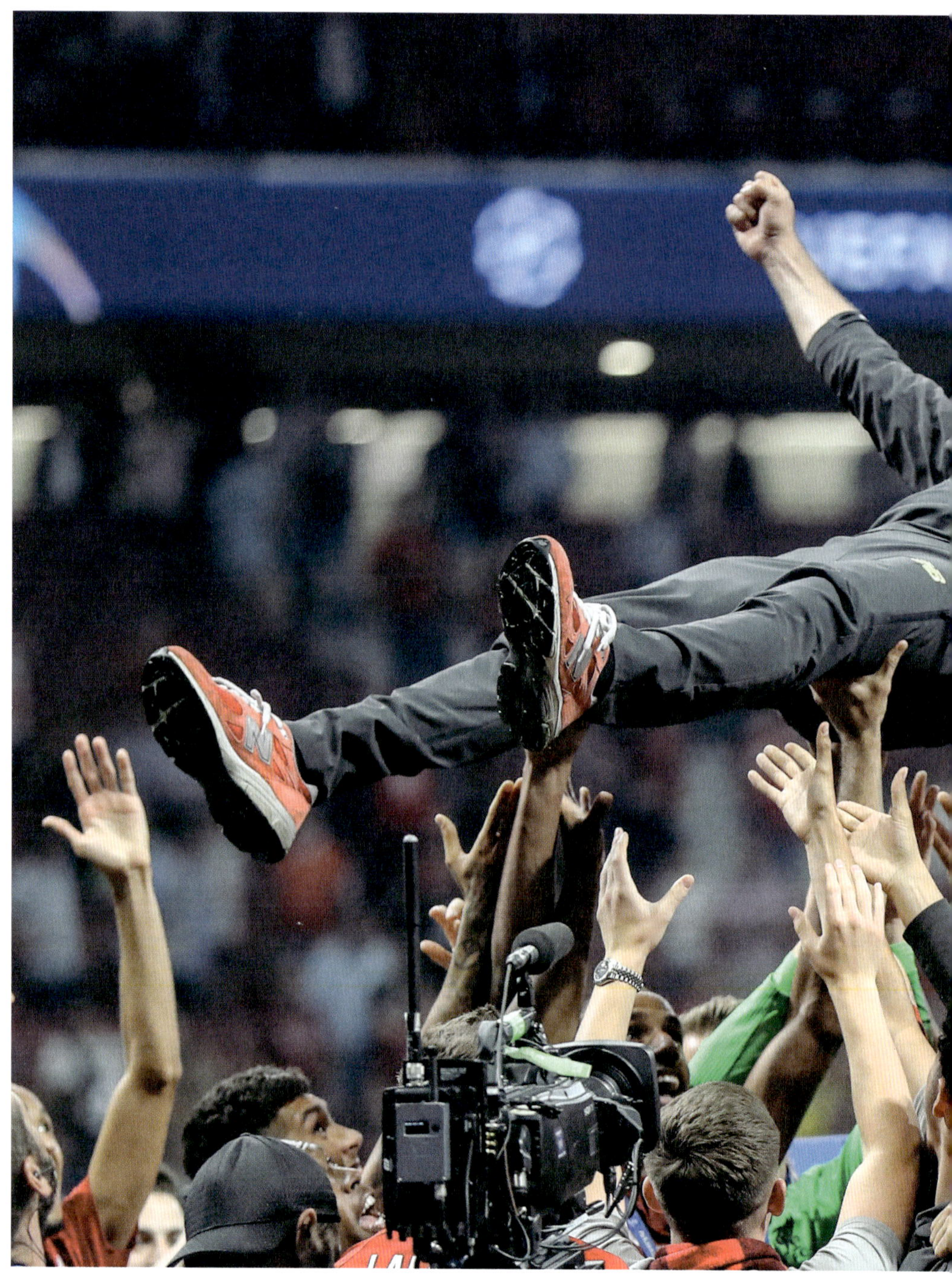

Die Spielidee und Werte von Jürgen Klopp sind das perfekte Match für die „Fußball-Strategie" des Arbeitervereins FC Liverpool.

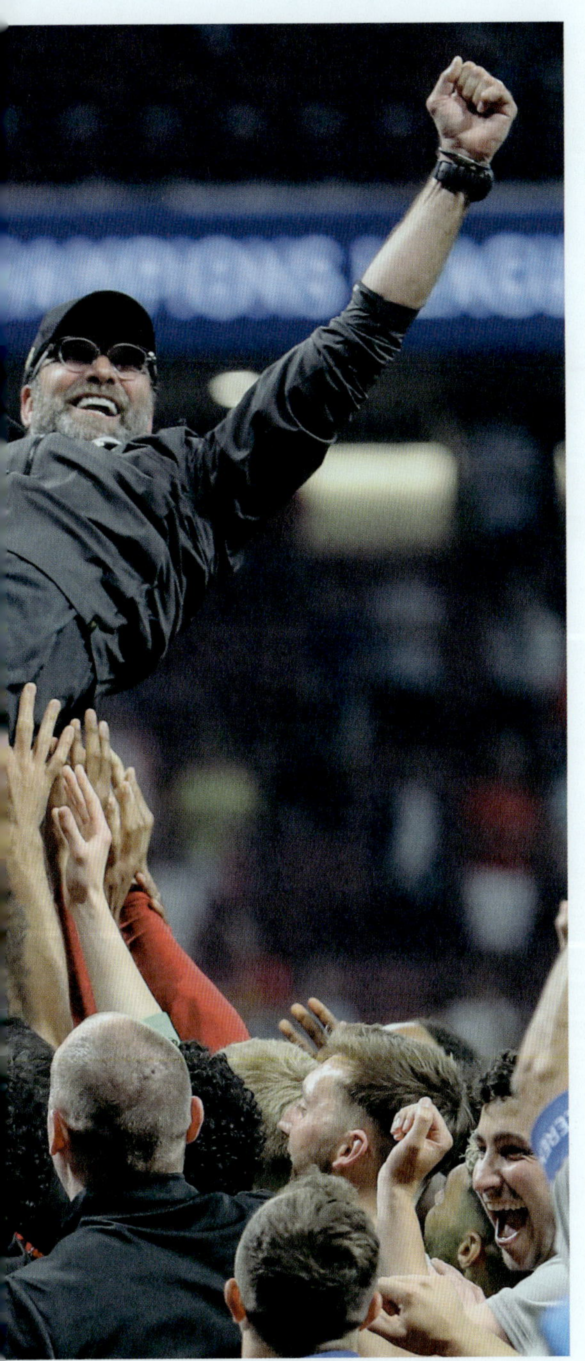

Eine entscheidende Rolle bei der Planung und Umsetzung dieser Fußballstrategie oder bei der Planung einer Spielidee sind die kulturellen und lokalen Gegebenheiten, wie beispielsweise die Fußballgeschichte eines Landes, aber es sind auch Klubtraditionen zu berücksichtigen, da diese einen großen Einfluss auf eine Spielidee ausüben können.

Die Fußballstrategie eines Arbeitervereins, der noch im 19. Jahrhundert gegründet wurde, sollte anders aussehen als die eines in der Neuzeit durch einen wohlhabenden Sponsor gegründeten Vereins.

So würden sich z. B. die stolzen, offensiven Katalanen wohl nie auf einen Defensivfußball, der auf Konter ausgelegt ist, einlassen. Sie wollen spielbestimmend und dominant auftreten. Diese tief verankerten kulturellen Faktoren sind von der Nachwuchsakademie bis zur ersten Mannschaft fest verankert.

Und auch der Erfolg des „Arbeitervereins" FC Liverpool mit ihrem Trainer Jürgen Klopp, der entsprechende Werte verkörpert, zeigt diese Bedeutung auf.

KAPITEL 7

Fußball-Periodisierung als Modell für eine moderne Trainingsgestaltung

„Um Klavier spielen zu lernen, rennt der Klavierspieler nicht um das Klavier, er spielt das Klavier!“

Hat ein Trainer und ein Verein eine Spielidee entwickelt, stellt sich nun im nächsten Schritt die Frage, wie diese Spielidee trainiert und umgesetzt werden kann, damit diese Spielidee auf den Platz transportiert werden kann.

Beobachtet man den internationalen Fußball der letzten Jahre, ist es sehr auffallend, dass Trainer, die nach der Methode der taktischen Periodisierung arbeiten, äußerst erfolgreich sind und zudem für ihren Spielstil gelobt werden.

Entwickelt wurde das Modell der taktischen Periodisierung bereits in den 1980er-Jahren vom Portugiesen Vitor Frade, der Fußball an der Universität in Porto lehrte und beim FC Porto in der Praxis tätig war.

Vor allem durch seine beiden Schüler, die beiden portugiesischen Erfolgstrainer André Villas-Boas, der in jungen Jahren mit dem FC Porto den UEFA-Pokal gewinnen konnte, und in erster Linie durch den mehrmaligen Champions-League-Gewinner José Mourinho wurde das Konzept der taktischen Periodisierung in der Fußballwelt bekannt.

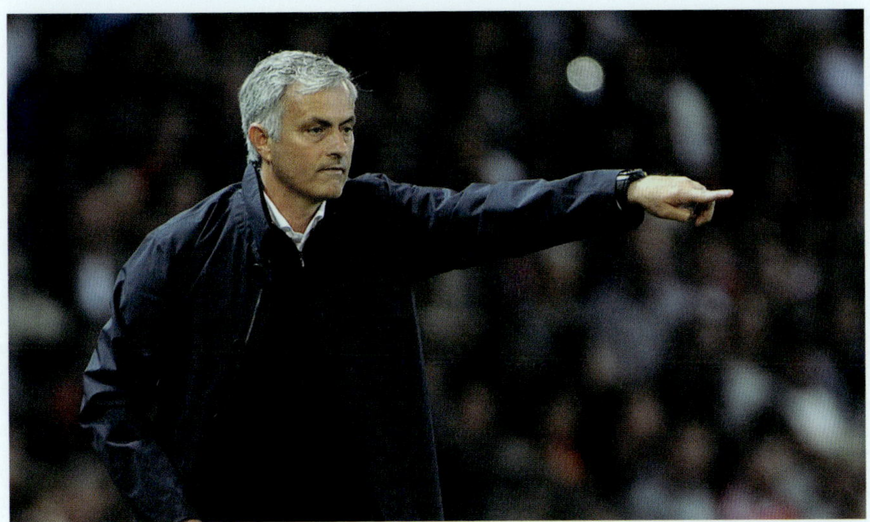

José Mourinho – einer der erfolgreichsten Trainer im Weltfußball dank dem Konzept der taktischen Periodisierung

Aber auch in jüngerer Zeit haben Fachleute, wie der niederländische Pepijn Lijnders, Co-Trainer von Jürgen Klopp beim FC Liverpool, diese Methodologie auf höchstem Niveau erfolgreich implementiert.

Die taktische Periodisierung ist ein sogenanntes *systemdynamisches Konzept* und verfolgt einen ganzheitlichen Ansatz. Das bedeutet, dass ein Fußballer als Gesamtsystem betrachtet werden muss, der viele verschiedene Leistungsfaktoren miteinander verknüpfen muss.

Die traditionelle Trainingslehre, in der die einzelnen Leistungsfaktoren in den meisten Fällen unabhängig von den anderen Faktoren trainiert werden, ist nach dem Prinzip der taktischen Periodisierung nicht mehr zeitgemäß, da dieses Konzept überwiegend von Individualsportarten, wie beispielsweise der Leichtathletik, übernommen wurde.

Die Basis für das Modell der taktischen Periodisierung bildet das Spiel.

Das Spiel gibt also das Training vor, weshalb in jedem Training alle Leistungsfaktoren, die den Fußball ausmachen, miteinander in der ganzen Komplexität des Spiels verbunden trainiert werden.

Oberstes Ziel der taktischen Periodisierung ist die Konzeptualisierung der Umsetzung einer Spielidee.

Dabei wird durch eine Mischung aus strategischen, taktischen sowie trainings- und sportwissenschaftlichen Erkenntnissen eine Methodologie geschaffen, mit der die taktischen Grundprinzipien der Spielidee wiedergegeben werden sollen, immer auch unter Einbezug von kulturellen und länderspezifischen Eigenschaften.

Durch das Zusammensetzen der verschiedenen Bausteine in eine auf den Verein abgestimmte Methodologie kommt die Handschrift des Trainers zum Ausdruck und zeigt im Idealfall auf dem Platz die Vorstellungen des Trainers, wie er Fußball spielen will.

Ein weiterer wichtiger Ansatzpunkt der taktischen Periodisierung ist, dass die Periodisierung der Trainingsplanung in wesentlich kürzeren Zyklen stattfindet, die im Vergleich zu den im Fußball eingesetzten sportartfremden Methoden wesentlich effektiver und effizienter sind.

Inhaltlich ist bei diesem Modell eine hohe spielnahe Intensität der Einheiten wichtig ohne dabei aber eine höchstmögliche Frische der Spieler für den Spieltag zu vernachlässigen.

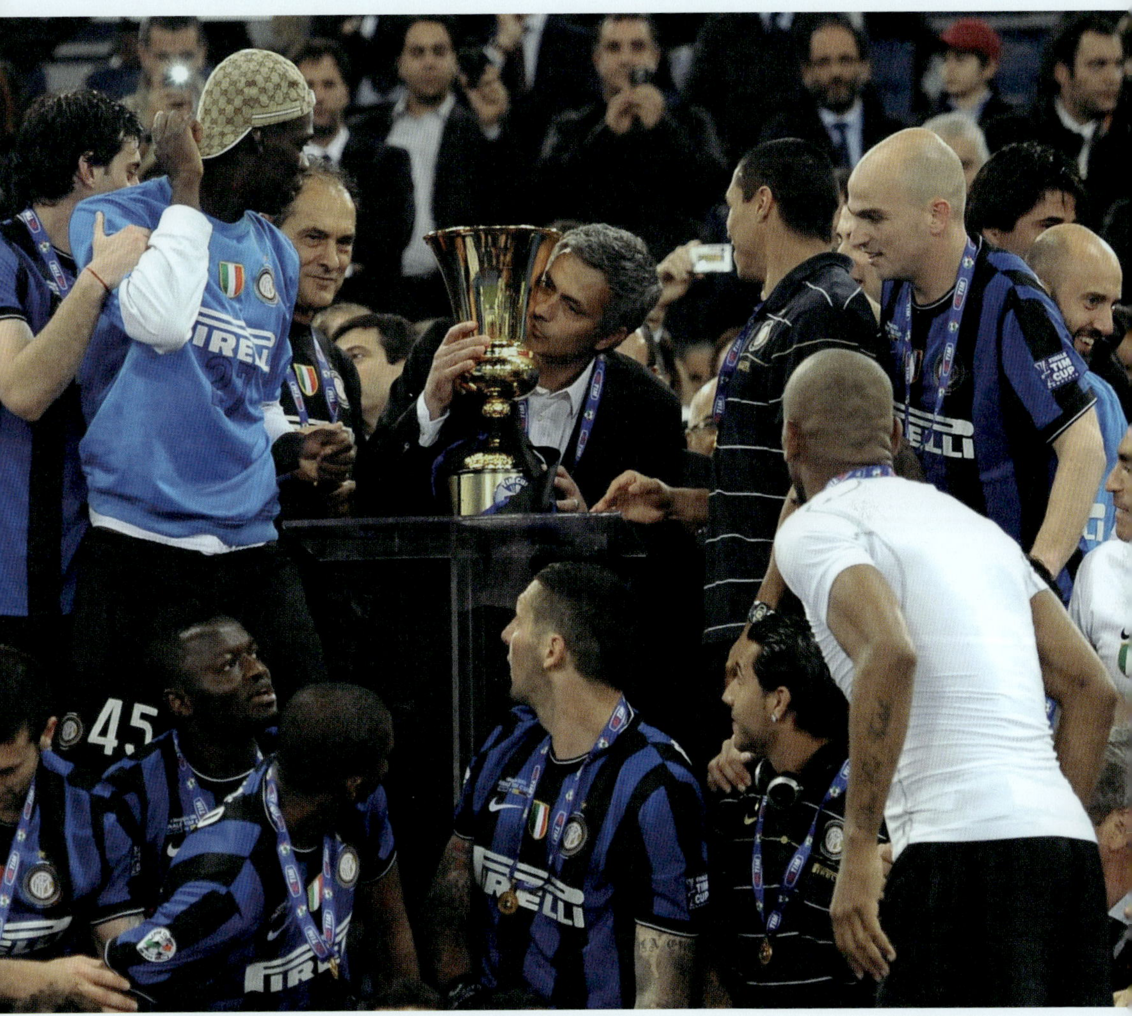

Erfolg durch eine klare Spielidee und deren Umsetzung mit entsprechenden Matchplänen - der bekannteste Vertreter der Taktischen Periodisierung ist José Mourinho

KAPITEL 8

Der Unterschied zwischen Strategie und Taktik

„Strategie erfordert Gedanken, Taktik erfordert Beobachtung." – Machgielis „Max" Euwe (1901-1981, niederländischer Schachgroßmeister)

Bevor wir auf das Thema Taktik, Spielmodell und Spielprinzipien eingehen, muss unbedingt vorab der Unterschied zwischen Strategie und Taktik erklärt werden, der im Fußball oftmals falsch verwendet wird.

Dafür ist es wichtig, dass man sich über den Unterschied zwischen Strategie und Taktik im Klaren ist:

STRATEGIE = WARUM UND WAS?
TAKTIK = WER UND WIE?

Im Militär versteht man unter Strategie einen übergeordneten Plan.

Taktik ist das Mittel, um diesen Plan umzusetzen.

Im Schach konzentriert sich die Strategie auf generelle Aspekte, wobei sich die Taktik auf den Gegner fokussiert.

Im Business ist eine Strategie immer langfristig angelegt und eine Taktik kurzfristig.

Im Fußball ist eine Strategie die grundsätzliche Orientierung einer Mannschaft, die ohne Berücksichtigung des speziellen Gegnerverhaltens vorgegeben wird.

Der generelle Spielstil, der für eine Saison gewählt wird, wäre die Strategie und ist unabhängig von einer spezifischen Grundordnung.

Taktikvorgaben und die Wahl entsprechender Prinzipien können dann je nach Gegner von Spiel zu Spiel variieren.

Bei der Strategie geht es in erster Linie also darum, festzulegen, wie man generell verteidigen oder den Spielaufbau betreiben möchte.

Bei der Taktik handelt es sich um alle organisierten Maßnahmen, die darauf ausgerichtet sind, die Spielziele dann situationsorientiert zu erreichen.

Eine vorab wichtige strategische Frage ist hierbei, wo man sich selbst auf dem folgenden Strahl auf und zwischen den beiden Extremen „reaktiver Fightball" und „proaktiver Fußball" sieht:

Spiele ich generell Fußball, um „etwas zu verhindern" oder spiele ich Fußball viel mehr um „etwas zu erreichen"? Hier gibt es kein falsch oder richtig, jeder Trainer muss diese Frage für sich selbst beantworten:

Spiele ich konstruktiv oder dekonstruktiv?
Wähle ich Kontrolle oder Chaos?
Mit welcher Idee lassen sich eher junge Spieler entwickeln?
Setze ich auf das Kollektiv oder auf die Individualität der Spieler?
Möchte ich einen schnellen, flüssigen Fußball spielen oder den Spielrhythmus mit vielen Unterbrechungen stören?
Bevorzuge ich es, Fußball zu spielen oder eher auf „Fightball" zu setzen?

KAPITEL 9

Verschiedene taktische Handlungen im Fußball

Taktik im Fußball lässt sich zunächst in drei Bereiche aufteilen:

- Individualtaktik,
- Gruppentaktik und
- Mannschaftstaktik.

Die konkrete Anwendung dieser drei Bereiche im Spiel wird als **Spieltaktik** bezeichnet.

9.1 INDIVIDUALTAKTIK

Die *Individualtaktik* bezieht sich auf alle offensiven und defensiven 1-gegen-1-Situationen und bildet die Grundlage für ein taktisches Spielverständnis und muss vor allen in jungen Jahren ein wichtiger Bestandteil im Training sein, da alle weiterführenden taktischen Maßnahmen auf der Individualtaktik aufbauen. Für Trainerlegende Wiel Coerver darf ein Spieler sogar erst zu gruppentaktischen Handlungen übergehen, wenn er die Individualtaktik perfekt beherrscht.

Ein Spieler kann sich beim 1 gegen 1 nicht verstecken und ist gezwungen, Verantwortung zu übernehmen, was junge Spieler unbedingt früh lernen müssen.

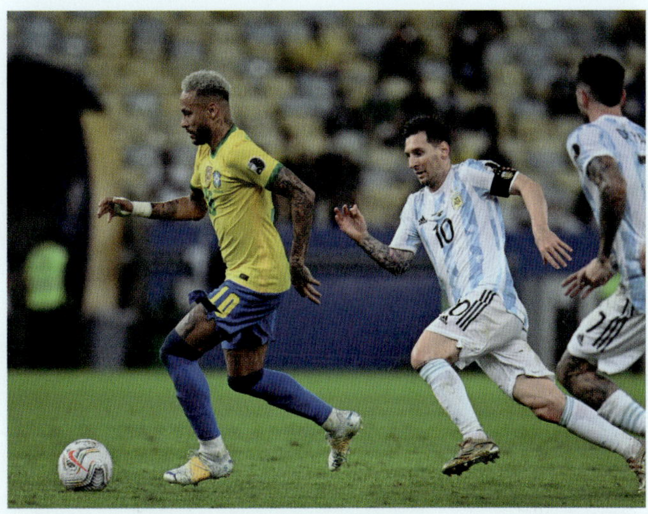

Individuelle Klasse auf allerhöchstem Niveau: Neymar und Messi

9.2 GRUPPENTAKTIK

Unter *Gruppentaktik* fallen alle geplanten Defensiv- und Offensivaktionen, die von zwei oder mehreren Spielern ausgeführt werden.

Ein Beispiel in der Offensive wäre ein Doppelpass oder das Spiel über den dritten Mann.

In der Defensive wäre dies beispielsweise das Verschieben der Viererkette.

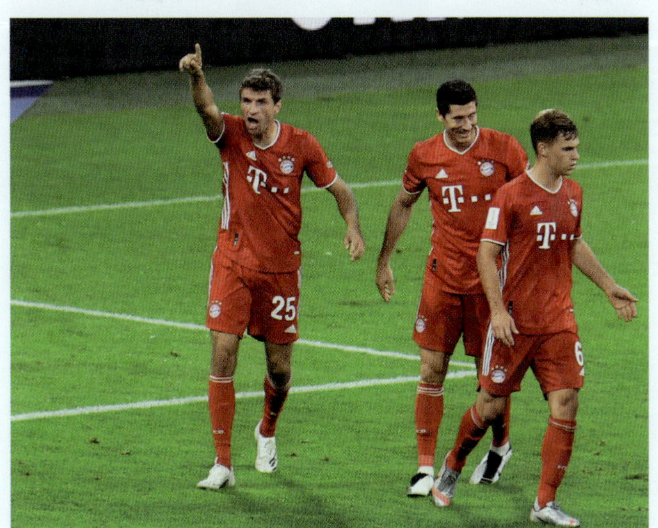

Zeigen immer wieder kongeniale gruppentaktische Verhaltensweisen: Die Bayern München-Spieler Thomas Müller, Robert Lewandowski und Joshua Kimmich.

9.3 MANNSCHAFTSTAKTIK

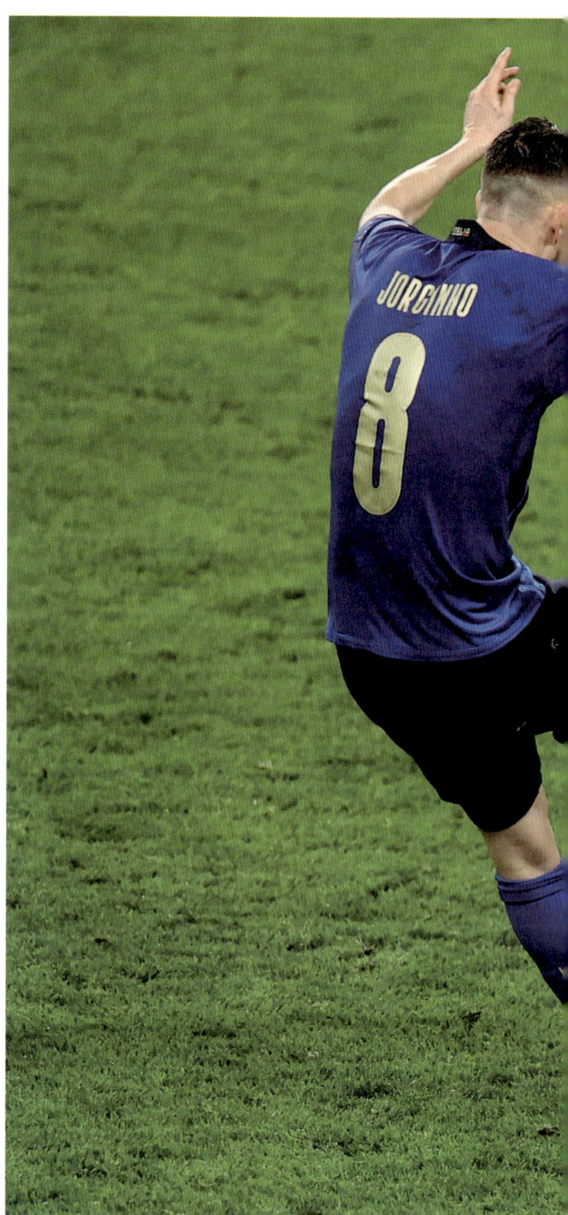

In der *Mannschaftstaktik* werden dann alle taktischen Abläufe planvoll zusammengeführt.

Hier spielen die Begriffe *Grundordnung* und *Spielsystem* eine wichtige Rolle, mit denen die Mannschaftstaktik in enger Verbindung steht.

Mannschaftstaktische Maßnahmen, eine gute Spielidee sowie ein geeignetes Spielsystem helfen, der Komplexität im Fußball entgegenzuwirken.

Dies ist beim Fußball extrem wichtig, da, wie bereits beschrieben, keine andere Mannschaftssportart eine derart große Komplexität aufweist.

Neben der Mannschafts-, Gruppen- und Individualtaktik muss zudem immer beachtet werden, ob die eigene Mannschaft in Ballbesitz ist oder ob das gegnerische Team den Ball hat.

Aus diesem Grund müssen bei taktischen Planungen und Handlungen immer auch die beiden Begriffe

- ***Offensivtaktik:***
- > **eigene Mannschaft in Ballbesitz und**
- ***Defensivtaktik:***
- > **gegnerische Mannschaft in Ballbesitz**

sowie die **vier Phasen eines Fußballspiels** in die Überlegungen mit einbezogen werden.

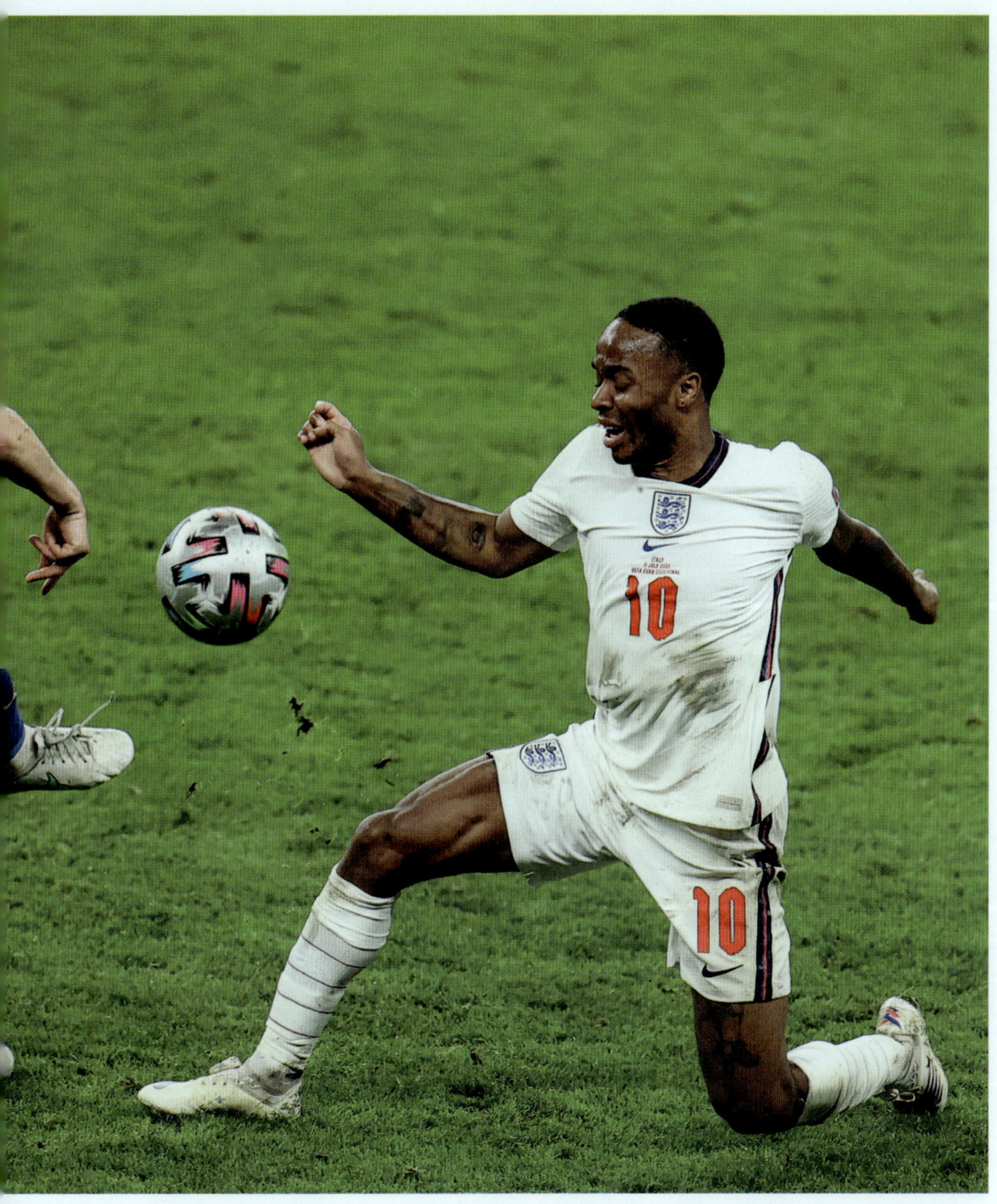

KAPITEL 10

DIE VIER (FÜNF) PHASEN DES SPIELS

„We will build a team nobody wants to play against“.

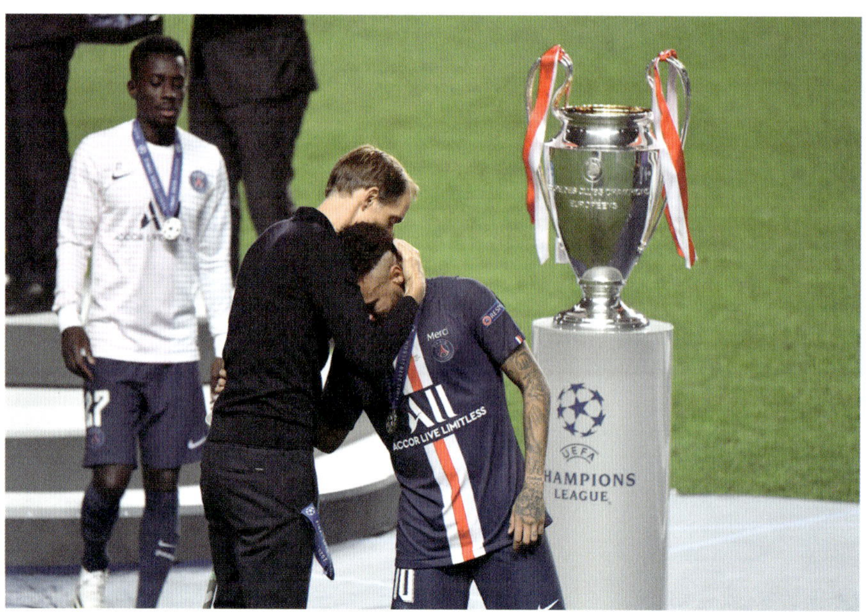

Champions-League-Sieger mit Chelsea London – Das Ziel Thomas Tuchels ist das Beherrschen und Erlangen der Dominanz in allen Spielphasen.

Um taktische Entscheidungen zu treffen, muss ein Trainer in der Lage sein, die vier Phasen des Spiels zu interpretieren.

Jedes Fußballspiel kann in die folgenden vier verschiedenen Phasen eingeteilt werden:

Phase 1:

Eigener Ballbesitz/Gegner ist organisiert.

Phase 2:

Gegner in Ballbesitz/eigene Mannschaft ist unorganisiert.

Phase 3:

Gegner in Ballbesitz/eigene Mannschaft ist organisiert.

Phase 4:

Eigener Ballbesitz/Gegner ist unorganisiert.

Wichtig: Oberstes Ziel ist es, in allen vier Phasen des Spiels dominant zu sein, denn wenn dies der Fall ist, steigen die Chancen auf einen Sieg extrem an.

Jeder Trainer muss wissen, wie die gegnerische Mannschaft sich in diesen vier Phasen verhält und muss hierfür Lösungen für seine Mannschaft finden.

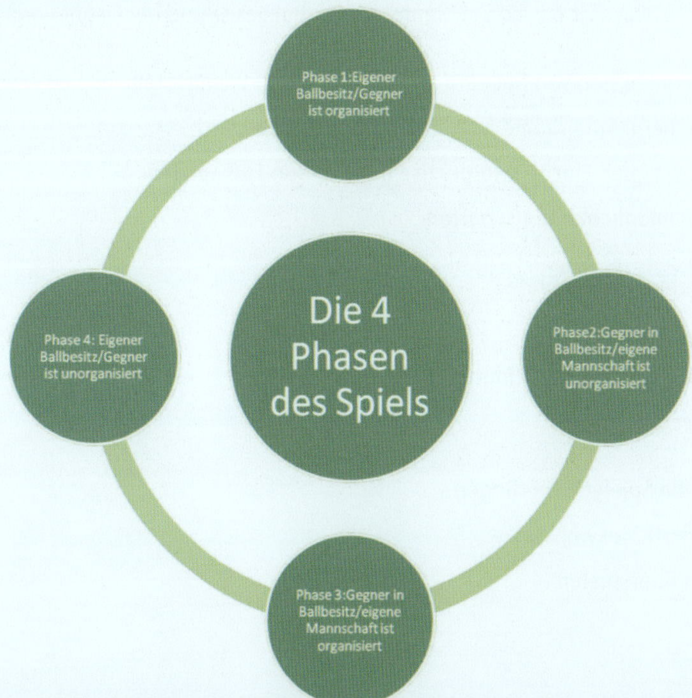

10.1 PHASE 1

EIGENER BALLBESITZ/GEGNER IST ORGANISIERT

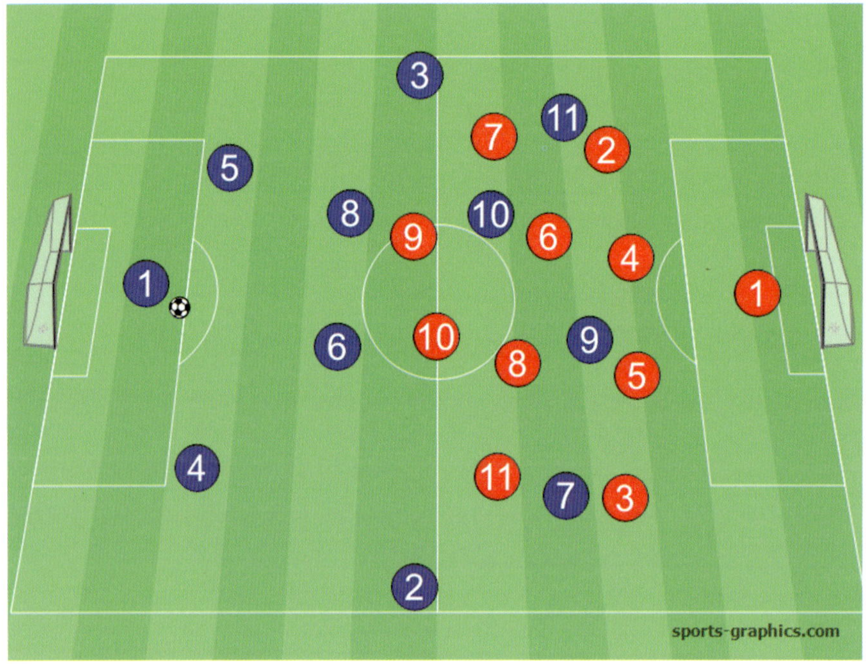

In der ersten Phase ist die eigene Mannschaft in Ballbesitz und der Gegner organisiert.

Folgende Punkte sind von Bedeutung, um Chancen zu kreieren und Tore zu erzielen:

- **Auffächern: Spielräume in Tiefe und Breite besetzen.**
- **Kurzpassspiel: Flache und präzise Bälle in den Fuß spielen.**
- **Anspielmöglichkeiten schaffen:**

> freilaufen/sich anbieten,

> Spiel ohne Ball,

> Dreieck- und Rautenbildung,

> Passwege öffnen.

- Schnelle Spielverlagerungen.
- Spielrhythmuswechsel.
- Linien überspielen.

- **Finale Bälle spielen: Flanken und Steilpässe.**
- **Grundsatz: Diagonaler Lauf → gerader Pass.**
  Gerader Lauf → diagonaler Pass.
- **Überzahl- und gefährliche Situationen durch erfolgreiche, offensive 1-gegen-1-Situationen.**
- **Mut zum Risiko, vor allem in der vordersten Zone, anstreben.**
- **Mit wenigen Ballkontakten und kurzen Ballkontaktzeiten agieren, um schnell in freie Räume zu kombinieren.**

10.2 PHASE 2

GEGNER IN BALLBESITZ/EIGENE MANNSCHAFT IST UNORGANISIERT

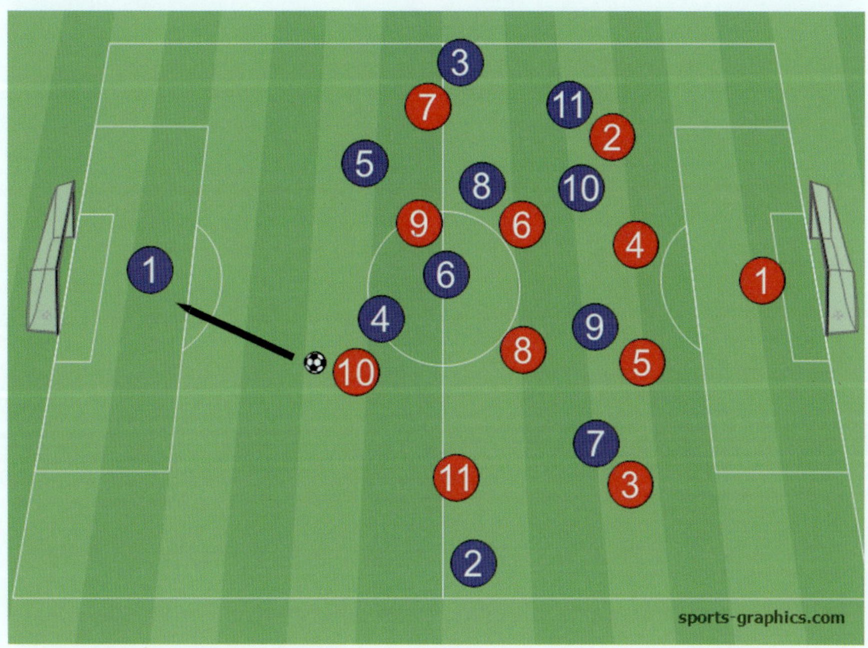

In Phase 2 war die eigene Mannschaft in Ballbesitz und hat den Ball beispielsweise nach einem Fehlpass verloren.

Folgende Verhaltensweisen sind jetzt wichtig:

- Erste Frage: Ist ein Gegenpressing möglich?
- Ist dies nicht der Fall, muss das Team so schnell wie möglich von Offensive auf Defensive umschalten.

- Es müssen extrem schnell möglichst viele eigene Spieler hinter den Ball gebracht werden.
- Der Raum für den Gegner muss verkleinert werden.
- Bei Gleich- oder Unterzahl steht stets die Torsicherung gegenüber der Balleroberung im Vordergrund.
- Trichterförmiges Verengen der Spielräume.

10.3 PHASE 3

GEGNER IN BALLBESITZ/EIGENE MANNSCHAFT IST ORGANISIERT

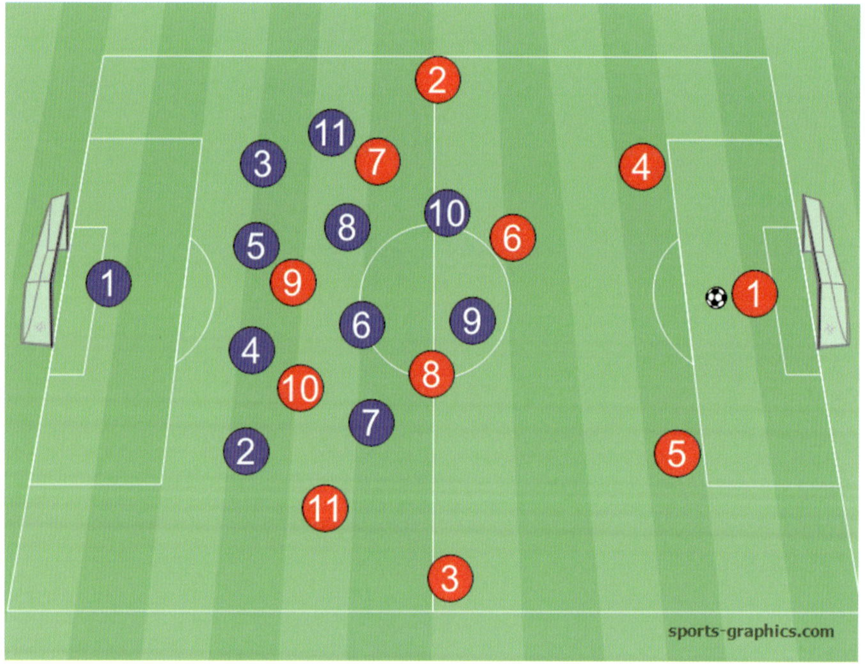

Ist es dem Gegner nicht gelungen, die Unorganisiertheit auszunutzen, befindet sich die Mannschaft in Phase 3.

Die eigene Mannschaft ist wieder organisiert und der Gegner in Ballbesitz.

Ziel ist es, den Ball nun aktiv zu erobern:

- **ALLE Spieler beteiligen sich konsequent an der Defensive.**
- **Die Mannschaft bildet einen kompakten Defensivblock mit kurzen Abständen und verengt die Räume durch ballorientiertes Verteidigen, um so in Ballnähe Überzahlsituationen herzustellen.**
- **Zustellen von Passwegen.**
- **Einen sicheren Abstand zum eigenen Tor aufbauen.**
- **Abwehrdreiecke bilden, um einen optimalen Deckungsschatten aufzubauen.**
- **Die Spielräume verkleinern.**
- **Auf Tiefenstaffelung achten.**
- **Positiv-aggressives Zweikampfverhalten ohne Fouls.**
- **Durch eingeübte Pressingstrategien den Ball systematisch erobern.**

10.4 PHASE 4

EIGENER BALLBESITZ/GEGNER IST UNORGANISIERT

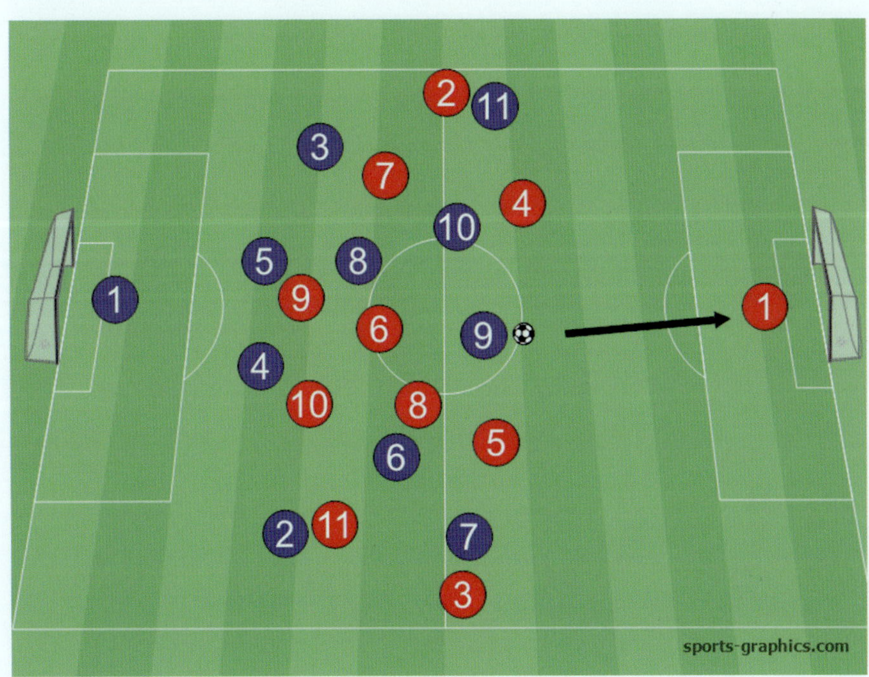

Die eigene Mannschaft erobert nun den Ball und trifft auf einen unorganisierten Gegner.

Diese Phase dauert so lange an, bis der Gegner wieder seine Ordnung gefunden hat, weshalb es wichtig ist, die Unordnung auszunutzen, was so schnell wie möglich passieren muss, da im Durchschnitt ein Zeitfenster von 6-10 Sekunden bleibt, bis die Defensive des Gegners wieder formiert ist.

Diese Punkte sind wichtig, will man die Unordnung ausnutzen:

- **Konterangriff bedeutet nicht zwangsläufig, dass Überzahl besteht, sondern in den meisten Fällen Unorganisiertheit des Gegners.**
- **Schnelles Umschalten von Defensive auf Offensive.**
- **Die Unordnung des Gegners ausnutzen.**
- **Erster Blick in die Tiefe.**
- **Pass in die Schnittstellen.**
- **Entscheidend ist oftmals der Laufweg der Spitzen im höchsten Tempo.**
- **Oder Tempodribbling in Richtung Tor.**
- **Ist ein schneller Konterangriff nicht möglich, dann wird der Ball gesichert und das Spiel neu aufgebaut, womit wir wieder in Phase 3 wären.**

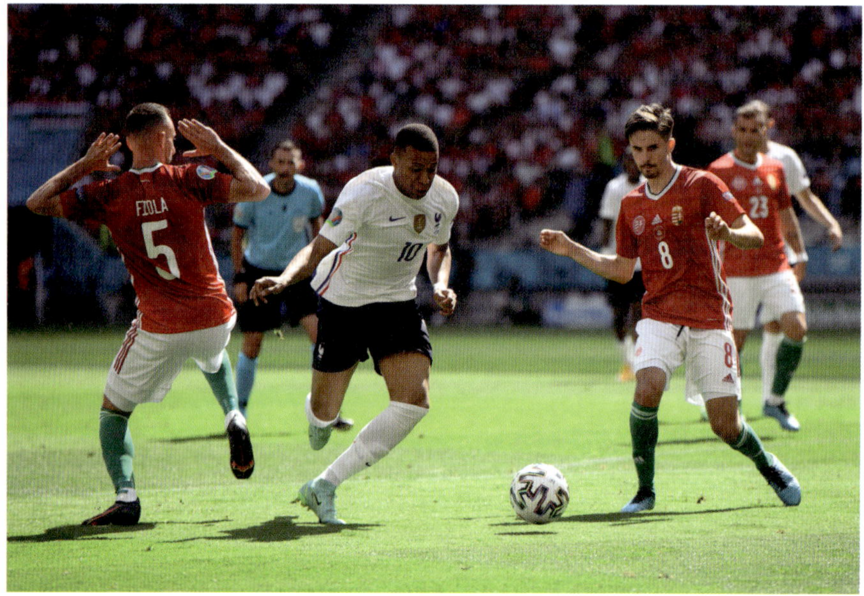

Von einem unorganisierten Gegner bei einem Tempogegenstoß kaum zu bremsen – Weltmeister Kylian Mbappé.

10.5 PHASE 5: STANDARDSITUATIONEN

An dieser Stelle gilt es, kritisch zu hinterfragen, und angesichts der Tatsache, dass Standardsituationen immer noch nicht in Spielmodelle integriert werden, geschweige denn in Trainingsprozesse eingebaut werden, darüber nachzudenken, ob Standardsituationen eine eigenständige fünfte Phase darstellen und wir diese in ein Modell integriert werden kann.

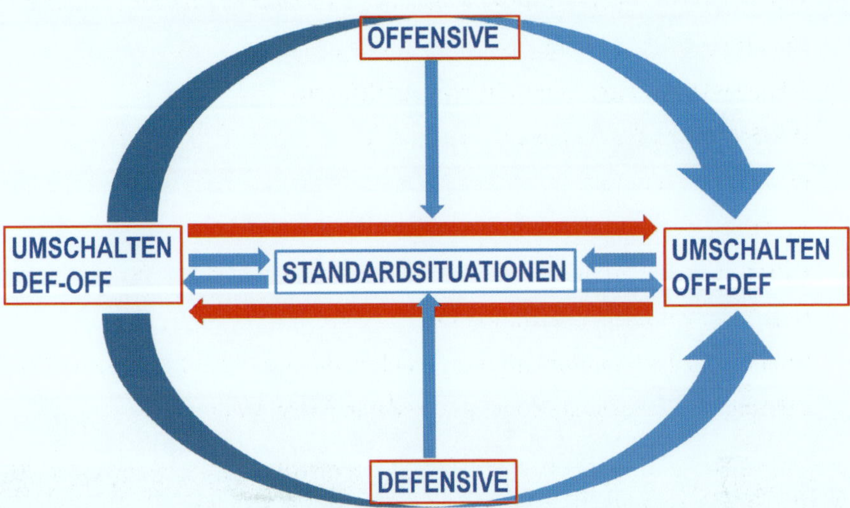

Fünf-Phasen-Modell mit der direkten Verknüpfung der Umschaltmomente

Zudem wird in der Darstellung des Vier-Phasen-Modells bisher kein Bezug darauf genommen, dass auch die beiden Umschaltphasen nach Ballverlust und Ballgewinn miteinander verknüpft sein können, ja sogar eine immer wichtigere Rolle spielen, da sich eine Großzahl an Torchancen z. B. aus gewonnenen Bällen in Gegenpressingmomenten ergibt, die sofort in einen Konter münden.

KAPITEL 11

Perfektes Umschaltverhalten – der Schlüssel zum Erfolg

„Als ich jünger war, habe ich mich immer bemüht, das zu tun, was ich für richtig hielt, nicht das, was richtig für das Spiel war."

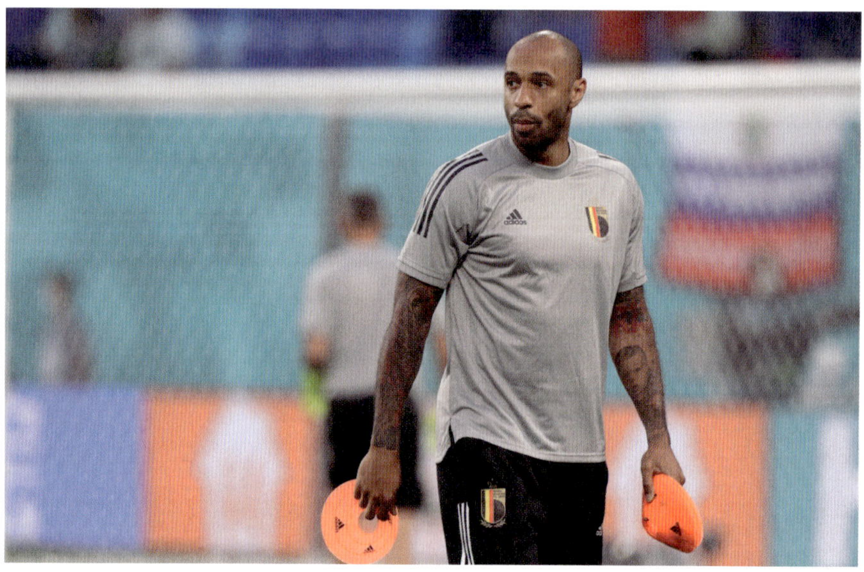

Thierry Henry (Weltmeister und Europameister) zeigt mit diesem Zitat die Bedeutung von kritischer Reflektion auf.

Wie bereits die vier Phasen gezeigt haben, ist das Fußballspiel gekennzeichnet durch äußerst viele Ballbesitzwechsel der Mannschaften, oftmals gibt es pro Spielminute gleich mehrere Wechsel des Ballbesitzes.

Aufgrund dieser Häufigkeit gehört das *Umschaltverhalten* zu den wichtigsten Prinzipien im Fußball.

Wird zu langsam auf Defensive umgeschaltet, wird man ausgekontert, schaltet eine Mannschaft zu spät auf Offensive um, sind mögliche freie Räume bereits wieder zugestellt.

Durch das perfekte Umschaltspiel, das der FC Barcelona 2008 unter Pep Guardiola praktizierte, wuchs die ohnehin schon große Bedeutung des Umschaltens noch einmal an.

Unter *Umschalten* versteht man beim Fußball generell den Moment, in dem der Ball die Mannschaft wechselt.

Alle Spieler müssen genau wissen, wie sie sich im Moment des Ballgewinns und im Moment des Ballverlustes zu verhalten haben.

Grundsätzlich kann man das Umschalten also in zwei Bereiche unterteilen:

- **Umschalten bei Ballgewinn und**
- **Umschalten bei Ballverlust.**

11.1 UMSCHALTEN BEI BALLGEWINN

Bei Ballgewinn geht der erste Blick sofort in die Tiefe, um die Unorganisiertheit des Gegners schnellstmöglich auszunutzen.

Als Richtwert taucht immer wieder die sogenannte *10-Sekunden-Regel* auf, die ein Gegner benötigt, bis er wieder organisiert ist. Spitzenteams versuchen sogar, in der Regel ein sofortiges Gegenpressing auszuüben und benötigen für die Reorganisation sogar nur 6-8 Sekunden.

Ziel ist es, einen tiefen Pass in die Schnittstellen zu spielen oder mit einem Tempodribbling in freie und möglichst torgefährliche Räume zu ziehen, um so schnell zum Torerfolg zu kommen.

11.2 UMSCHALTEN BEI BALLVERLUST

Bei einem Ballverlust muss zunächst geprüft werden, ob ein schnelles Gegenpressing innerhalb der ersten fünf Sekunden möglich ist.

Ist dies nicht der Fall, müssen alle Spieler schnellstmöglich versuchen, wieder in ihre Defensive Ordnung zu bekommen, um den Spielraum in Breite und Tiefe zu verengen und dann aus dieser Kompaktheit optimal gegen den Ball arbeiten zu können.

Generell übt der Spieler, der dem Ball am nächsten ist, sofort Druck auf den Ball aus, um die Spielfortsetzungsmöglichkeiten des Gegners zu minimieren.

Der Spieler, der Druck auf den Ballführer ausübt, ist im Idealfall immer die Spitze eines Abwehrdreiecks, damit gefährliche Bälle des Gegners in die Tiefe unterbunden werden können.

Jeder Spieler nimmt dabei die nächstgelegene Position ein, an der er sich gerade befindet, es gilt, unnötige Laufwege zu vermeiden.

Die Laufwege werden dabei trichterförmig verengt, um das torgefährlichere Zentrum zu versperren.

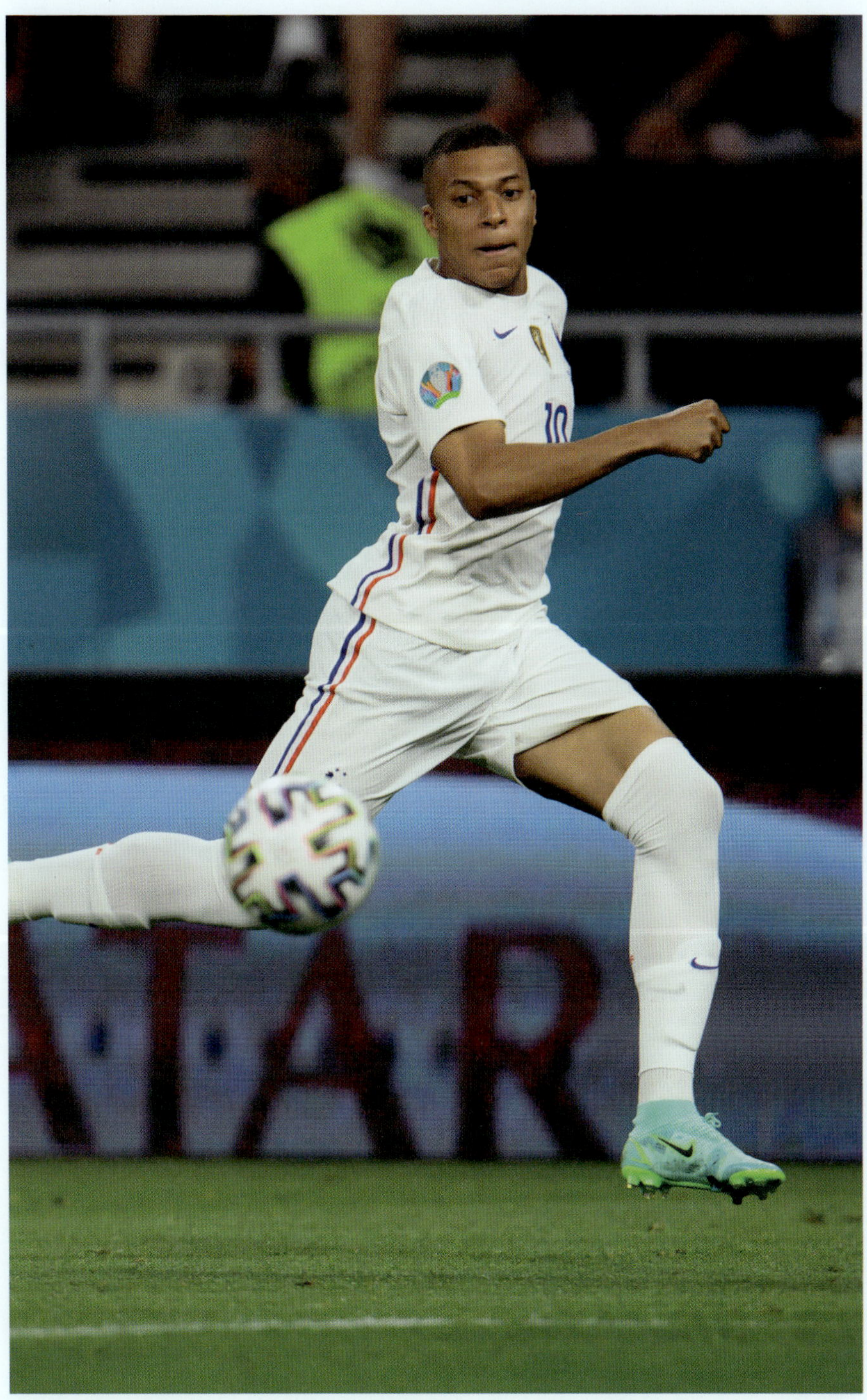

Highspeed in Richtung Tor – der perfekte Umschaltspieler Kylian Mbappé

Jeder Trainer muss seinen Spielern für das Umschaltverhalten klare Anweisungen mitgeben, damit bei hohem Tempo im Spiel ein schnelles Handeln garantiert wird.

Schlüsselwort: Antizipation

Wichtig ist es beim Umschaltverhalten generell, sowohl in der Offensive als auch in der Defensive, dafür zu sorgen, dass man Spielsituationen antizipieren kann und bereits im Voraus auf das Umschalten vorbereitet ist.

So wird bei Offensivaktionen oftmals durch Staffelung im Mittelfeld ein sogenannter *Bodyguard* eingesetzt, der die anderen Spieler schützen soll. Zu den Aufgaben eines *Bodyguards* gehört es, gefährliche Schnittstellen und Räume zu schließen, die bei einem Ballverlust in der Offensive entstehen können.

Der deutsche Nationalspieler Joshua Kimmich von Bayern München setzt diese Thematik hervorragend in die Praxis um.

Bei Defensivaktionen, wie beispielsweise einem Eckball des Gegners, sollte zumindest immer ein Angreifer – noch besser zwei oder drei – offensiv denken, um bei einem Ballgewinn einen möglichen Konter optimal auszuspielen.

Fängt der eigene Torspieler dann den Ball nach einem Eckball ab, versuchen die Angreifer, sich dann sofort vom Gegner zu lösen und in einen freien Raum zu starten.

Eine wichtige Rolle für ein gutes Umschaltverhalten spielt auch die Anzahl der Spieler in Ballnähe.

Durch das Schaffen von Überzahlsituationen, durch einen läuferischen Mehraufwand und ein gutes taktisches Verhalten gibt es bei einem Ballgewinn viele Spielfortsetzungsmöglichkeiten und bei einem Ballverlust die Möglichkeit, das gegnerische Team sofort wieder unter Druck zu setzen und den Ball zurückzuerobern.

Befinden sich zwei Mannschaften im Bereich des Umschaltverhaltens auf gleichem Niveau, ist es wichtig, Situationen früher als der Gegner zu erkennen und schneller zu handeln.

Durch geeignete Spielformen im Training, die oftmals auf kleinen Spielfeldern stattfinden und wo die Spieler mit ständig wechselnden Unterzahl- und Überzahlsituationen konfrontiert werden, können diese wichtigen Leistungsfaktoren, wie Spielintelligenz und ein schnelles Handeln, geschult werden.

Wichtig ist, dass diese Spielformen immer im sogenannten *originalen taktischen Raum* stattfinden, damit die Nähe zum Wettkampfspiel optimal simuliert wird.

Einige Spitzenteams nutzen mittlerweile im Training eine sogenannte *Countdown-Uhr*. Diese *Countdown-Uhr* wird vom Trainer bedient.

Verliert eine Mannschaft in einem Trainingsspiel den Ball, läuft der Countdown beispielsweise fünf Sekunden runter. Wird der Ball erobert, läuft die Uhr 10 s runter, was zur Folge hat, dass die Spieler sich immer mehr an das Zeitfenster gewöhnen, das der internationale Spitzenfußball vorschreibt.

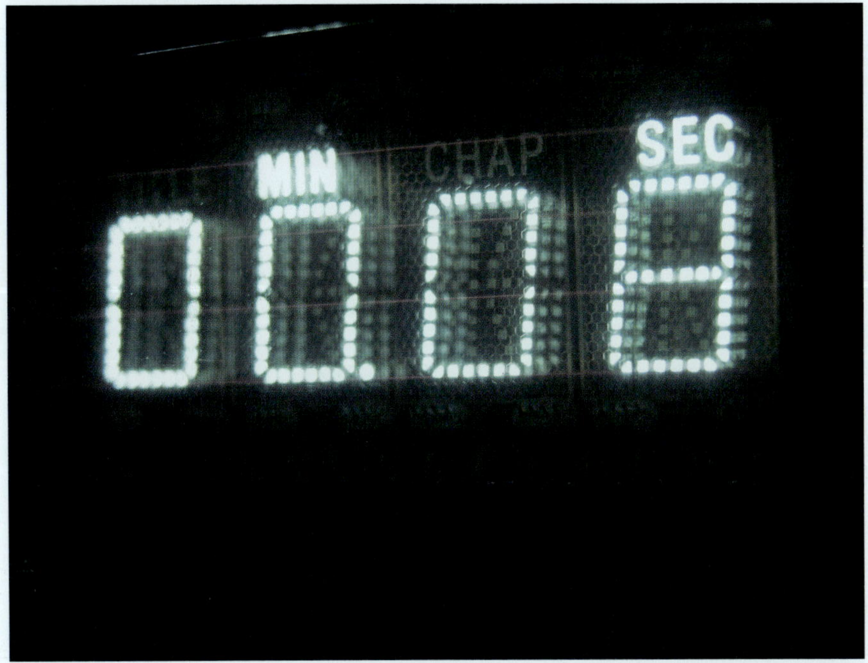

Countdown-Uhr

KAPITEL 12

Zonenfußball

„Fußball ist sehr einfach, aber das Schwierigste, was es gibt, ist einfacher Fußball.“

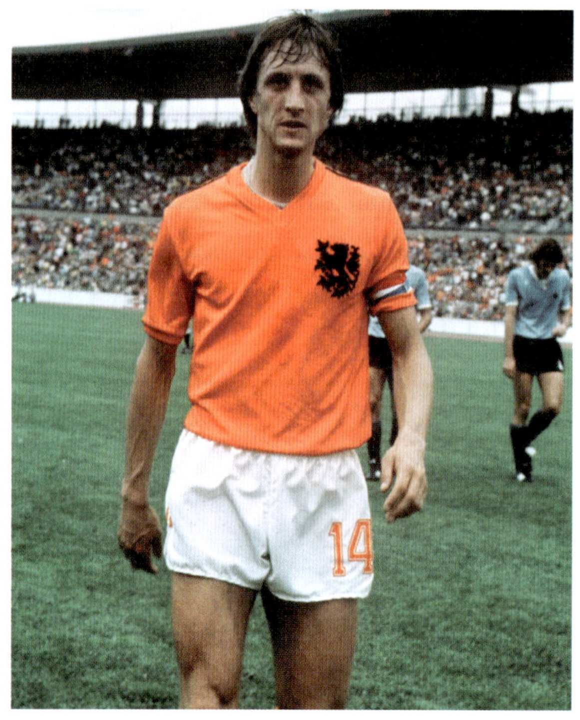

Fußballlegende Johan Cruyff

Die revolutionäre Spielidee des „totaal voetbal" der Niederländer, die vor allem durch die beiden Weltmeisterschaften 1974 und 1978 und den Trainer Rinus Michels geprägt wurde, bei denen jeweils das Finale erreicht wurde, führte zur Umstellung der reinen Manndeckung hin zur Raumdeckung und zu den Prinzipien des *Zonenfußballs*, die wir nun näher durchleuchten werden.

Wichtig im Zusammenhang mit dem „totaal voetbal" ist der Begriff des Positionsspiels, der davon ausgeht, dass die Positionen in einer Grundformation immer besetzt sein müssen.

Welcher Spieler aber konkret diese Zone besetzt, ist dabei zweitrangig.

Zone ist dabei der passendere Begriff als *Position*, da die Zonen bereits schon als Begriff einen Raum vorgeben, in dem flexibel agiert werden kann und keine fixen Positionen darstellen.

Die Prinzipien des Zonenfußballs bilden ein optimales Modell, um das ballorientierte Spiel zu verstehen.

Beim Fußball geht es sowohl in der Defensive als auch in der Offensive darum, Überzahl in Ballnähe zu erzeugen und freie Zonen zu nutzen beziehungsweise diese freien Zonen bestmöglich zuzustellen.

Treffen zwei verschiedene Spielsysteme aufeinander, kann diese Überzahl in manchen Spielräumen einfach und in manchen Räumen weniger einfach hergestellt werden.

In der Defensive ist der Schlüssel zum Erfolg also die Verengung des Raums, den der Gegner zum Spielen hat und in der Offensive ist es das Ziel, den Raum möglichst groß zu gestalten.

Im modernen Fußball müssen sich alle Spieler am Ballgewinnspiel beteiligen, dazu sollte der Abstand zwischen der hintersten und der vordersten Linie im optimalen Fall nicht mehr als 25-35 m betragen, damit ein kompakter Block gebildet werden kann.

Dadurch werden die Räume verengt und der Gegner wird so unter Druck gesetzt, dass er keine Zeit hat, die weit aufgerückte letzte Verteidigungslinie zu überspielen, wobei hier zusätzlich noch die Abseitsregel zu Hilfe kommt.

Die eigene Mannschaft reduziert bei diesem Modell gleichzeitig die eigenen Laufwege, weil der Raum, in dem man den Gegner angreifen muss, so klein wie möglich gehalten wird.

12.1 BREITENACHSE

Zunächst wird das Spielfeld in eine Breitenachse, die in fünf Abschnitte gegliedert ist, aufgeteilt.

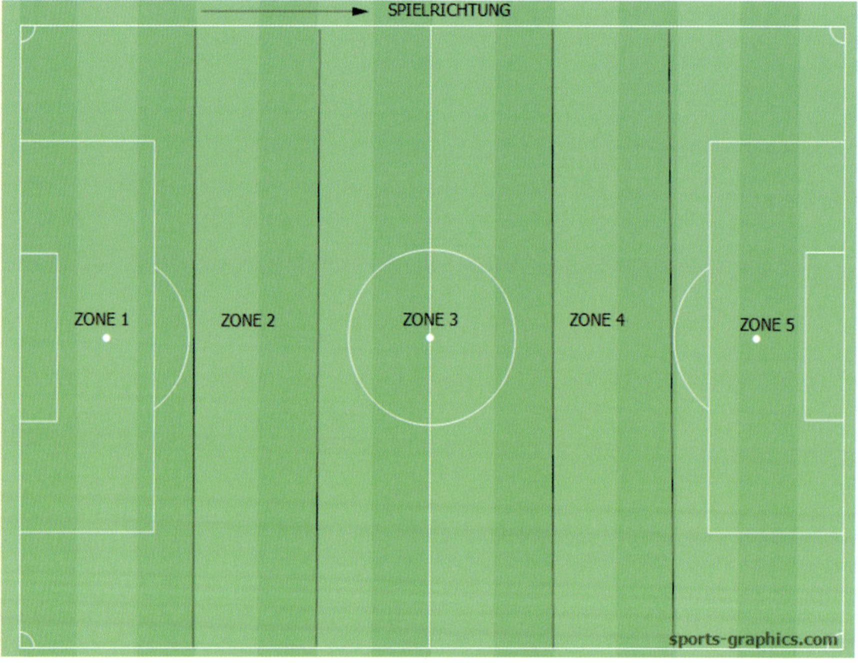

Zone 1: Torsicherungszone

Zone 2: Abwehrzone

Zone 3: Mittelfeldzone

Zone 4: Angriffszone

Zone 5: Forecheckingzone

Wichtiger Hinweis: Die einzelnen Zonen variieren je nach Spielsituation oder gehen ineinander über. Mit jeder in Spielrichtung aufsteigenden Zone kann das Risiko erhöht werden, da die Distanz zum eigenen Tor größer wird.

12.2 LÄNGSACHSE

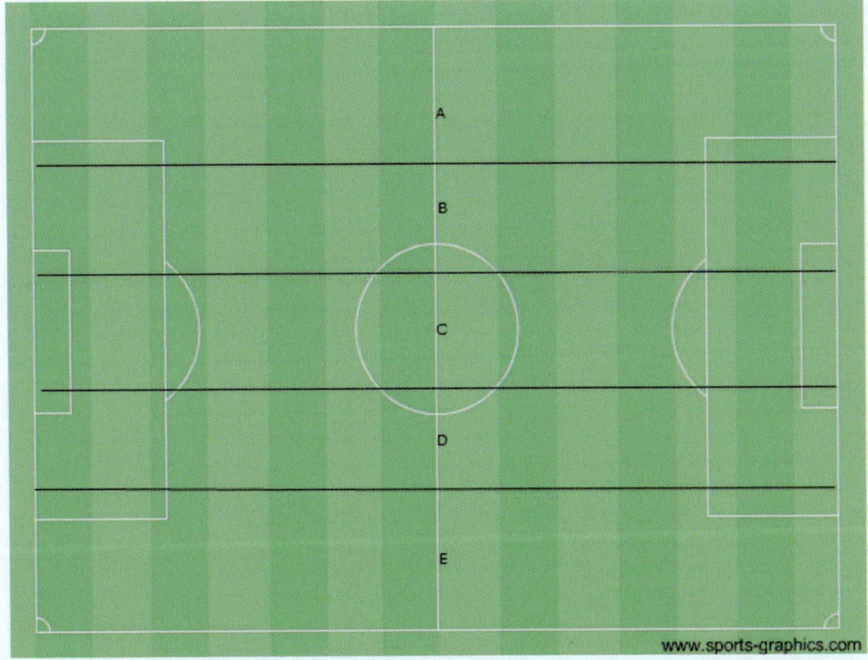

Die Längsachse wird ebenfalls in fünf Zonen aufgeteilt wobei A und E den Korridor für die Außenbahn beschreiben, B und D die Halbzonen und C die mittlere Zone.

12.3 LÄNGSACHSE UND BREITENACHSE

Nun werden die Längsachse und die Breitenachse übereinandergelegt, woraus sich 25 verschiedene Zonen ergeben:

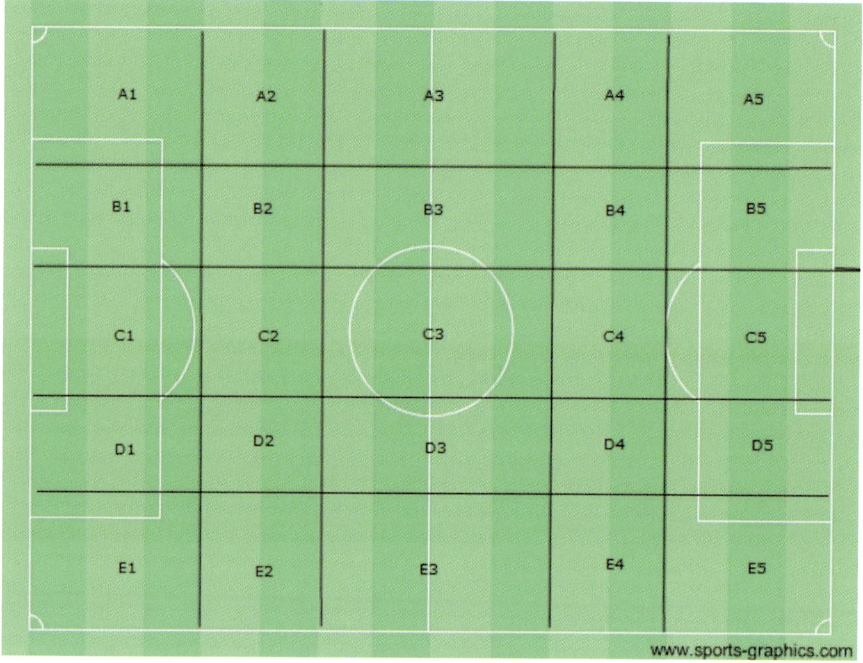

Wie zu erkennen ist, ist die Zone C3 größer als die anderen Zonen, weshalb es viele Trainer anstreben, die zentrale Zone zu kontrollieren, was aber wieder zur Folge hat, dass es in den Zonen A und E zu Freiräumen kommen kann.

12.4 ABLEITUNGEN

Aus diesem Modell ergeben sich nun folgende Ableitungen:

- Ziel ist es, immer in dem Viereck, in dem der Ball ist und das sich aus Längsachse und Breitenachse ergibt, Überzahl herzustellen bzw. Unterzahl zu vermeiden.
- Dabei muss die zentrale Achse (Zone C, B, D) immer abgedeckt sein, da das Tor im Zentrum steht und hier die Spielfortsetzungsmöglichkeiten am größten sind.
- Die Außenbahn wird immer dann abgedeckt, wenn dort ein Gegner in Ballbesitz kommt.
- Die ballentfernte Bahn bleibt frei, wenngleich auf höchstem Niveau der ballferne Verteidiger nicht mehr so weit wie noch vor einigen Jahren mit einrückt, da er so einen schnelleren Zugriff auf die oftmals sehr dribbelstarken Spieler auf den Außenbahnen bei einem weiten Diagonalball hat.
- In der Defensive versuchen die Spieler, die Abstände so gering wie möglich zu halten, um kompakt agieren zu können und durch geschickte Defensivstrategien den Ball zu erobern.
- Das Spielfeld muss in der Offensive optimal besetzt werden: möglichst viel Breite und Tiefe, um den defensiven Mechanismen entgegenzuwirken.
- Seit geraumer Zeit ist zu beobachten, dass bei Spitzenteams im Offensivverhalten oftmals die beiden Außenbahnspieler in das Zentrum einrücken, um so in einem etwas größeren Raum, als dem bei Spielformen häufig verwendeten „doppelten 16-m-Raum", Überzahl zu erzeugen.

  Ausgehend aus diesem Korridor, der von einigen Trainern als „rote Zone" bezeichnet wird, werden auffallend viele Tore eingeleitet.

  Oftmals wird von dort der alles entscheidende Pass gespielt oder es wird nach einem Fehlpass in dieser Zone ein Gegenpressing eingeleitet, weshalb die beiden äußeren Mittelfeldspieler bereits ganz bewusst ins Zentrum rücken, um dort eine Überzahlsituation herzustellen.

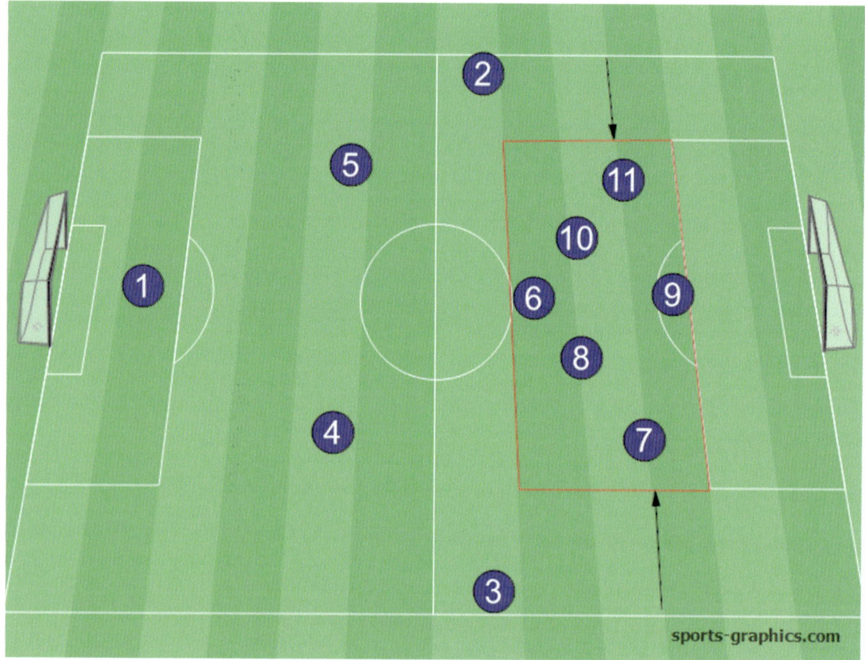

Herstellung von Überzahl in der „roten Zone“ durch einrückende Außenbahnspieler

Eine weitere Möglichkeit, Überzahl im Zentrum in der Offensive herzustellen, ist das Verschieben des ballentfernten Außenverteidigers aus der Viererkette auf die 6er-Position, was sich vor allem gegen Mannschaften anbietet, die nur mit einer Spitze agieren.

Wenn der ballnahe Außenverteidiger angeht, schiebt normalerweise der ballferne Innenverteidiger auf und der ballnahe Innenverteidiger schiebt nach.

Eine bessere Variante gegen eine Spitze ist es aber meistens, statt eines seitlichen Schiebens des ballfernen Außenverteidigers, den Außenverteidiger auf die Position 6 zu schieben, womit Druck nach vorn ausgeübt werden kann, um Überzahl im Zentrum zu erzeugen, was sich auch positiv beim Gegenpressing bei einem möglichen Ballverlust auswirkt.

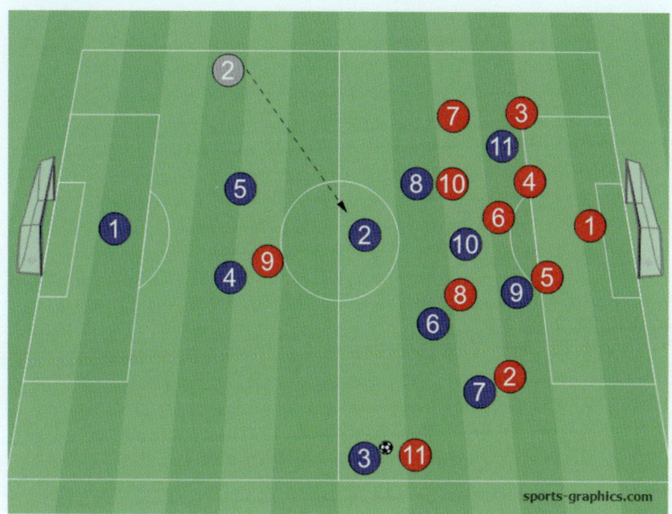

Druck nach vorn aufbauen durch ein Reinrücken des ballfernen Außenverteidigers auf die 6er-Position

Eine häufige Anwendung des „Zonen-Modells", das von etlichen erfolgreichen Trainern verwendet wird, ist die Einteilung in fünf vertikale Bahnen (linke und rechte Außen-Spur, linke und rechte Halb-Spur und Center-Spur) und vier horizontale Linien. Hier beispielhaft mit der Grundordnung im 1-4-3-3 dargestellt:

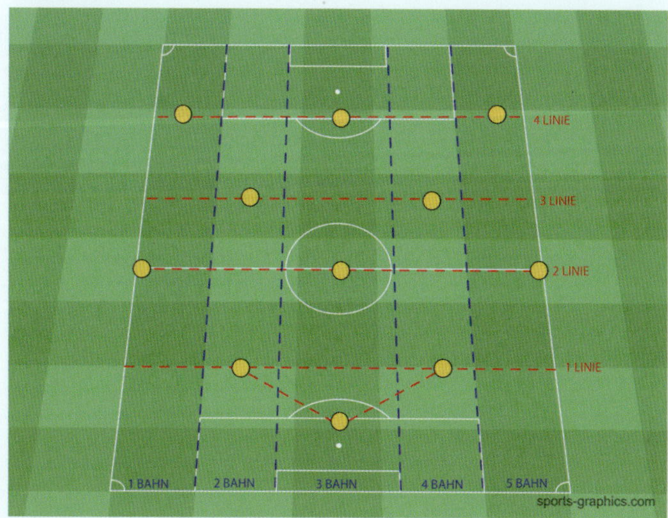

Dieses Model bietet eine klare Struktur wie das Positionsspiel und Spielerverhalten aus einer gewählten Grundordnung in verschiedenen Räumen strukturiert werden kann und wie sich dadurch vorteilhafte Situationen schaffen lassen.

KAPITEL 13

Pressing: Defensivstrategien mit System

„Jede Kette ist nur so gut wie ihr schwächstes Glied und das Ganze ist immer größer als die Summe seiner Teile!“

Wie aus dem Modell des Zonenfußballs ersichtlich ist, spielen Defensivstrategien im Fußball eine wichtige Rolle. Grundlage ist das sogenannte *Pressing*, was ein wichtiger Bestandteil in jedem Matchplan sein sollte.

Als Erfinder des Pressings im Fußball gilt der Russe Victor Maslov, der vor allem in den 1960er-Jahren mit dieser Erneuerung zahlreiche Erfolge feierte.

Durch Trainergrößen wie Rinus Michels, Walerij Lobanowskyj, Arrigo Sacchi, Pep Guardiola, Jürgen Klopp und ganz wichtig den Ideen von Ralf Rangnick wurden verschiedene Pressingstrategien immer weiterentwickelt und verfeinert.

Pressing ist der geplante Versuch, das gegnerische Team frühzeitig zu stören, Überzahlsituationen zu schaffen, Fehler zu erzwingen, ein mögliches Abspiel auf einen in Ballnähe befindlichen Mitspieler durch Zustellen der Räume und eine enge Deckung zu verhindern oder zumindest einen Pass in die Breite zu erzwingen.

Das Ziel des Pressings beim Fußball ist es also, durch ein geplantes taktisches Verhalten die gegnerische Mannschaft so zu lenken, dass der Ball erobert werden kann. Entscheidend für das Gelingen einer Pressingaktion ist eine hohe Kompaktheit der einzelnen Mannschaftsteile.
Pressing zu spielen, bedeutet, den Ball im Kollektiv zu erobern, es muss sich also die gesamte Mannschaft daran beteiligen.

Dadurch wird die gegenseitige Absicherung und die Schaffung von Überzahlsituationen in Ballnähe erreicht.

Wichtige Grundsätze

- Defensivaufgaben werden auch von Offensivspielern verlangt.
- Die eigene und die gegnerische Ordnung muss berücksichtigt werden.
- In welcher Höhe wird verteidigt?
- Wie will ich Bälle erobern?
- Wie ist der Spielaufbau vom Gegner?
- Eigene und gegnerische Grundordnung/Spielsystem.

Allen Beteiligten muss zudem klar sein, was der Auslöser des Pressings ist.

Folgende Auslöser sind beispielsweise denkbar:

- „Pressingopfer",
- Pass in eine bestimmte Zone,
- technische Fehler,
- Gegner ist nicht offen in Spielrichtung,
- Rückstand,
- situativ, wie beispielsweise bei einem Einwurf.

Wichtig ist auch, dass jeder Spieler weiß, wo und wie gepresst werden soll.

Es werden vier Arten von Pressing unterschieden, auf die nun im Folgenden detailliert eingegangen wird:

- Abwehrpressing,
- Mittelfeldpressing,
- Angriffspressing,
- Gegenpressing.

13.1 ABWEHRPRESSING

Das Abwehrpressing ist die defensivste und zugleich passivste der Pressingvarianten.

Ziel ist es hier, kompakt und geschlossen hinter dem Ball zu stehen und auf den Gegner zu warten.

Bewusst zu agieren und den Gegner zu steuern, ist hier kaum möglich, weshalb ein Abwehrpressing nur situativ genutzt werden sollte.

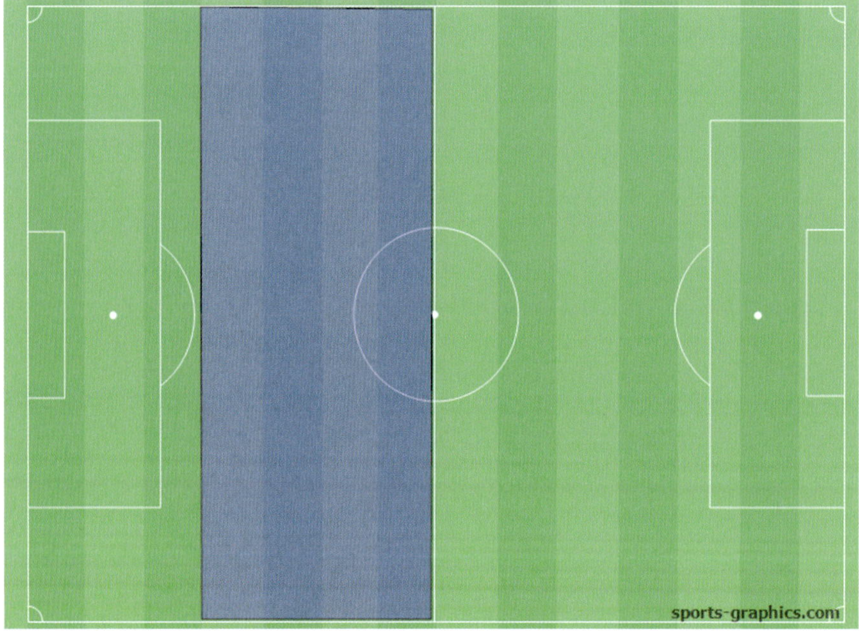

Abwehrpressingzone

Die Viererkette verteidigt hierbei dicht vor dem eigenen 16-m-Raum und wartet, bis der Ball in die eigene Hälfte gelangt.

Oftmals wird ein Abwehrpressing von einem dominanten Gegner aufgezwungen oder man nutzt das Abwehrpressing, um eine knappe Führung über die Zeit zu bringen.

Vorteil des Abwehrpressings ist es, dass man einen sehr kompakten Mannschaftsverbund hat, der nicht anfällig für Bälle in den Rücken der Abwehr ist.

Außerdem ergeben sich bei einem Ballgewinn große Räume im Spiel nach vorne.

Nachteilig ist, dass man bei einem Abwehrpressing nur reagiert, statt zu agieren, da die Torsicherung im Vordergrund steht.

Außerdem ergeben sich sehr große Wege in der Grundordnung bei einem Ballverlust.

Die Stürmer haben zudem sehr weite Wege zum gegnerischen Tor und der Gegner kann Bälle in den torgefährlichen Raum spielen.

Des Weiteren wird es schwierig werden, dem Dauerdruck des Gegners standzuhalten, der durch hohe Bälle ins Abwehrzentrum permanent Druck erzeugen kann.

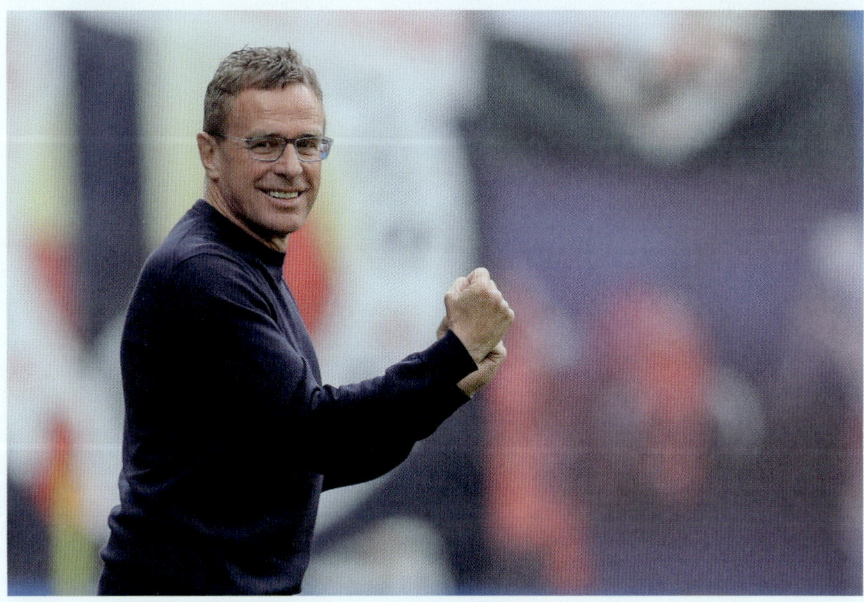

Ralf Rangnick hat den Fußball der letzten Jahre geprägt und Trainer inspiriert wie kaum ein anderer.

13.2 MITTELFELDPRESSING

Das Mittelfeldpressing ist die am häufigsten genutzte Form des Pressings und findet ca. 15-20 m in der eigenen und 15-20 m in der gegnerischen Hälfte statt.

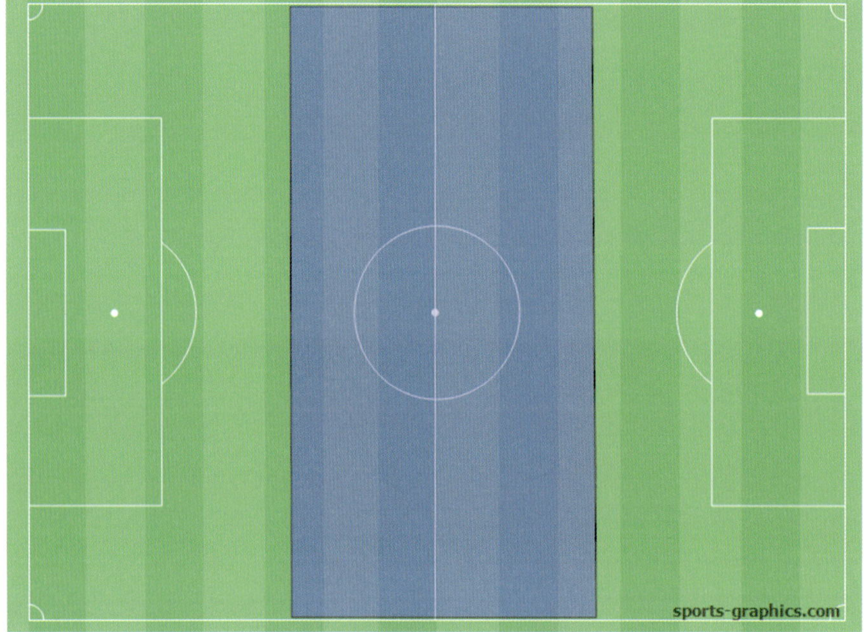

Mittelfeldpressingzone

Dem Gegner wird zunächst erlaubt, das Spiel einzuleiten.

Gleichzeitig wird jedoch versucht, den Ball auf bestimmte Gegenspieler in bestimmte Räume zu lenken.

Diese werden dann gezielt attackiert und die umliegenden Anspielstationen werden zugestellt.

Die Spitzen erwarten den Gegner in etwa 15-20 m vor der Mittellinie.

Die Abwehrreihe befindet sich ungefähr 30 m vor dem eigenen Tor.

Sobald das gegnerische Team in die Mittelfeldpressingzone spielt, wird versucht, in Ballnähe eine Überzahlsituation zu schaffen.

Manche Trainer sprechen gar von einer „Kampfzone", in der man eng am Gegner stehen soll und aggressiv verteidigt.

Wichtig sind wie bei allen Pressingstrategien enge Abstände zwischen den einzelnen Mannschaftsteilen.

Das Mittelfeldpressing bietet vor allem drei große Vorteile:

- Die Abwehrreihe kann immer noch absichern, falls der Gegner es schafft, sich aus dem Pressing zu befreien.
- Nicht zu weit vom eigenen Tor entfernt, dadurch ist ein gutes Zusammenspiel mit dem eigenen Torwart bei langen Bällen möglich.
- Kurzer Weg zum gegnerischen Tor, was die ideale Voraussetzung für eine schnelle Konteraktion ist.

13.3 ANGRIFFSPRESSING

Das Angriffspressing ist die offensivste Form der hier vorgestellten Defensivstrategien.

Die Zone, in der Angriffspressing gespielt wird, reicht von der Mittellinie bis zur gegnerischen Grundlinie.

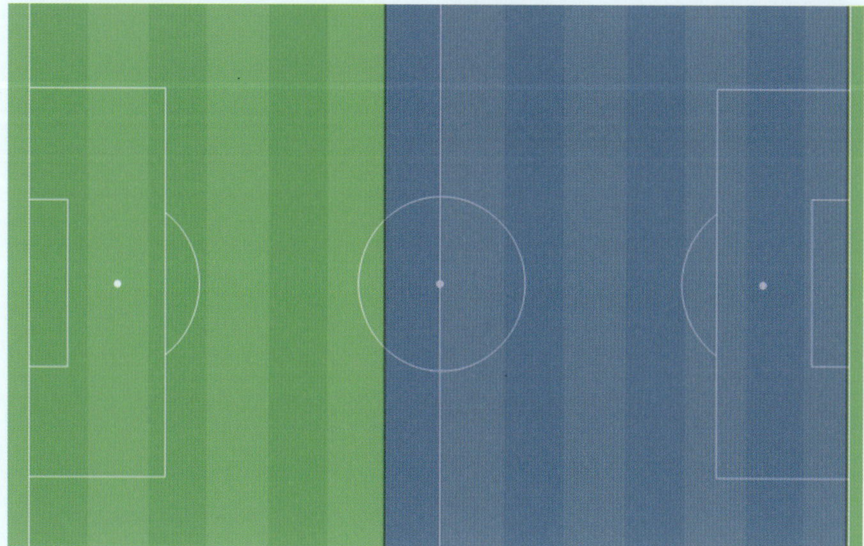

Angriffspressingzone

Alle Spieler rücken so weit auf, dass der Gegner in seiner Hälfte komplett zugestellt wird.

Aufgrund der hohen Intensität kann das Angriffspressing immer nur phasenweise gespielt werden, zum Beispiel zu Beginn des Spiels, um den Gegner zu überraschen, nach der Halbzeitpause oder bei einem Rückstand kurz vor Spielende. Aber auch situativ bei einem Abstoß oder einem Einwurf wird diese Art des Pressings gerne eingesetzt.

Ein Musterbeispiel für ein extrem offensives Pressing ist die Mannschaft von Red Bull Salzburg unter Trainer Roger Schmidt in der Saison 2013/2014.

Der niederländische Rekordmeister Ajax Amsterdam wurde durch ein extremes Pressing zweimal deutlich in der Europa League besiegt.

Auch der FC Bayern München erlitt eine 0:3-Testspielniederlage gegen Red Bull Salzburg.

Vor allem gegen spielerisch überlegene Mannschaften ist Angriff oftmals die beste Verteidigung.

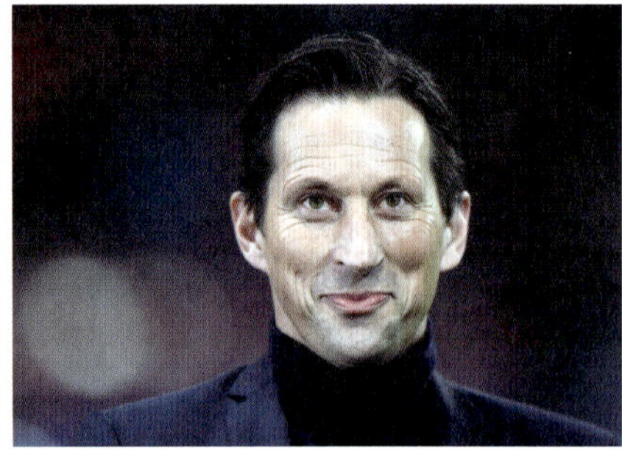

Roger Schmidt

Roger Schmidt sagt dazu: „Passivität ist gegen Bayern keine Lösung."

Salzburg verteidigt dabei mit einer extrem laufintensiven und hoch konzentrierten Spielweise meistens aus einem 1-4-4-2 so hoch, dass die Innenverteidigung des Gegners sofort nach einem kurzen Anspiel unter Druck gesetzt wird und verteidigt dann so lange nach vorn, bis der Ball erobert wird oder mit einem langen, unkontrollierten Ball weggeschlagen werden muss.

Ein klar erkennbarer Trend ist, dass bei der Sichtung junger Nachwuchstalente auch immer mehr auf Spieler geschaut wird, die die Fähigkeiten und Leidenschaft für ein extremes Offensivpressing mitbringen und nach vorn verteidigen wollen.

Der Unterschied zum Mittelfeldpressing ist oftmals nahezu fließend, da das Angriffspressing sehr oft aus einem Mittelfeldpressing entsteht.

Die Ausgangsposition der Spieler ist identisch mit der des Mittelfeldpressings.

Wichtig: Wenn zu schnell vorne draufgegangen wird, ist die Gefahr groß, dass der Gegner sofort einen langen Ball spielt, deshalb sollte man dem Gegner zunächst ein Angebot eröffnen und, darauf aufbauend, durch eingeübte Muster den Gegner in entsprechend günstige Situationen zu lenken.

Ausnahme ist ein situatives Angriffspressing, wobei beispielsweise bewusst der Abstoß zugestellt wird, um einen gewollten langen Ball zu provozieren, was oftmals gegen spielstarke Teams eingesetzt wird.

In der Endposition beim Angriffspressing haben sich dann alle Spieler bis in die gegnerische Hälfte vorgeschoben.

Das gegnerische Team wird durch ein aggressives Forechecking in seiner eigenen Hälfte gebunden.

Man versucht, aktiv nach vorne zu verteidigen, um dem Gegner die Zeit und den Raum zu nehmen, ein sicheres Aufbauspiel zu betreiben.

Der Druck auf den Gegner muss so stark sein, dass Fehler provoziert werden.

Problem ist, dass die eigene Mannschaft ebenfalls unter Druck ist und sich nicht erholen kann.

Das extreme Verschieben sorgt dafür, dass bei einem Ballgewinn kaum ein Spieler auf seiner Position ist.

Unkonzentriertheiten werden oftmals mit langen Bällen hinter die Viererkette bestraft, wo sich große Räume auftun und zu unmittelbarer Torgefahr führen.

Speziell wichtig ist hier das Mitspielen des Torspielers.

Ein erfolgreiches Gegenmittel, um dem Angriffspressing zu entgehen, sind lange, diagonale Bälle in den Rücken der gegnerischen Kette, schnelle Spielverlagerungen sowie das Überspielen von Linien.

Ein weiteres Gegenmittel, das in letzter Zeit immer häufiger bei Spitzenteams beobachtet werden kann, ist der sogenannte *Antipressingball*. Dabei wird das Angriffspressing des Gegners rechtzeitig antizipiert. Nachdem der Innenverteidiger den Außenverteidiger angespielt hat, stellt der gegnerische Angreifer die Rückpassmöglichkeit auf den Innenverteidiger zu.

Der Außenverteidiger überspielt nun den zugestellten Innenverteidiger mit einem weiträumigen Anspiel auf den ballfernen Innenverteidiger gegen die Verschiebebewegung des Gegners, welcher das Spiel dann vorteilhaft auf den Außenverteidiger oder den äußeren Mittelfeldspieler fortsetzen kann.

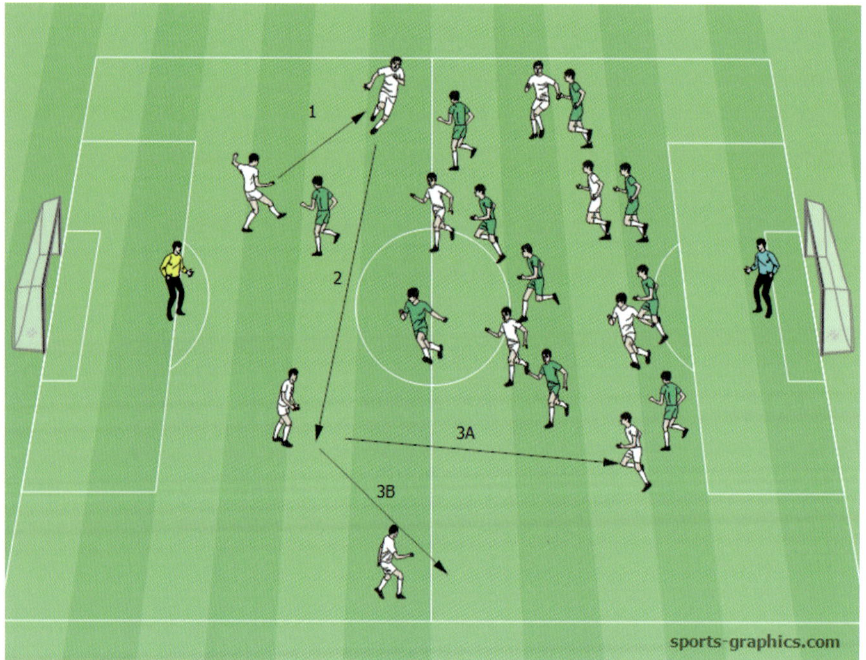

Antipressingball

13.4 GEGENPRESSING

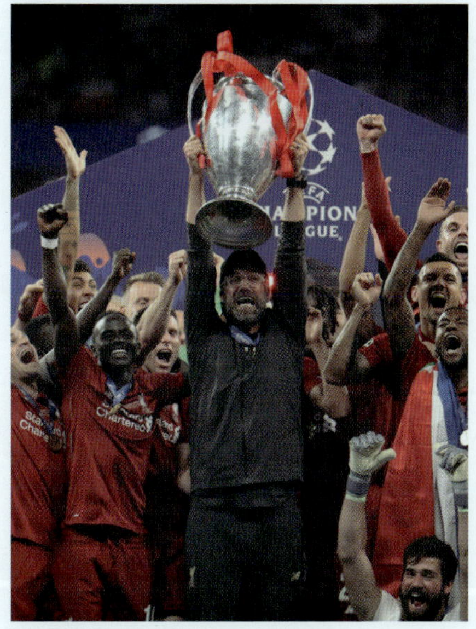

„Mein Spielmacher ist das Gegenpressing."
(Jürgen Klopp)

Gegenpressing ist das unmittelbare, kollektive Arbeiten gegen den Ball nach einem Ballverlust, um den Ball wieder schnellstmöglich zurückzuerobern.

Im Unterschied zum Abwehr-, Mittelfeld- und Angriffspressing wird nicht aus einer defensiven Ordnung heraus gegen den Ball gearbeitet, sondern unmittelbar nach Ballverlust.

Im Idealfall geschieht das Gegenpressing innerhalb von fünf Sekunden, da die gegnerische Mannschaft noch nicht perfekt auf das Ballbesitzspiel eingestellt ist, wodurch die Wahrscheinlichkeit steigt, dass ein Treffer erzielt werden kann.

Genau genommen ist der Begriff „Gegenpressing" nicht ganz korrekt, da dem Begriff zufolge bereits ein Pressing vorangegangen sein sollte, was aber, statistisch bewiesen, in den wenigsten Fällen vorkommt.

Durch Auswertungen hat man herausgefunden, dass für ein Gegenpressing zwar kurzfristig sehr viel Energie eingesetzt werden muss, doch letztendlich wird Energie gespart, denn wenn die gegnerische Mannschaft den Ball erst einmal zirkulieren lässt und das Spiel verlagert, ist der Energieaufwand, um wieder in Ballbesitz zu kommen, wesentlich höher.

Vor allem die Erfolge des FC Barcelona in den letzten Jahren, bei denen das Gegenpressing eine wichtige Rolle spielte, inspirierten eine Vielzahl von Trainern, vermehrt auf diese Defensivstrategie zurückzugreifen.

Wichtig dabei ist die Ausgangsstellung der Mannschaft vor einem Ballverlust, weshalb Topteams, die diese Strategie praktizieren, ständig bestrebt sind, Überzahlsituationen in Ballnähe zu kreieren, was zum einen ein Vorteil in der Offensive ist, zum anderen aber ein wichtiger Aspekt für ein sofortiges Gegenpressing ist.

Eine Mannschaft kann noch so schnell nach Ballverlust umschalten und intensiv nach vorne gegen den Ball arbeiten, ein Gegenpressing wird nur dann erfolgreich sein, wenn die vorhergehende Stellung der einzelnen Spieler optimal ist.

Ein weiterer wichtiger Punkt ist die Intelligenz der Spieler, die die Pressingsignale zunächst erkennen, dann richtig deuten und schließlich richtig handeln müssen.

Wichtige Punkte für ein Gegenpressing:

- Bereitschaft aller Spieler, sich am Gegenpressing zu beteiligen.
- Der ballführende Spieler muss möglichst von allen Seiten attackiert werden.
- Das defensive Mittelfeld schiebt stark ballorientiert.
- Die Viererkette schiebt ebenfalls leicht vor, um den Anschluss zu halten.
- Der Außenverteidiger in Ballnähe schiebt spielbedingt oftmals weit nach vorne.
- Kopfsache: Die Spieler müssen nach einem Ballverlust blitzschnell reagieren und sofort gegen den Ball arbeiten, da die Chance auf das Gegenpressing ansonsten ungenutzt bleibt.
- Zeitfenster von circa fünf Sekunden: Kann der Ball in diesem Zeitfenster nicht erobert werden, muss möglichst schnell eine kompakte defensive Grundordnung hergestellt werden.

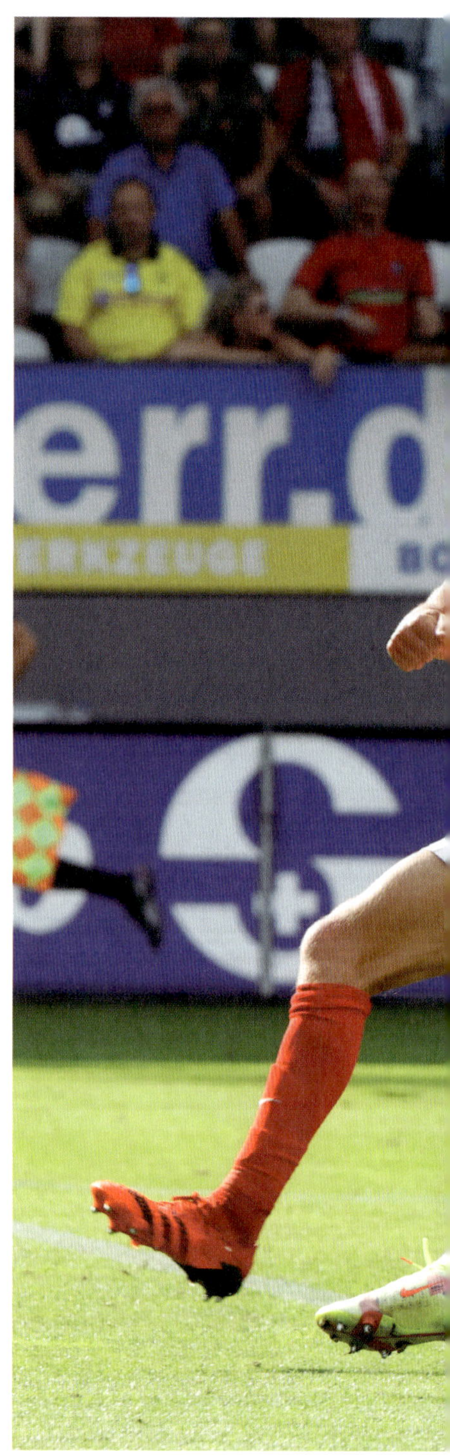

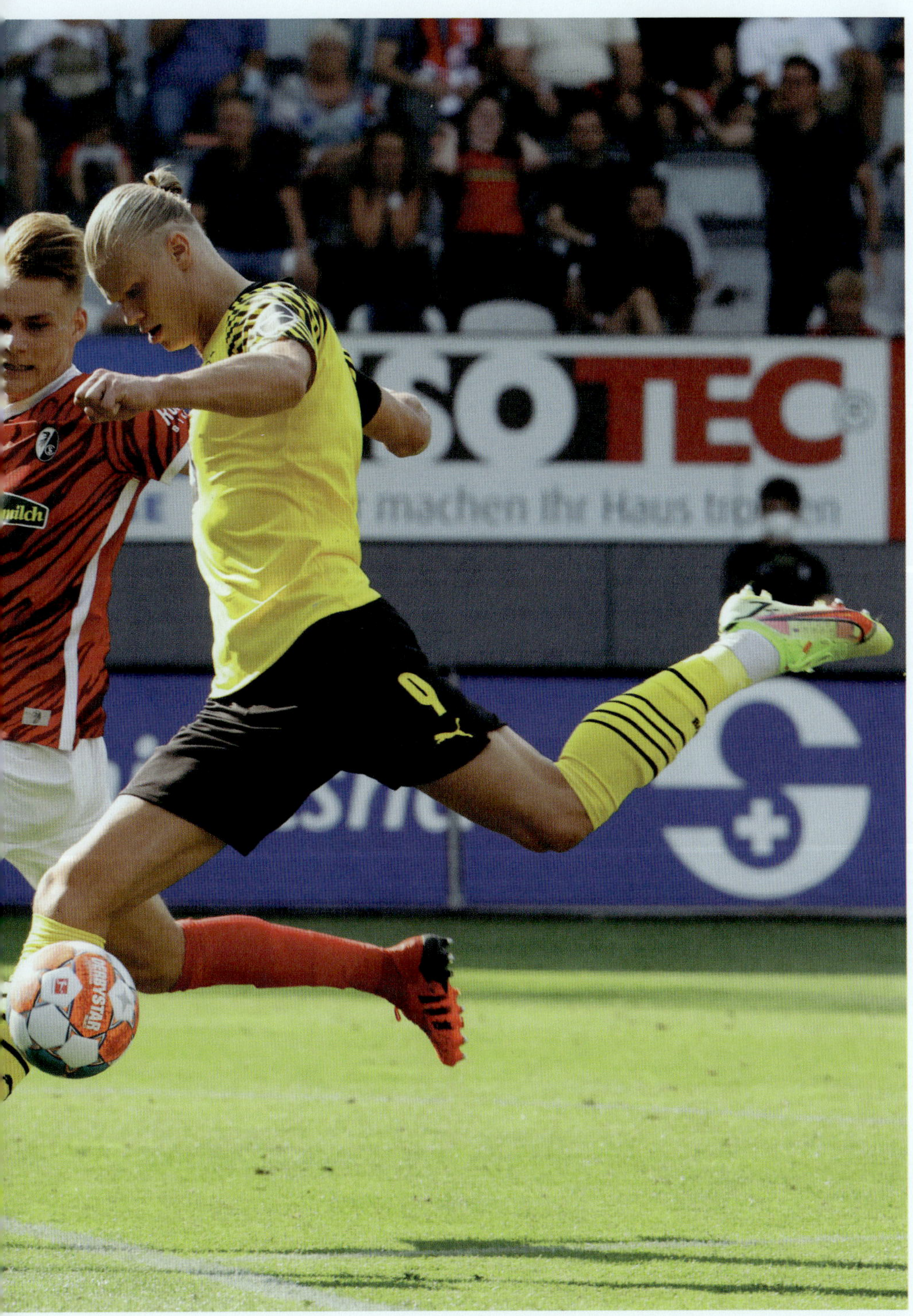
machen Ihr Haus
DERBYSTAR

KAPITEL 14

Grundordnungen und Spielsysteme

„Ob wir 4-1-4-1 spielen? Das System ist wie eine Telefonnummer, es sind nur Zahlen. Ich bin überrascht, wie gut die Spieler meine kleinen Ideen schon verstehen.“ – Pep Guardiola

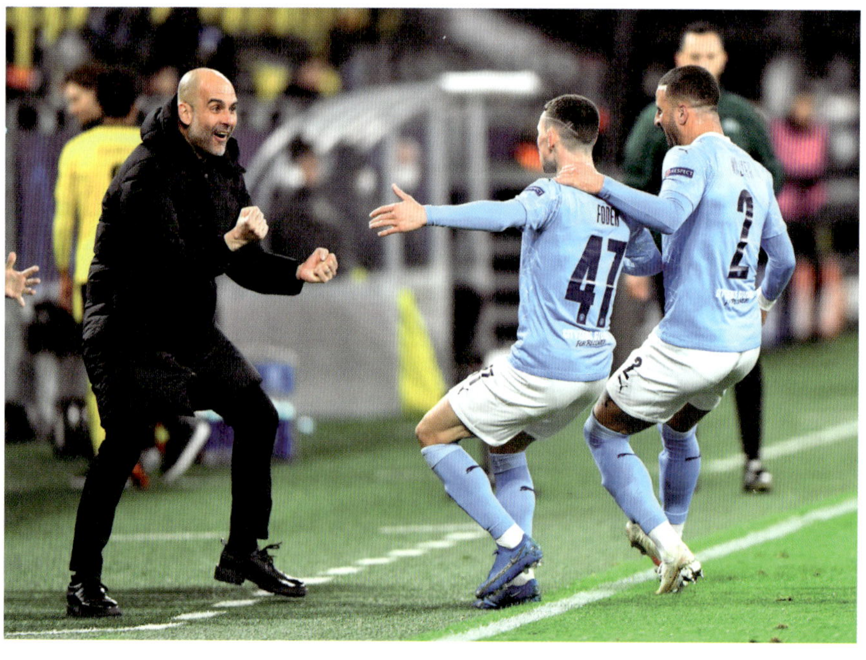

Startrainer José Mourinho gibt im Training taktische Anweisungen.

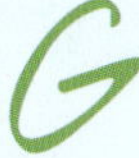rundsätzlich ist es wichtig, dass man zunächst zwischen den beiden Begriffen *Grundordnung* und *Spielsystem* unterscheidet.

Eine *Grundordnung* ist die Aufstellung und gibt die Besetzung der Positionen bei Ballbesitz in der Offensive sowie beim Spiel gegen den Ball in der Defensive an.

Aus der Grundordnung wird dann ein *Spielsystem* gebildet, das, je nachdem, ob die Mannschaft in Ballbesitz ist oder gegen den Ball arbeitet, unterschiedliche Ausprägungen hat.

Durch das Spielsystem erwacht die Grundordnung zum Leben.

Aus der Spielidee, taktischen Vorstellungen und der Grundordnung werden die Verhaltensweisen der verschiedenen Positionen abgeleitet, wodurch dann im Idealfall auf dem Platz die Handschrift des Trainers in einem Spielsystem zu erkennen ist.

Das Spielsystem gibt also Auskunft über die Interpretation und das Verhalten auf den einzelnen Positionen. Schaltet sich der Außenverteidiger beispielsweise in der Offensive mit ein oder hält er seine Position?

Diese Formationen, wie ein 1-4-4-2 oder ein 1-3-5-2, werden durch eine Kombination von Zahlen dargestellt.

Dabei zeigt die erste Zahl immer den Torspieler, die zweite Zahl die Anzahl der Abwehrspieler, die dritte Zahl die Mittelfeldspieler und die vierte die Anzahl der Angreifer.

Eine wichtige Rolle spielt dabei die Fähigkeit eines Trainers, wie er in der Lage ist, die Spieler – auch in Abhängigkeit vom Gegner – optimal auf dem Spielfeld zu platzieren, um Überzahlsituationen zu kreieren und Unterzahlsituationen auszugleichen, was mithilfe von Spielsystemen umgesetzt wird.

Wichtig ist, dass diese Formationen nie als fixes Gebilde gesehen werden.

Dieses fixe Gebilde gibt es lediglich auf dem Papier oder beim Anstoß.

VERDEUTLICHUNG AN EINEM BEISPIEL

Grundordnung: 1-4-3-3

Die Grundordnung 1-4-3-3 beim Anspiel kann situationsbedingt bei Ballbesitz schnell zu einem 1-2-3-2-3 und beim Verteidigen zu einem 1-4-2-3-1 werden, weshalb man taktisch gute und flexibel ausgebildete Spieler benötigt.

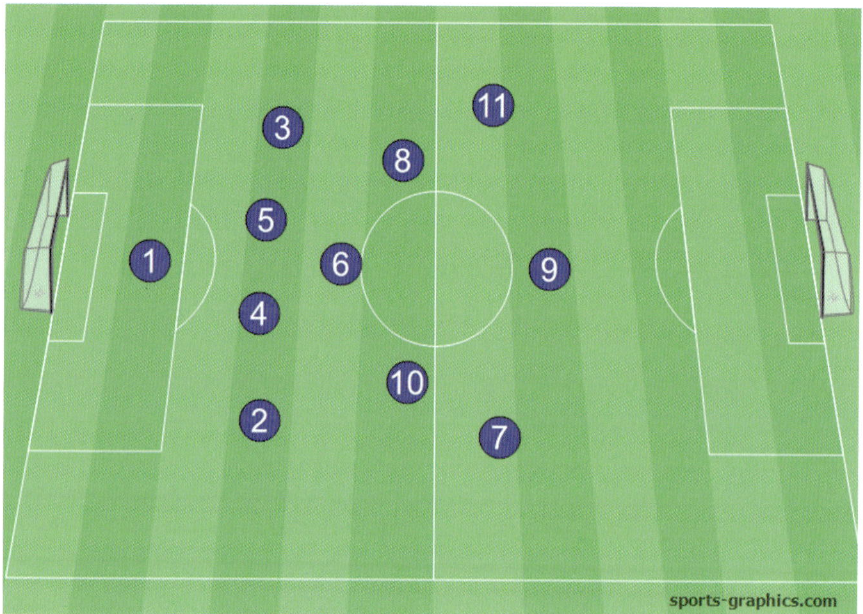

Grundordnung im 1-4-3-3

SPIELSYSTEM GEGEN DEN BALL: 1-4-2-3-1

Durch variable Verhaltensweisen auf den einzelnen Positionen in dieser Grundordnung ergibt sich in der Defensive beim Verschieben gegen den Ball ein 1-4-2-3-1-Spielsystem:

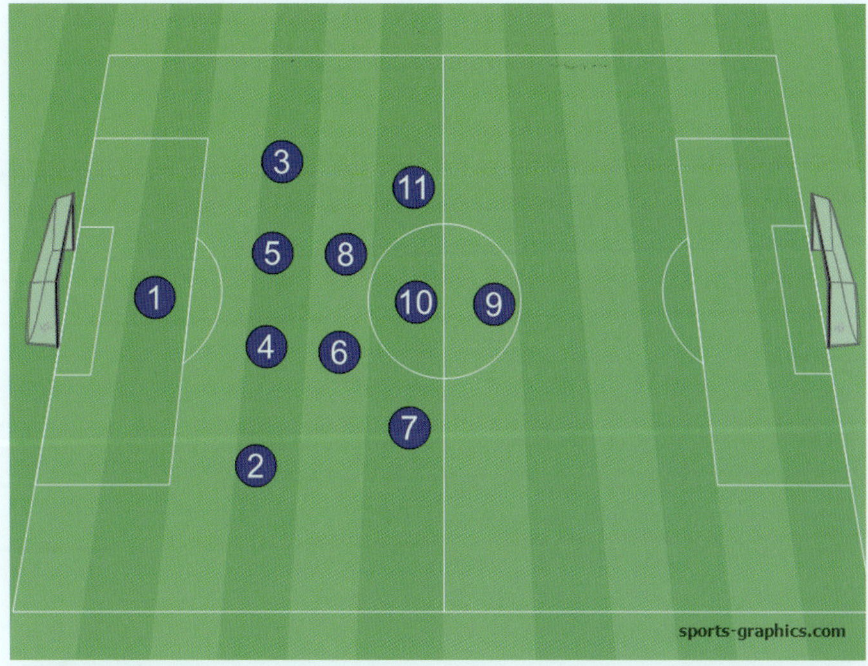

Spielsystem in der Defensive: 1-4-2-3-1

Mannschaften, die aus der Grundordnung im 1-4-3-3 agieren, greifen in der Defensive oftmals auf ein 1-4-2-3-1 zurück, was eine gute Kompaktheit garantiert, da durch die beiden 6er das Zentrum zusätzlich verstärkt wird. 11 und 7 lassen sich eine Linie nach hinten fallen und bilden eine Dreierlinie mit 10.

8 rückt nach hinten und bildet mit 6 die sogenannte *Doppelsechs*.

9 versucht, den Innenverteidiger zu lenken.

SPIELSYSTEM IN BALLBESITZ: 1-2-3-2-3

Gelangt die Mannschaft in Ballbesitz, stehen die beiden Außenverteidiger nun breit und schieben hoch. Die Position 6 kippt nach hinten ab und 8 dementsprechend nach vorne.

11 und 7 schieben ebenfalls hoch, befinden sich aber nicht auf derselben Linie wie 2 und 3, da ansonsten Spielfortsetzungsmöglichkeiten blockiert werden.

Dadurch ergibt sich in der Offensive in Ballbesitz ein 1-2-3-2-3:

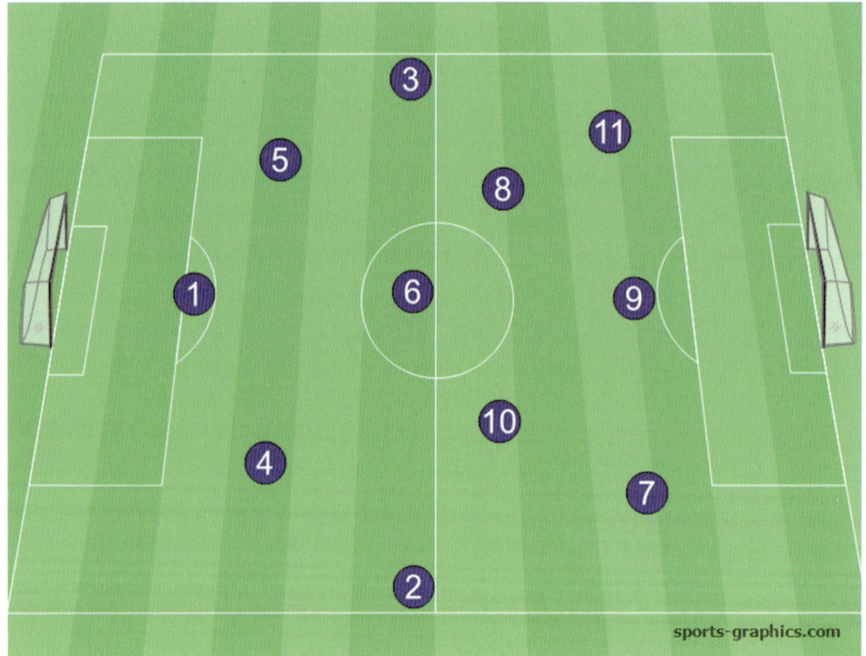

Spielsystem in der Offensive: 1-2-3-2-3

Nahezu alle Topteams sind in der Lage, flexibel agieren zu können. Ideal ist es, wenn die Mannschaft gerade im Offensivverhalten in der Lage ist, das System in Ballbesitz zu variieren, dadurch kann sich der Gegner nicht einstellen und die eigene Mannschaft ist nur schwer ausrechenbar.

So würde es sich bei der Grundordnung 1-4-3-3 anbieten, als zusätzliche, noch offensivere Variante zum 1-2-3-2-3 in Ballbesitz, ein 1-3-3-4 einzustudieren, gerade wenn man die Vorteile der sogenannten *dynamischen Dreierkette* nutzen will und einen hohen Druck ausüben möchte, was bei diesem System in Ballbesitz hervorragend mit den vier Spielern in der ersten Linie erreicht werden kann, die die Viererkette des Gegners komplett binden.

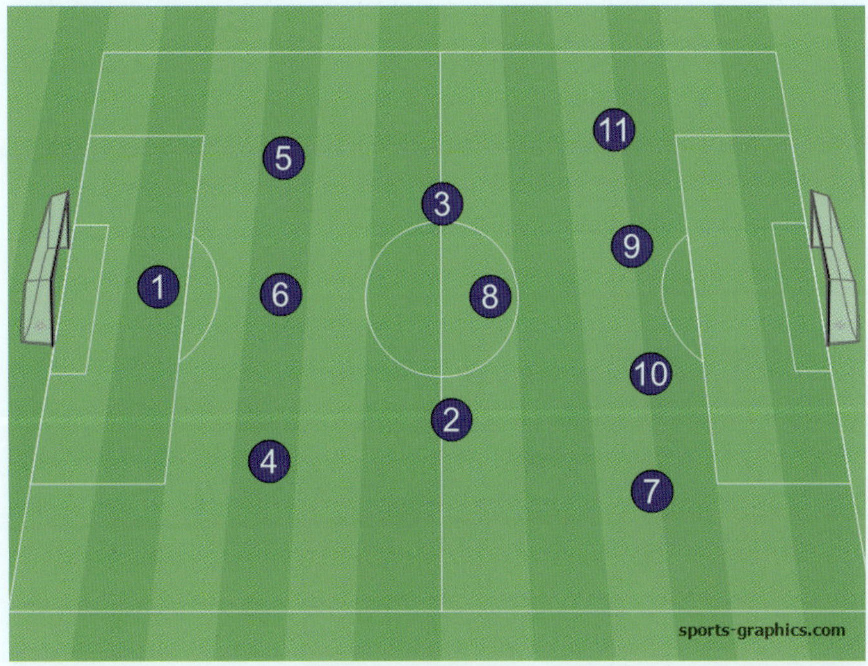

Spielsystem in der Offensive: 1-3-3-4

Mit Spielsystemen werden also die jeweiligen Positionen und Räume der Spieler festgelegt.

Ein Spielsystem gibt jedoch nicht die Taktik wieder!

Grundordnung und Spielsystem werden erst durch taktische Anweisungen zum Leben erweckt ...

Das System gibt lediglich die Aufgaben der Spieler wieder, wobei diese vom Trainer zusätzlich exakt definiert werden müssen, da dieselbe Spielposition im gleichen System unterschiedlich interpretiert werden kann und will.

Ausnahme ist hierbei der Torspieler, dessen Aufgabe nahezu immer dieselbe ist, unabhängig von der Grundordnung und dem Spielsystem, weshalb es sich wohl leider beim Fußball eingebürgert hat, den Torspieler bei der Nennung der nummerischen Formation nicht zu berücksichtigen.

In diesem Buch wird der Torspieler explizit bei der Aufführung von Grundordnungen und Spielsystemen erwähnt, da so die hohe Bedeutung des Torspielers vor allem schon für Jugendliche hervorgehoben wird.

Der Torspieler wird auch nicht Torhüter genannt, da seine Aufgaben im modernen Fußball weit über das reine „Hüten" des Tors hinausgehen.

„Im Fußball gibt es nicht nur eine Wahrheit."

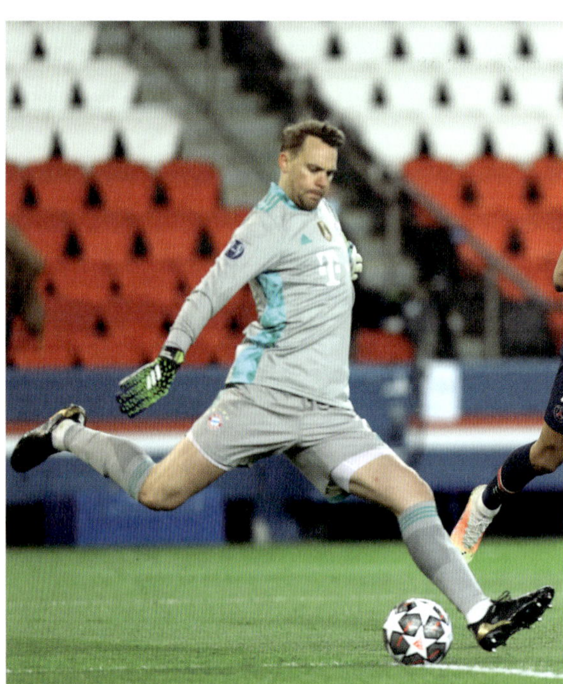

Manuel Neuer: nicht nur mit den Händen überragend, sondern auch mit dem Fuß

Die Vergangenheit zeigt, dass kein System einem anderen zwingend überlegen ist.

Jedes System hat seine Vorteile und Nachteile. Wichtig ist immer die Fähigkeit des Trainers, für Balance auf dem Platz zu sorgen, Überzahlsituationen zu kreieren und Unterzahlsituationen zu verhindern sowie die Fähigkeit der Spieler, die dieses System optimal umsetzen müssen.

Große Turniere wurden im Fußball bislang auf völlig verschiedene Art und Weise und mit völlig verschiedenen Spielideen, Grundordnungen und Spielsystemen gewonnen.

Jedes Spielsystem hat im Fußball also seine Berechtigung und muss zwar nicht gemocht, aber akzeptiert werden.

Unglaubwürdig ist es aber, wenn eine Mannschaft, die unter der Woche nur Offensivfußball mit viel Ballbesitz trainiert und sich dann am Wochenende defensiv in einem 1-5-3-2 auf das Kontern beschränkt und lange Bälle spielt.

Durch die sehr häufig wechselnden Spielsituationen und die vielen Positionswechsel und eine hohe Kreativität bei eigenem Ballbesitz sind Verhaltensweisen in Spielsysteme in der Defensive einfacher zu trainieren, als in der Offensive, weshalb die meisten Trainer bei der Übernahme einer neuen Mannschaft erst mal im Defensivbereich ihre Arbeit ansetzen.

Außerdem muss ein Trainer sich bewusst sein, dass ein Spielsystem auch immer konditionelle Folgen hat.

Je nachdem, welche Spielsysteme aufeinandertreffen, kann dies einen erheblich größeren Aufwand im läuferischen Bereich zur Folge haben, um beispielsweise Unterzahlsituationen auszugleichen oder freie Räume zu nutzen.

So sind Aussagen, wie: „Es kam mir vor, als ob der Gegner mit einem Spieler mehr gespielt hat", im Fußball keine Seltenheit.

14.1 SPIELERORIENTIERT ODER SYSTEMORIENTIERT

„The football of the past we have to respect, the football of today we must study, and the game of the future we should anticipate."

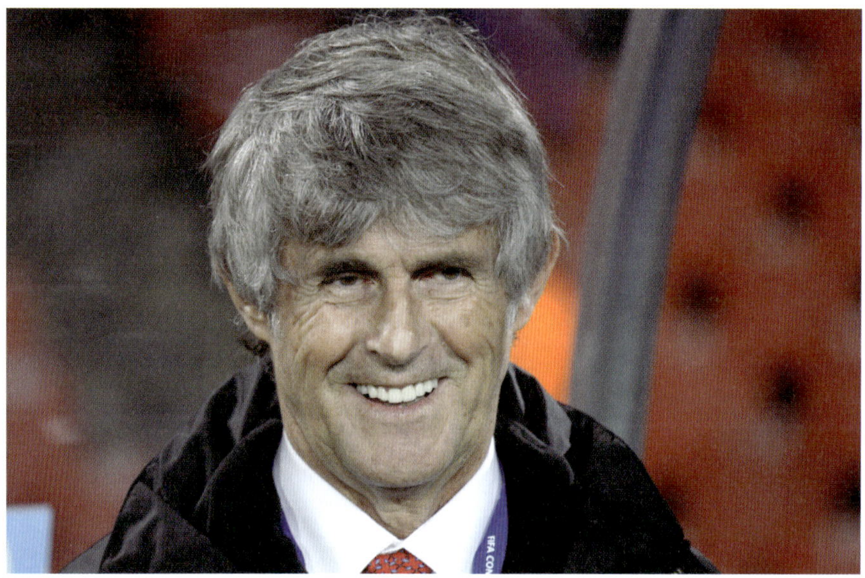

Bora Milutinovic (fünffacher WM-Teilnehmer)

Generell gibt es für einen Trainer zwei verschiedene Möglichkeiten, sich auf ein Spielsystem festzulegen:

A) SPIELERORIENTIERT

Der Trainer richtet sich nach dem ihm zur Verfügung stehenden Spielermaterial, um dann auf deren Stärken ein Spielsystem aufzubauen.

Oder

B) SYSTEMORIENTIERT

Der Trainer legt sich im Voraus auf ein von ihm bevorzugtes System fest und stellt sich anhand seines Systems den Kader zusammen, was allerdings die schwierigere Variante ist und vor allem im Junioren- und Amateurbereich äußerst kompliziert ist.

Bei aller Wichtigkeit der Taktik im Fußball sollte man sich im Klaren darüber sein, dass letztendlich nicht das System über Sieg oder Niederlage entscheiden wird, sondern immer die Qualität der einzelnen Spieler und wie diese in der Lage sind, das praktizierte Spielsystem umzusetzen.

Aufgabe des Trainers ist es, dass er genauestens über die Vor- und Nachteile eines Spielsystems informiert ist, um das bestmögliche System für seine Spieler zu finden.

Außerdem kann er durch dieses Wissen auf das Spielsystem des Gegners reagieren und Anpassungen vornehmen.

Wenn jedoch alle Mannschaften dasselbe Spielsystem, wie beispielsweise das von Bayern München oder das der spanischen Nationalmannschaft, wählen würden, wäre der Fußball nur halb so spannend, da diese Teams in den meisten Fällen die besten Einzelspieler haben und so immer gewinnen würden.

Trotzdem gibt es regelmäßig Teams, die diesen Topmannschaften das Leben schwer machen.

Nimmt man als Beispiel die Fußballnationalmannschaft der Färoer-Inseln, die nur knapp 50.000 Einwohner haben, kann man beobachten, dass diese immer noch mit Hobbyfußballern gespickte Mannschaft durch Verbesserungen vor allem im taktischen und athletischen Bereich den Gegnern das Leben schwer machen kann, was Nationalteams wie Portugal oder Österreich mit hoch bezahlten Profis schon bitter erfahren mussten.

Eines ist also sicher:

Mit einer guten Organisation kann man Defizite in der individuellen Qualität der Spieler immer bis zu einem gewissen Grad ausgleichen, was einen großen Spannungsfaktor beim Fußball ausmacht und dazu beiträgt, dass ein David den Goliath schlagen kann.

14.2 DIE DREI BASIS-GRUNDORDNUNGEN

Grundsätzlich gibt es, fußballhistorisch betrachtet, nur drei verschiedene, sogenannte *Basis-Grundordnungen*, auf denen alle weiteren Grundordnungen und Spielsysteme aufbauen:

A) 1-4-4-2

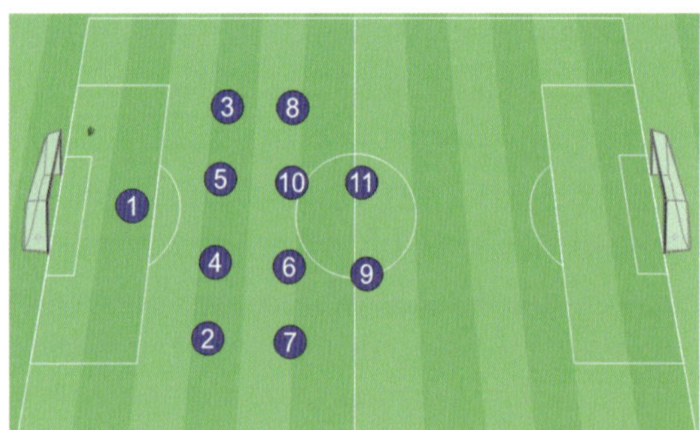

B) 1-4-3-3

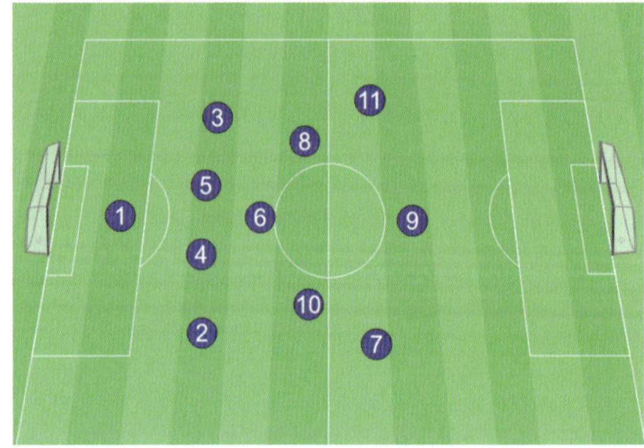

C) 1-5-3-2

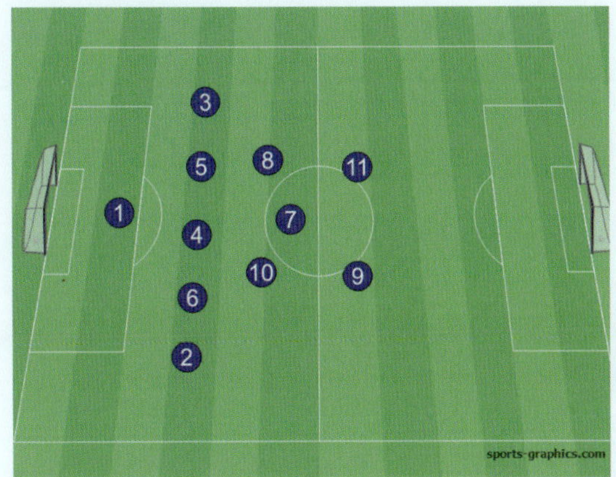

Alle anderen Grundordnungen im Fußball wurden und werden aus diesen Basis-Grundordnungen abgeleitet.

14.3 GÄNGIGE SPIELSYSTEME IM MODERNEN FUSSBALL

Nachfolgend werden, aufbauend auf den drei Basis-Grundordnungen, die momentan gängigsten Spielsysteme mit ihren Stärken und Schwächen genauer erläutert, wobei vorwegzunehmen ist, dass mittlerweile fast alle Topteams in der Defensive auf ein anderes Spielsystem als in der Offensive zurückgreifen, um die verschiedenen Vorteile der einzelnen Systeme optimal zu nutzen.

1-4-4-2:

> 1-4-4-2-Linie
> 1-4-4-2-Raute

1-4-3-3

> 1-4-2-3-1
> 1-4-1-4-1

Spielsysteme mit Dreierkette

> 1-5-3-2
> 1-3-5-2
> 1-3-4-3

A) 1-4-4-2-LINIE

Die Basis aller modernen Spielsysteme im Fußball ist das 1-4-4-2 auf der Linie.

Ursprünglich von Victor Maslov entwickelt, setzte sich das 1-4-4-2 als eine Reaktion auf das in den 1970er- und 1980er-Jahren dominierende 1-4-3-3 durch.

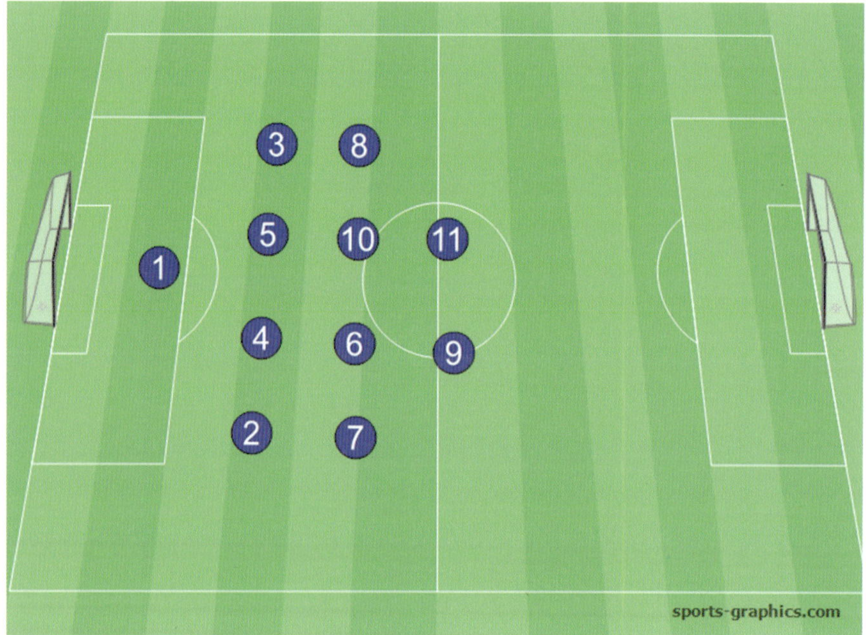

1-4-4-2-Linie

In diesem System werden die Aufgaben des ballorientierten Spiels besonders gut deutlich.

Wenn die positionsspezifischen Aufgaben in diesem System sicher beherrscht werden, fällt die Umstellung auf andere Systeme oftmals wesentlich leichter.

Das 1-4-4-2-Linie ist bei vielen Trainern sehr beliebt, da es taktisch sehr variabel ist und sowohl sehr offensiv als auch defensiv interpretiert werden kann.

Die Raumaufteilung kann optimal gestaltet werden und die Breite des Spielfeldes wird im 1-4-4-2 gut abgedeckt.

In der Offensive sind Flügelkombinationen durch die doppelte Besetzung der Außenbahnen gut möglich.

Die beiden Viererketten bilden einen kompakten Mannschaftsverbund, der durch eine gleichmäßige Verteilung der Räume verengt wird, wodurch eine enge Verbindung der Mannschaftsteile entsteht.

Bei einem Mittelfeld mit vier Spielern auf einer Linie steht eine gute Grundordnung beim Spiel gegen den Ball meist im Mittelpunkt.

Das Zentrum ist doppelt besetzt, was dem Gegner in Tornähe wenig Raum zum Kombinieren lässt.

Die Flügel sind immer besetzt, ohne dass die Außenverteidiger sehr hoch schieben müssen. Dafür ist allerdings die Lücke zwischen Sturm und zentralem Mittelfeld deutlich größer.

Bei diesem System fehlt eine zentrale Anspielstation, weshalb Kreativität über die Flügel kommen muss.

VORTEILE/NACHTEILE 1-4-4-2-LINIE

Vorteile

- Optimale Raumaufteilung und hohe Kompaktheit.
- Dadurch ergibt sich ein ökonomischerer Laufaufwand.
- Die Herstellung von Überzahlsituationen ist gut möglich.
- Gute Absicherung im Mittelfeldzentrum durch zwei zentrale Mittelfeldspieler.
- Gute Möglichkeiten im Flügelspiel, da der Flügel doppelt besetzt ist.
- Viele taktische Interpretationsmöglichkeiten für den Trainer.

Nachteile

- Die Linien können durch tiefe, vertikale Anspiele überbrückt werden.
- In der Offensive geringere Möglichkeiten zur Dreieckbildung als in anderen Systemen.
- Erschwertes Umschaltverhalten in der Defensive, vor allem, wenn die beiden Außenverteidiger weit aufgerückt sind.

- Eventuell mangelnde Kreativität durch das Fehlen eines typischen Spielgestalters.
- Die beiden Stürmer sind oftmals auf sich alleine gestellt.

B) 1-4-4-2-RAUTE

Wenn man seine Mannschaft offensiv agieren lassen möchte, bringt das 1-4-4-2 mit Raute viele Vorteile.

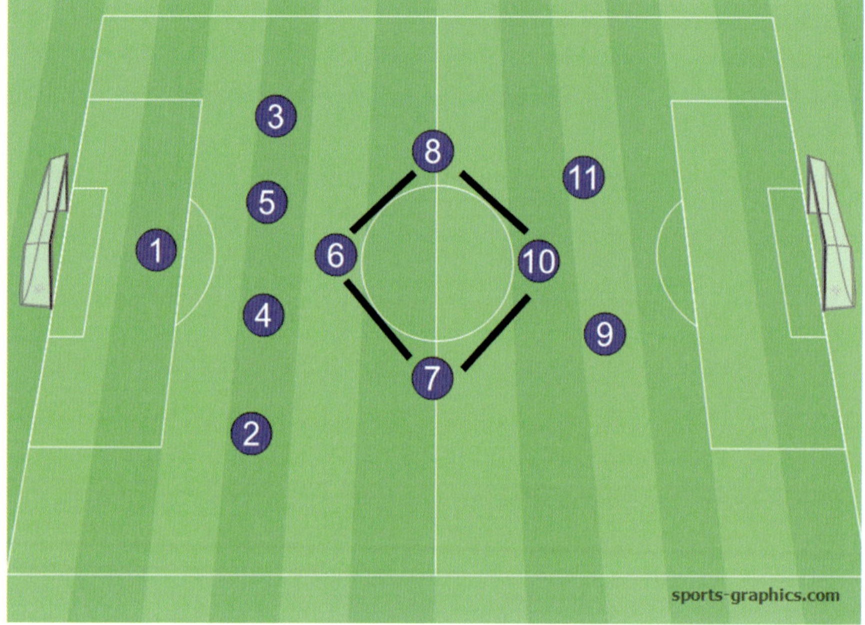

1-4-4-2-Raute

Vor allem mit breit stehenden und weit hochgeschobenen Außenverteidigern kann man die Raute bei einem 1-4-4-2 sehr offensiv interpretieren.

Der ehemalige Bayerncoach und jetzige Nationaltrainer der Niederlande, Louis van Gaal, ist einer der Befürworter dieser Formation, aber auch andere Teams, wie Borussia Dortmund unter Jürgen Klopp, haben sich die Vorteile der Raute schon oft zunutze gemacht.

Es lassen sich nämlich sehr gut Dreiecke und, wie der Name bereits sagt, Rauten bilden.

Agiert man in der Raute, hat man in den meisten Fällen Überzahl im Zentrum, da man hier vier Spieler und der Gegner je nach Spielsystem oft nur zwei oder drei Spieler platziert hat.

Durch die ins Zentrum eingerückten äußeren Mittelfeldspieler können die aus der Tiefe kommenden Außenverteidiger sich sehr effektiv ins Angriffsspiel einschalten.

Wichtig ist, dass man bei der Wahl dieses Systems auch gute Außenverteidiger hat, die diesen Raum auf der Seite optimal ausfüllen und dementsprechend mit den dafür benötigten Fähigkeiten interpretieren.

Im Gegensatz zum 1-4-4-2-Linie sind bei der Raute die beiden Spitzen breiter aufgestellt, somit bekommt der Spielgestalter mehr Raum zur Verfügung, um seine Kreativität und Spielfreude auszuleben.

Steht ein typischer Spielgestalter nicht zur Verfügung, macht die Raute eher keinen Sinn, womit verdeutlicht wird, welche Bedeutung den einzelnen Spielern zukommt, die man für ein Spielsystem benötigt.

Durch die hohe offensive Schlagzahl entstehen oft vor der gegnerischen Kette Überzahlsituationen, weshalb sich dieses System gleichzeitig bei einem Ballverlust im Zentrum anbietet, um durch die Überzahl sofort ins Gegenpressing zu gehen.

Durch die beiden Spitzen und die drei offensiven Mittelfeldspieler hat man nämlich fünf Spieler in der Offensive, die großen Druck auf den gegnerischen Abwehrverband ausüben können.

Agiert man in der Raute, ist es für den Gegner sehr schwer, den direkten Weg durchs Zentrum zum Tor zu wählen, wodurch versucht wird, das Angriffsspiel über die Flügel vorzutragen.

Probleme bekommt die Raute häufig über die Flügel, vor allem gegen Gegner, die im 1-4-3-3 oder mit doppelt besetzten Flügeln agieren, da in der Raute die Flügel immer in Unterzahl sind.

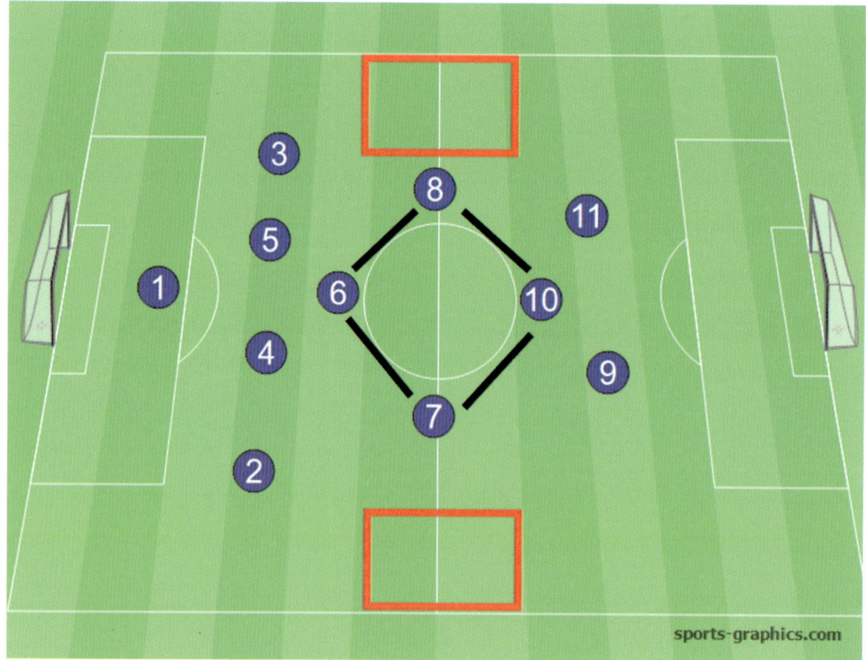

1-4-4-2-Raute/Problemzone Flügel

Die Flügel werden zudem meistens durch sehr offensiv denkende Außenverteidiger besetzt, was in der Offensive zwar sehr gut ist, jedoch äußerst problematisch bei einem Ballverlust ist.

Dort tun sich dann große Räume hinter den beiden Außenverteidigern auf, die weder vom Sechser noch von den beiden Innenverteidigern geschlossen werden können.

Eine Raute ist deshalb sehr anfällig für Konter.

Der große Vorteil auf der Linie ist hingegen, dass man bei Ballverlust schnell wieder gut organisiert hinter den Ball kommt und lange nicht so offen wie in der Raute steht.

Deshalb verbinden nahezu alle Topteams, die ein 1-4-4-2 gewählt haben, aus diesem Grund die defensiven Vorteile des 1-4-4-2 auf der Linie mit den offensiven Vorteilen der Rautenformation.

VORTEILE/NACHTEILE 1-4-4-2-RAUTE

Vorteile

- Die offensiven Stärken werden akzentuiert.
- Überzahl im Zentrum.
- Ein typischer Spielgestalter kommt gut zur Geltung.
- Viel Platz in der Offensive für die Außenverteidiger bei einer engen Raute.
- Mit einer Raute kann man gut ins Gegenpressing gehen.

Nachteile

- Erhöhte Anfälligkeit auf den Flügeln.
- Lediglich ein Sechser als Absicherung.
- Erhöhter Laufaufwand, vor allem für die Außenverteidiger.
- Durch unterbesetzte Flügel ist das Doppeln am Flügel nur sehr schwer möglich.
- Hohe Abhängigkeit von den für dieses Spielsystem benötigten Spielertypen.

C) 1-4-3-3

Das 1-4-3-3 steht in enger Verbindung mit dem Namen Rinus Michels und den Erfolgen von Ajax Amsterdam und des FC Barcelona.

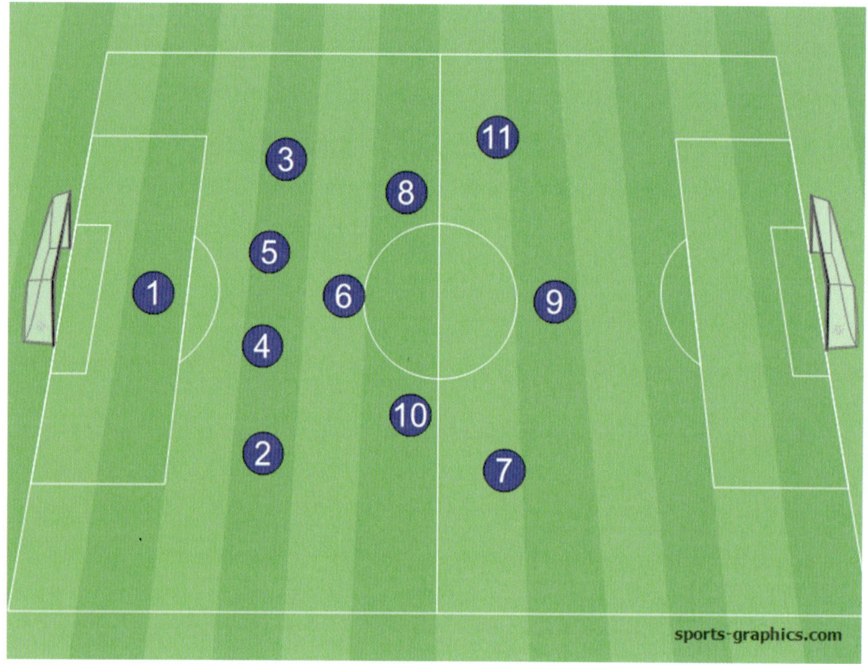

1-4-3-3

Im 1-4-3-3 werden Breite und Tiefe des Spielfeldes sehr gut besetzt.

Durch tiefe, weiträumige Anspiele können Linien gut überspielt werden, wodurch viele günstige 1-gegen-1-Situationen entstehen, die sich oftmals speziell für dieses offensive System ausgebildete Spieler zunutze machen.

Wird eine Mannschaft im 1-4-3-3 im Mittelfeld mit zwei defensiven und einem offensiven Mittelfeldspieler aufgestellt, handelt es sich nur um eine leichte Abwandlung zum 1-4-2-3-1, weshalb beim klassischen 1-4-3-3 von einer offensiven Mannschaft, die durch Ballbesitz dominieren will, und im 1-4-3-3 mit einem Sechser hinter zwei offensiven Mittelfeldspielern agiert, ausgegangen wird.

Das 1-4-3-3 verlangt zwangsläufig nach mutigem Angriffsfußball und aggressivem Pressing in der Hälfte des Gegners.

Mit Ausnahme des heutzutage kaum noch gebrauchten 1-4-2-2-2, mit dem Brasilien mit Pelé 1958 Weltmeister wurde, kann man nicht viel offensiver agieren, da drei nominelle Spitzen auf dem Papier stehen.

Das System bietet sich vor allem an, wenn man mutige Flügelspieler mit starken Offensivqualitäten zur Verfügung hat.

Die individuellen Anforderungen an die einzelnen Spieler sind in diesem System sehr hoch, was im Profifußball auch ein finanzielles Problem mit sich bringt, da für dieses System gerade auf den Flügeln absolute Ausnahmekönner benötigt werden, die ihren Preis haben.

Bei Ballbesitz schieben beide Mittelfeldspieler von den Halbpositionen aus nach vorne, allerdings bleibt der Korridor an der Außenlinie offen für die anlaufenden Außenverteidiger.

Der Mittelstürmer hat seinen Handlungsspielraum im Zentrum. Seine Bewegungen sind in der Regel vertikal, wenn er beispielsweise in die Tiefe geht und von dort wieder als Anspielstation dem Ballführer entgegenkommt.

Einen weiteren Vorteil im Spielaufbau hat das 1-4-3-3 durch eine zusätzliche Spielfortsetzungsmöglichkeit der beiden Innenverteidiger, die nahezu immer einen weiträumigen Diagonalball auf die Außenbahnen schlagen können, die immer besetzt sind.

Wichtig für die Spitzen in diesem System ist, dass sie sich am Ballgewinnspiel beteiligen, was bei der Ausprägung des typischen Flügelspielers nur selten der Fall ist, da diese ihr Hauptaugenmerk in der Offensive haben.

Um die nominelle Unterzahl im Mittelfeld auszugleichen, beteiligt sich in der Regel immer einer der beiden Außenverteidiger am Aufbauspiel.

Im Defensivverhalten ist häufig zu beobachten, dass sich die beiden äußeren offensiven Flügelspieler etwas zurückziehen, womit situativ ein 1-4-2-3-1 entsteht.

Ein Schwachpunkt dieses offensiven Spielsystems ist, dass lediglich fünf Feldspieler an die Defensive denken.

Die defensive Absicherung hängt als einziger Fixpunkt neben der Viererkette am Sechser, weshalb die beiden Halbpositionen sehr flexibel agieren müssen.

Arbeiten die Halbpositionen nicht genügend mit, entstehen häufig Unterzahlsituationen.

Generell ist bei einem Ballverlust in der Vorwärtsbewegung die Mannschaft kurze Zeit automatisch in Unterzahl, da nur drei Mittelfeldspieler da sind, um den Gegenstoß zu unterbinden.

VORTEILE/NACHTEILE 1-4-3-3

Vorteile

- Durch die symmetrische Verteilung der Spieler auf dem Platz sehr geeignet für Kombinationsfußball.
- Gutes Flügelspiel möglich.
- Sehr offensiv, daher optimal, um zu agieren, statt zu reagieren.
- Es werden mehr Stürmer ausgebildet als in anderen Systemen.
- Hoher Attraktivitätsfaktor für die Zuschauer.

Nachteile

- Hohe individuelle Anforderungen.
- Unterzahl im Mittelfeld.
- Lediglich fünf defensiv orientierte Spieler.
- Anfällig für Konter.
- Ohne die richtigen Spielertypen auf den Außenbahnen kaum durchführbar, zudem sind diese Spielertypen extrem kostspielig.

D) 1-4-2-3-1

Das 1-4-2-3-1 ist im europäischen Spitzenfußball momentan eines der beliebtesten Spielsysteme.

Bei der WM 2010 spielten drei der vier Halbfinalisten mit diesem System, Spanien nutzte beim Gewinn der EM 2012 verschiedene Systeme, griff jedoch überwiegend auf das 1-4-2-3-1 zurück.

Das 1-4-2-3-1 besteht aus einer Viererkette, der Doppel-Sechs, einer offensiven Dreierreihe davor und einem Mittelstürmer.

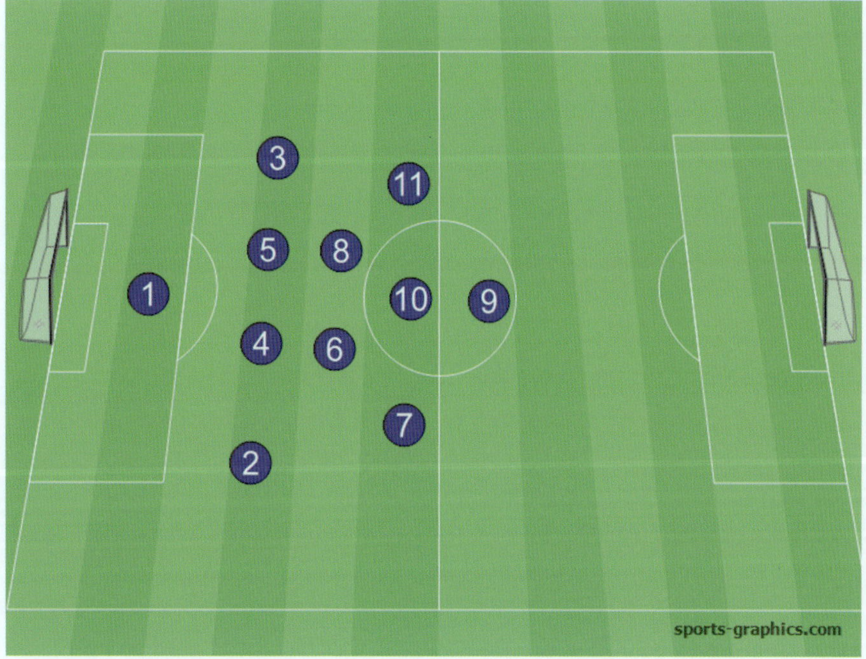

1-4-2-3-1

Der große Vorteil dieses Systems ist, dass man zu fast jedem Zeitpunkt aus einer gesicherten Ordnung agieren kann.

Das Zentrum vor der Abwehrkette ist äußerst kompakt durch die doppelte Besetzung der Sechserposition.

Die Außenbahnen können schnell zugestellt werden.

Bei Offensivaktionen ist immer mindestens ein defensiver Mittelfeldspieler als Absicherung vorhanden und durch die Flügelspieler kann die gegnerische Abwehr auseinandergezogen werden.

Ein sehr wichtiger Faktor für dieses Spielsystem ist die Doppel-Sechs, welche als stabilisierendes Element wirkt.

Aufgabe der Doppel-Sechs ist es, zusammen mit den Innenverteidigern, das Zentrum kompakt zu halten und möglichst viele Bälle zu erobern, um im Anschluss, durch strategisch geschicktes Verhalten, den nächsten Angriff einzuleiten oder gegebenenfalls das Spiel zu beruhigen.

Jeder, der im Training schon einmal 10:6 mit einer Viererkette und einer Doppel-Sechs hat spielen lassen, weiß, wie schwer es ist, selbst mit dieser Überzahl Tore zu erzielen.

Wählt ein Trainer auf dem Papier ein 1-4-2-3-1, wird dadurch die defensive Ausrichtung einer Mannschaft betont, da bei einer offensiven Auslegung von einem 1-4-3-3 die Rede wäre.

Als Trainer sollte man beim Spiel mit der 1-4-2-3-1-Aufstellung bedenken, dass die äußeren Mittelfeldspieler große Laufarbeit zu leisten haben und die Außenverteidiger sehr gut im 1 gegen 1 sein müssen.

Entschließt sich der Trainer, die Innenverteidiger bei gegnerischem Ballbesitz am Flügel nicht durchzuschieben, steigen die Anforderungen der Außenverteidiger sogar noch mehr.

Ein weiterer positiver Punkt an diesem System ist, dass hier auch typische Flügelspieler einen Platz im offensiven Mittelfeld finden können, welche es beispielsweise in einem 1-4-4-2 sehr schwer haben, da hier die Außenbahn oft anders interpretiert werden muss.

Natürlich müssen sie im Vergleich zum offensiveren 1-4-3-3 mehr Defensivarbeit leisten, dafür können sie jedoch in der Vorwärtsbewegung ihre Offensivqualitäten voll ausspielen.

Das System bietet auch viele Möglichkeiten, um den Spielrhythmus zu bestimmen und auf den einzelnen Positionen variabel zu agieren.

Je nach Spielgeschehen kann man beispielsweise die Außenspieler hochschieben, aber auch wieder zurückziehen, oder den Zehner höher platzieren, um einen eventuellen Rückstand aufzuholen.

In der Defensive zieht sich die Dreierreihe oftmals sehr tief bis hinter die Mittellinie zurück, um mit der Viererkette und der Doppel-Sechs einen kompakten Block zu bilden.

Die einzige Spitze stellt beim Spielaufbau des Gegners in den meisten Fällen den ballfernen Innenverteidiger zu, sodass der ballbesitzende Innenverteidiger nur die Möglichkeit hat, nach vorne in den kompakten Raum zu spielen.

Häufig versucht es der Gegner, mit langen Bällen hinter die Viererkette zu kommen, weshalb es wichtig ist, dass die Verteidiger gut antizipieren und die langen Bälle rechtzeitig erkennen und sich absetzen und dass der Torspieler ständig auf der Hut ist.

VORTEILE/NACHTEILE 1-4-2-3-1

Vorteile

- Hohe taktische Flexibilität.
- Gute Balance zwischen einem variantenreichen Offensivspiel und einer großen Kompaktheit in der Defensive.
- Eignet sich in seiner defensiven Interpretation gut für Kontermannschaften.
- Hohe Kompaktheit im Zentrum.

Nachteile

- Hoher Laufaufwand für die Spieler auf den Außenbahnen.
- Freiräume entstehen auf den Außenbahnen.
- Erste Pässe des gegnerischen Innenverteidigers sind nur schwer zu unterbinden, da eine Spitze einen wesentlich kleineren Deckungsschatten als zwei Spitzen hat.
- Nur ein Stürmer in der Offensive.

E) 1-4-1-4-1

Das 1-4-1-4-1 gilt für viele Trainer als Weiterentwicklung des 1-4-2-3-1 und eignet sich hervorragend für Teams, die ihre Stärken im Ballbesitz haben.

Aber auch defensive Interpretationen dieses Systems sind durchaus Erfolg versprechend, weshalb Underdogs oft auf diese Formation zurückgreifen.

Vor allem gegen ein 1-4-4-2 in der Raute ist dieses System oft erfolgreich, da die Außenbahnen stark sind, das Zentrum aber zusätzlich durch einen zentralen Spieler, der zwischen den Ketten agiert, gestärkt wird.

Bekannt wurde das System vor allem durch die offensive Spielweise von Spanien und Russland bei der Europameisterschaft 2008.

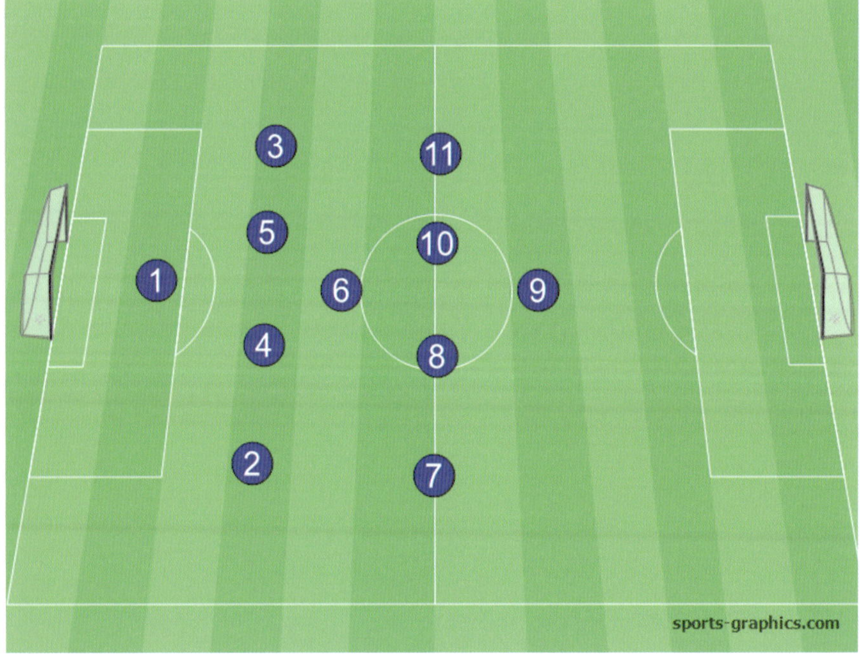

1-4-1-4-1

Die Vorteile des 1-4-1-4-1 liegen in der hohen Kompaktheit des Mittelfelds und der Abwehr und der Möglichkeit, einen schnellen Kombinationsfußball aufzuziehen.

Durch die jeweils vier vertikalen und horizontalen Linien sind viele Spielfeldbereiche abgedeckt.

Besonders die vier horizontalen Linien führen zu Vorteilen bei der Eroberung des zweiten Balls und zu vielen Anspielmöglichkeiten nach einem Ballgewinn.

Aufgrund der guten Breitenstaffelung, die man mit zwei Viererketten hervorragend aufbauen kann, hat man überall auf dem Spielfeld schnellen Zugriff auf den ballführenden Spieler.

Gefährlich werden bei der Wahl dieses Systems lange Bälle, die zwischen Sechser und Viererkette gespielt werden, da dieser hier auch auf sich alleine gestellt ist.

Dem Sechser wird im 1-4-1-4-1 eine besondere Rolle zugeteilt.

Seine Aufgabe ist es, Pässe des Gegners zwischen den Linien zu verhindern und dafür zu sorgen, dass die Viererabwehrkette möglichst lange kompakt und geschlossen agiert, sodass ein Herausrücken der Innenverteidiger vermieden wird.

Die Flügel und das Zentrum sind doppelt besetzt und mit dem Sechser zwischen den Linien wird das Zentrum sogar zusätzlich verstärkt.

Mit dieser dichten Staffelung im Mittelfeld will man den Spielraum des gegnerischen Zehners einschränken.

Der eigene Sechser verhindert außerdem, dass einer der beiden Innenverteidiger mit rausrücken muss, wodurch das Zentrum kompakt bleibt.

Aus diesem System kann man auch sehr gut in beide Richtungen umschalten.

Die Außenverteidiger orientieren sich bei eigenem Ballbesitz deutlich nach außen, schieben hoch und schalten sich von dort in das Angriffsspiel mit ein.

Die davor positionierte Vierer-Mittelfeldreihe kann ein flexibles Offensivspiel aufziehen.

Die vier Mittelfeldspieler sind dabei sehr offensiv ausgerichtet, und durch entsprechende Positionswechsel bieten sie eine große und schwer ausrechenbare Flexibilität im Angriff.

VORTEILE/NACHTEILE 1-4-1-4-1

Vorteile

- Gute Raumaufteilung und Kompaktheit.
- Gute Variabilität im Angriffsspiel.
- Geeignet für schnellen Kombinationsfußball.
- Doppelt besetzte Flügel.
- Gute Möglichkeit, den zweiten Ball zu erobern.

Nachteile

- Einschränkung des Spiels in die Tiefe, da nur eine nominelle Spitze zur Verfügung steht.
- Hoher Laufaufwand.
- Nur ein Sechser als Absicherung.
- Gefahr bei Bällen zwischen die beiden Viererlinien.
- Hohe taktische Anforderung.

F) 1-5-3-2

Aus dem defensiven 1-5-3-2 ging die offensivere Variante 1-3-5-2 hervor. Deutschland gewann mit dieser Grundordnung unter Trainer Franz Beckenbauer 1990 den WM-Titel.

Bei der Europameisterschaft 2012 nutzte Italien neben dem 1-4-3-2-1 das 1-5-3-2 in der Defensive, wobei in der Offensivbewegung meist auf die offensive Variante 1-3-5-2 zurückgegriffen wurde.

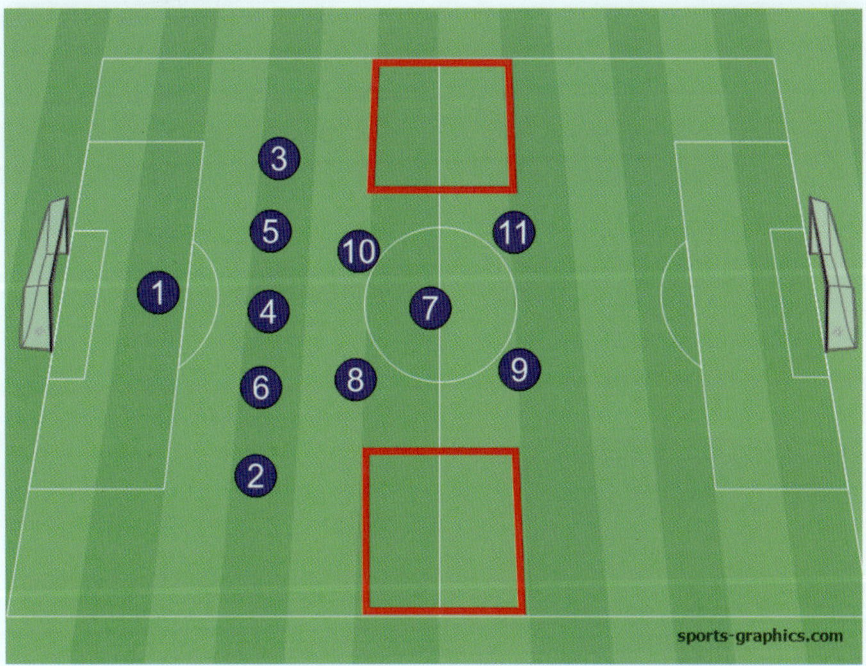

1-5-3-2 mit den Problemzonen auf den Flügeln

In Verbindung mit der Darstellung des 1-3-5-2 wird zunächst grundsätzlich auf Formationen mit einer Dreierkette eingegangen und dann das 1-3-5-2 und das 1-3-4-3 genauer erläutert.

KAPITEL 15

Spielsysteme mit Dreierkette

„Der Fußball wurde gemacht, um anzugreifen. Deshalb ist es positiv, dass einige unserer Mannschaften ein System mit drei Verteidigern wählen, das das Offensivspektakel fördert."

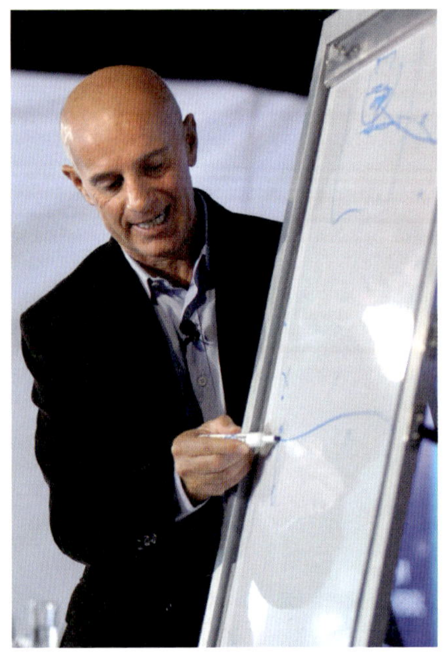

Arrigo Sacchi, Champions-League-Sieger und Fußballrevolutionär

Viele Trainer nutzen heute die Dreierkette lediglich bei einem Rückstand kurz vor Spielende.

Genauso könnte man hier aber auch einfach die beiden Außenverteidiger hochschieben und einen defensiven Sechser dazwischen zurückziehen.

Ein Spielsystem mit einer Dreierkette bietet also weitaus mehr, als lediglich bei einem Rückstand eingesetzt zu werden.

Auffällig ist, dass Spielsysteme mit Dreierkette in letzter Zeit wieder vermehrt genutzt werden.

Bei der WM 2010 spielte beispielsweise Chile unter Trainer Marcello Bielsa im 1-3-5-2 eine ganz starke Weltmeisterschaft in Südafrika.

Italien kam bei der Europameisterschaft 2012 sogar bis ins Finale mit einer nominellen Dreierkette, auch wenn Kritiker bei einer negativen Interpretation hier eher eine defensive Fünferkette gesehen haben.

Prominentestes Beispiel ist sicherlich der FC Barcelona, der sich immer wieder extrem tief stehenden Gegnern gegenübersieht und die Vorteile einer Dreierkette nutzt.

Mit einer gut funktionierenden Dreierkette kann man nämlich gegen traditionelle Spielsysteme, wie dem 1-4-4-2, konstant Überzahlsituationen herstellen, da ein zusätzlicher Spieler im Mittelfeld zur Verfügung steht.

Das A und O ist hier, wie so oft, die richtigen Spielertypen zu finden, die neben den großen technischen Fähigkeiten auch über ein gutes Zweikampfverhalten und taktisches Geschick verfügen, was in dieser Kombination selbst im Spitzenfußball nur selten zu finden ist.

Agiert eine Mannschaft mit einer Viererkette, sichern sich die Abwehrspieler permanent gegenseitig ab und bilden sogenannte *Abwehrdreiecke*, wobei sie leicht versetzt aus einer Tiefenstaffelung heraus agieren.

In einer Dreierkette hingegen wird viel direkter gegen einen Gegenspieler verteidigt, wobei unbewegliche und langsame Spielertypen absolut nicht geeignet sind.

Eine sehr große Bedeutung kommt auch den Flügelspielern bei der Nutzung einer Dreierkette zu.

Diese müssen über eine große Laufstärke verfügen, da sie ihre Seite fast alleine abdecken müssen.

Alternativ könnte man zwar auch die Außenspieler zurückziehen –, doch dann hätte man statt einer Dreierkette eine Fünferkette, was der offensiven Grundidee dieses Systems widerspricht.

Ein weiterer Grund für eine Dreierkette ist, wenn man gegen eine Mannschaft spielt, die mit zwei Spitzen agiert.

Viele Viererketten sind es heute gewöhnt, gegen lediglich einen Stürmer zu spielen, wo die Absicherung keine größeren Probleme darstellt.

Kommt jedoch eine Mannschaft mit zwei Spitzen, herrscht Gleichzahl im Abwehrzentrum und die Spieler sind oft unsicher, wie sie damit umgehen sollen.

Gefährlich wird das System, wenn der Gegner mit drei Spitzen, wie beispielsweise einem 1-4-3-3, agiert, die stark im 1 gegen 1 sind, da die drei Verteidiger ohne Absicherung die 1:1-Situationen bewältigen müssen, weshalb viele Teams eine sogenannte *gependelte Viererkette* spielen, bei der immer der ballnahe äußere Mittelfeldspieler die Dreierkette verstärkt, damit die drei Angreifer gedoppelt werden und die Abwehrspieler sich gegenseitig absichern können.

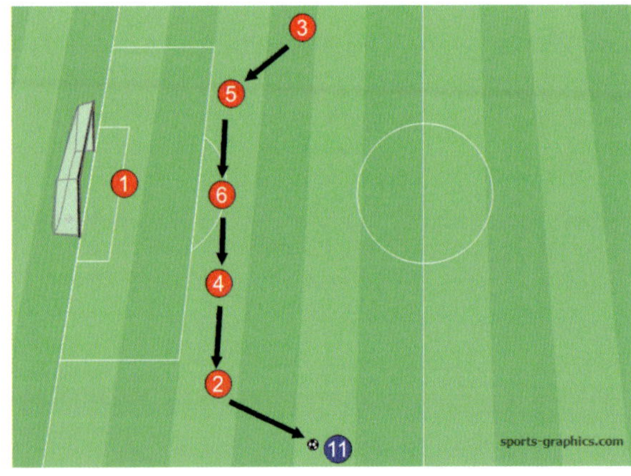

Gependelte Viererkette

Aber auch in der Offensive nutzen viele Trainer immer häufiger eine Art „dynamische Dreierkette".

Dabei kippt der Sechser nach hinten ab, während die Innenverteidiger in die

Breite gehen und die Außenverteidiger hochschieben, wodurch der Gegner in die eigene Hälfte zurückgedrängt wird.

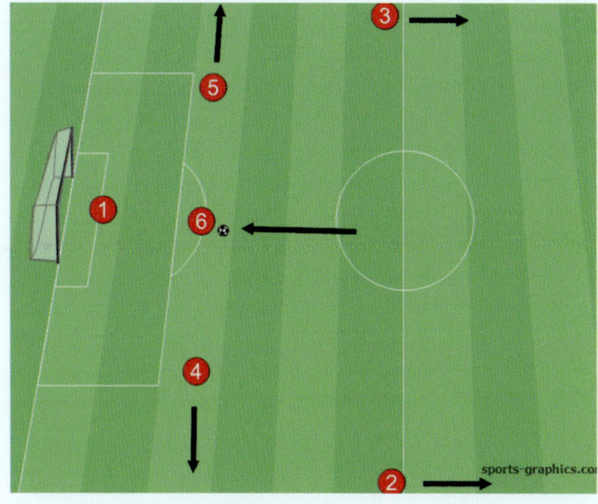

Dynamische Dreierkette im Spielaufbau. Beispiel 1: Der Sechser kippt zwischen den beiden Innenverteidigern ab.

Eine weitere Möglichkeit, im Spielaufbau mit einer dynamischen Dreierkette Überzahl herzustellen, ist, wenn der Sechser zwischen einem Außen- und einem Innenverteidiger abkippt. Beispiel hierfür ist Bastian Schweinsteiger, bei dem diese Variante häufig bei Auftritten in der Nationalmannschaft beobachtet werden konnte.

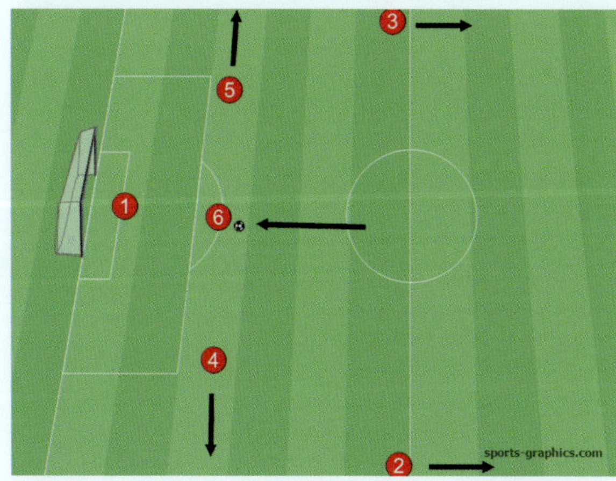

Dynamische Dreierkette im Spielaufbau. Beispiel 2: Der Sechser kippt zwischen einem Außen- und einem Innenverteidiger ab.

Ein weiterer Vorteil dieser dynamischen Dreierkette ist, dass bei einem möglichen Ballverlust das Zentrum von drei Spielern beschützt wird.

Pep Guardiola griff wie beim FC Barcelona auch bei Bayern München auf die dynamische Dreierkette zurück, wobei Philipp Lahm in den meisten Fällen die Position des abkippenden Sechsers bekleidete. Aber auch bei Bayer Leverkusen oder dem SC Freiburg unter Christian Streich ist die dynamische Dreierkette häufig zu beobachten.

15.1 1-3-5-2

Juventus Turin feierte unter Trainer Antonio Conte große Erfolge mit einem 1-3-5-2 und blieb 49 Spiele in der Serie A in Folge unbesiegt.

Nachdem viele Teams in der Vergangenheit nur noch mit zwei beziehungsweise sogar mit nur einer Spitze agierten, lag die Überlegung nahe, einen zusätzlichen Spieler ins Mittelfeld zu schieben, um von dort in Richtung gegnerisches Tor noch mehr Druck zu erzeugen.

Neben vielen anderen Teams konnte vor allem die deutsche Nationalmannschaft mit dem 1-3-5-2 große Erfolge wie den Gewinn der Fußballweltmeisterschaft 1990 in Italien feiern.

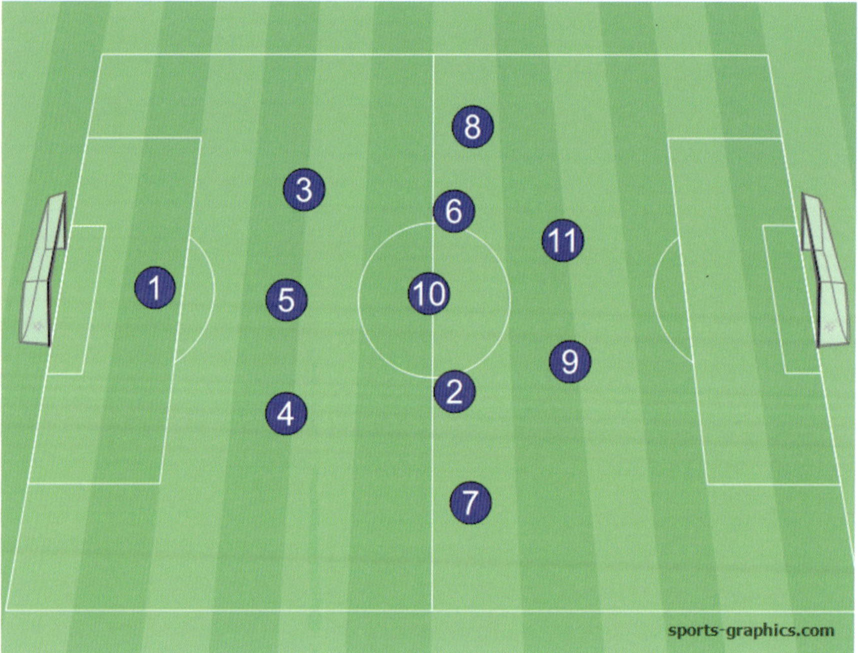

1-3-5-2

Der große Vorteil beim 1-3-5-2 ist die größtmögliche Anzahl an möglichen Dreieckbildungen von allen Systemen, wodurch ein gutes Kurzpassspiel durchgeführt werden kann.

Zudem ist das Mittelfeld durch fünf Spieler nominell gut besetzt, womit sehr gut Druck gegen den Ball ausgeübt werden kann.

Außerdem hat sich diese Formation sehr im Kinderfußball bewährt, wenn diese das erste Mal 11 gegen 11 spielen, da die Strukturierung und die Aufgaben sehr klar sind.

Größtes Sorgenkind ist, dass eine Dreierkette unmöglich die ganze Spielfeldbreite abdecken kann, wo sich oft Raum für Angriffe des Gegners bietet.

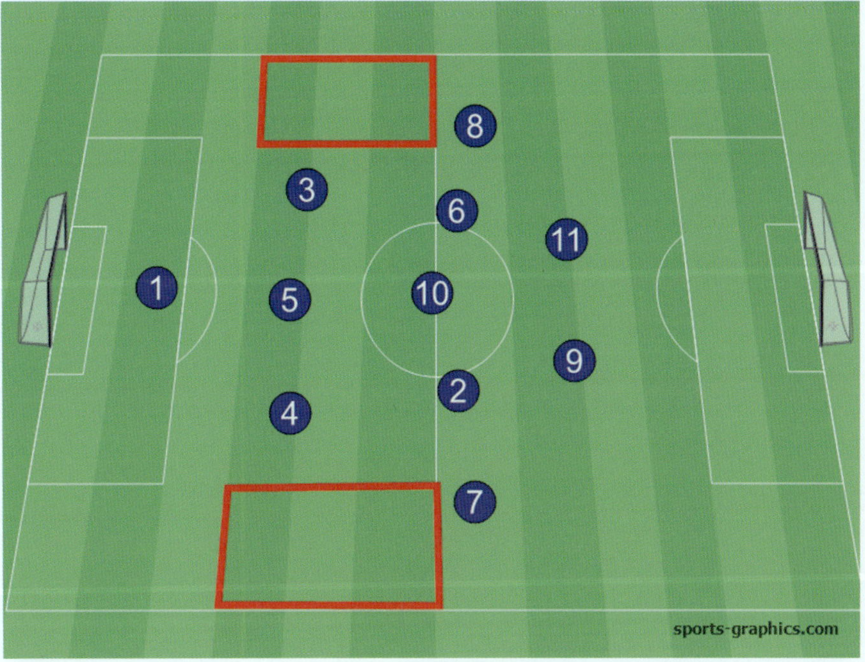

Problemzonen im 1-3-5-2

Trifft ein 1-3-5-2 beispielsweise auf ein 1-4-3-3, muss fast zwangsläufig in der Defensive das System umgestellt werden.

Zusätzlich fehlen bei der Wahl dieses Systems typische Flügelspieler, was die Möglichkeiten trotz der Überzahl im Mittelfeld einschränken kann.

VORTEILE/NACHTEILE 1-3-5-2

Vorteile

- Überzahl im Mittelfeld.
- Viele offensive Möglichkeiten.
- Hohe Anzahl an Dreieck- und Rautenbildungen möglich.
- Dadurch kann ein gutes Kurzpassspiel aufgezogen werden.
- Hervorragend für ein Mittelfeldpressing geeignet, da fünf Spieler im Mittelfeld zur Verfügung stehen.

Nachteile

- Nur schwer praktikabel gegen Teams, die mit drei Spitzen agieren.
- Extrem hohe Anforderungen an die Spieler, speziell in der Dreierkette.
- Die Dreierkette kann nicht die ganze Spielfeldbreite abdecken.
- Vorstöße der Außenverteidiger finden so gut wie nie statt.

15.2 1-3-4-3

Das wohl prominenteste Beispiel für das 1-3-4-3 war der FC Barcelona unter Johan Cruyff, der mit diesen System viele Erfolge Ende der 1980er- und Anfang der 1990er-Jahre feiern konnte.

Aber auch der noch erfolgreichere Barcelona-Trainer, Schüler von Johan Cruyff und der ehemalige Coach des FC Bayern München, Pep Guardiola, ist ein Befürworter des 1-3-4-3, wobei er in der Offensive vermehrt sogar auf ein noch offensivfreudigeres 1-3-3-4 zurückgreift.

Ein anderes Beispiel für eine gute Ausführung des 1-3-4-3 ist die Nationalelf von Südkorea, die mit diesem System und erfrischendem Offensivfußball bei der WM 2002 einen tollen vierten Platz erreichte.

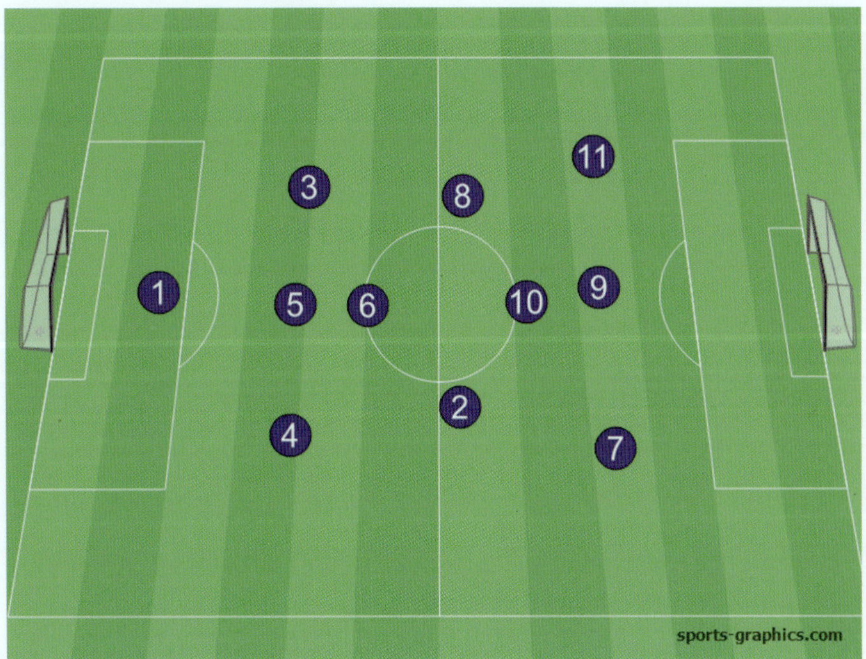

1-3-4-3

Wie alle Systeme mit Dreierkette ist auch das 1-3-4-3 grundsätzlich offensiv ausgerichtet.

Agiert eine Mannschaft in diesem System, wird im Mittelfeld in fast allen Fällen die Raute eingesetzt, um eine gute Tiefenstaffelung zu erreichen und Druck auf den Gegner auszuüben.

Gut umzusetzen ist im 1-3-4-3 auch ein Angriffs- und Gegenpressing durch die ständige Überzahl in Ballnähe.

Kann sich die gegnerische Mannschaft aus Pressingsituationen befreien, muss sich immer einer der beiden äußeren Mittelfeldspieler fallen lassen und einrücken, um eine situative Viererkette zu bilden.

Dieses Spielsystem wird nahezu nur von Spitzenteams mit hoher individueller Klasse genutzt, da eine extrem hohe Ballsicherheit und taktisches Gespür vorausgesetzt werden.

Hier spielen die individuellen Anforderungen eine große Rolle.

Vor allem Ballsicherheit wird großgeschrieben und ein überragendes taktisches Gespür.

Die Spieler in der Dreierkette müssen gleichermaßen zweikampfstark sein und über eine große spielerische Klasse verfügen, um entsprechende Situationen lösen zu können.

VORTEILE/NACHTEILE 1-3-4-3

Vorteile

- Extrem gute Tiefenstaffelung.
- Dadurch ergibt sich im Zusammenhang mit einem gut geschulten Positionsspiel eine hohe Variabilität im Spielaufbau.
- Günstig, wenn man Spieler hat, die stark im 1 gegen 1 sind.
- Spielstarke Teams können hier ihre Fähigkeiten gut umsetzen.
- Garantiert eine gute Umsetzung für ein Angriffspressing und ein Gegenpressing.
- Hohe Kompaktheit in der wichtigen „Red Zone".

Nachteile

- Die Dreierkette kann nicht die ganze Spielfeldbreite abdecken.
- Gegen Teams mit drei Spitzen muss umgestellt werden.
- Anfällig bei Kontern.
- Sehr hohe Anforderungen an die individuelle Klasse.
- Ein hohes taktisches Geschick ist erforderlich.

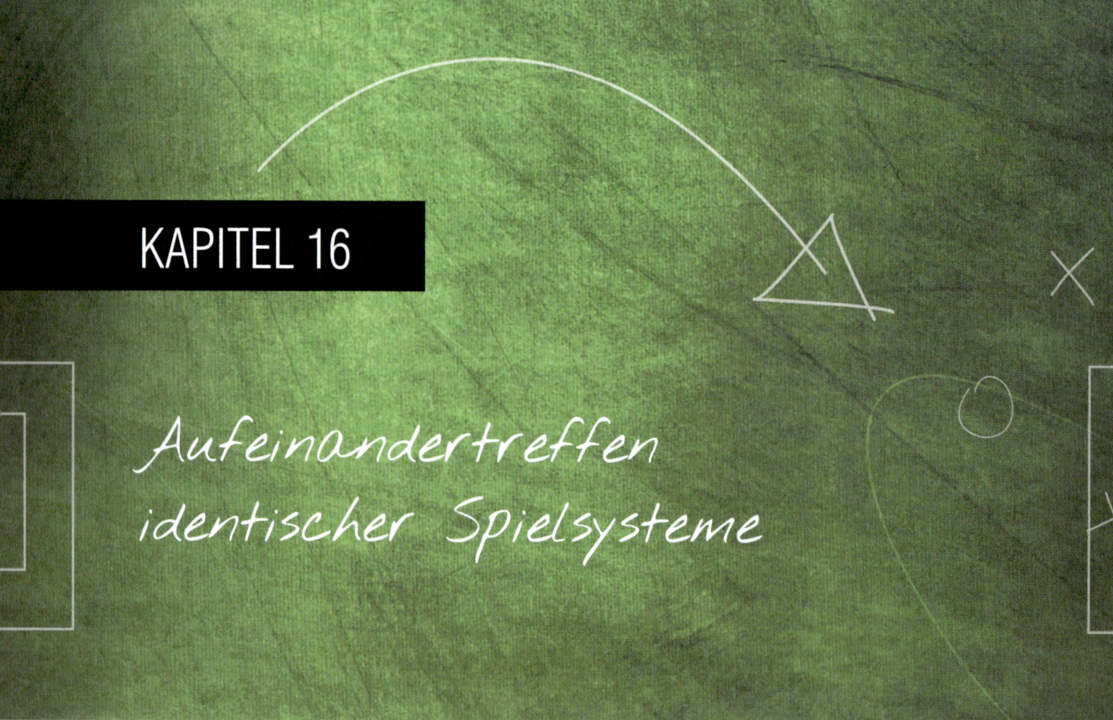

KAPITEL 16

Aufeinandertreffen identischer Spielsysteme

Treffen zwei identische Spielsysteme aufeinander, sind die Analysepunkte unabhängig davon, um welche Spielsysteme es sich handelt, nahezu identisch.

Neben der individuellen Klasse der einzelnen Spieler bedarf es immer, wenn zwei gleiche Systeme aufeinandertreffen, eines höheren Laufaufwandes, sowie eines besseren Timings sowie einer höheren Genauigkeit und Effizienz beim Verschieben gegen den Ball.

Ziel ist es auch hierbei, durch ein gutes Positionsspiel, numerisch, qualitativ oder positionell Überzahlsituationen zu bilden und in der Defensive mit einem ballorientierten Spiel und einem hohen läuferischen Einsatz, die Gleichzahlsituationen auf dem Feld in Überzahlsituationen umzuwandeln.

Um dies zu erreichen, muss man ständig versuchen, in Ballnähe zu verschieben und den Gegner zu doppeln oder sogar zu trippeln.

Eine weitere Möglichkeit besteht darin, auf ein anderes System umzustellen, durch das Vorteile entstehen und mögliche Schwachpunkte besser ausgeglichen werden können, weshalb es immer von Vorteil ist, wenn eine Mannschaft in der Lage ist, in verschiedenen Grundordnungen und Systemen zu spielen, um flexibel reagieren zu können.

Zudem spielen äußere Faktoren, wie beispielsweise der Heimspielfaktor oder die Platzierung der Mannschaften, eine wichtige Rolle.

16.1 ANALYSE BEIM AUFEINANDERTREFFEN IDENTISCHER SPIELSYSTEME

AM BEISPIEL:
1-4-4-2-LINIE GEGEN 1-4-4-2-LINIE

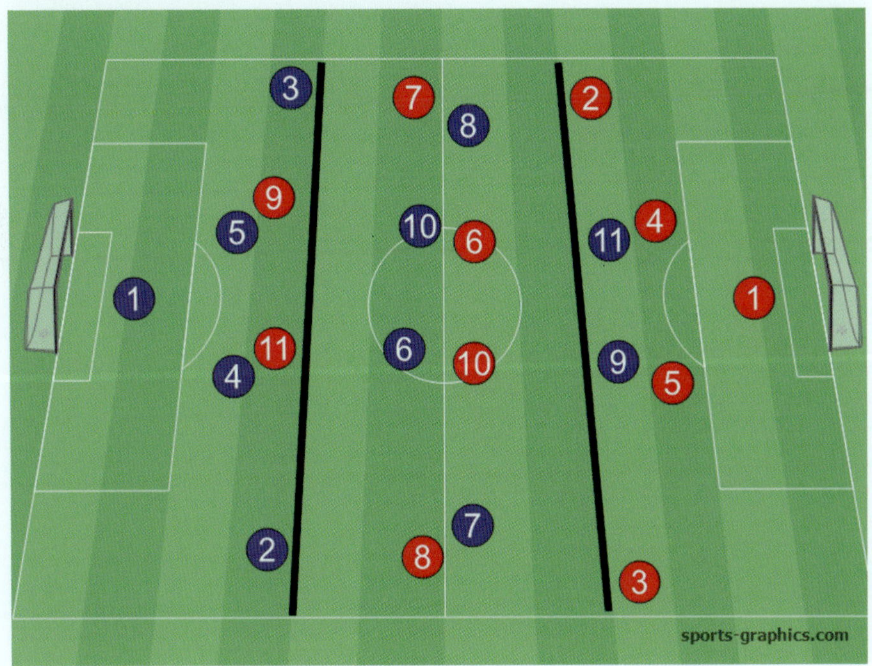

A) AUSGANGSSITUATION

Wie in der Grafik zu erkennen ist, ist Blau in der Abwehrzone mit einem Verhältnis von 4:2 in Überzahl.

In der Mittelfeldzone treffen vier blaue Spieler auf vier rote Spieler, wodurch sich eine Gleichzahlsituation ergibt.

In der Angriffszone treffen die beiden Angreifer von Blau auf vier Verteidiger von Rot.

Auf den Flügeln treffen die beiden Außenverteidiger auf die äußeren Mittelfeldspieler von Rot.

B) DEFENSIVE

Nun ist es wichtig, in der Defensive durch gute Verschiebebewegungen Überzahl in Ballnähe herzustellen, was anhand von zwei möglichen Spielsituationen genauer erläutert wird.

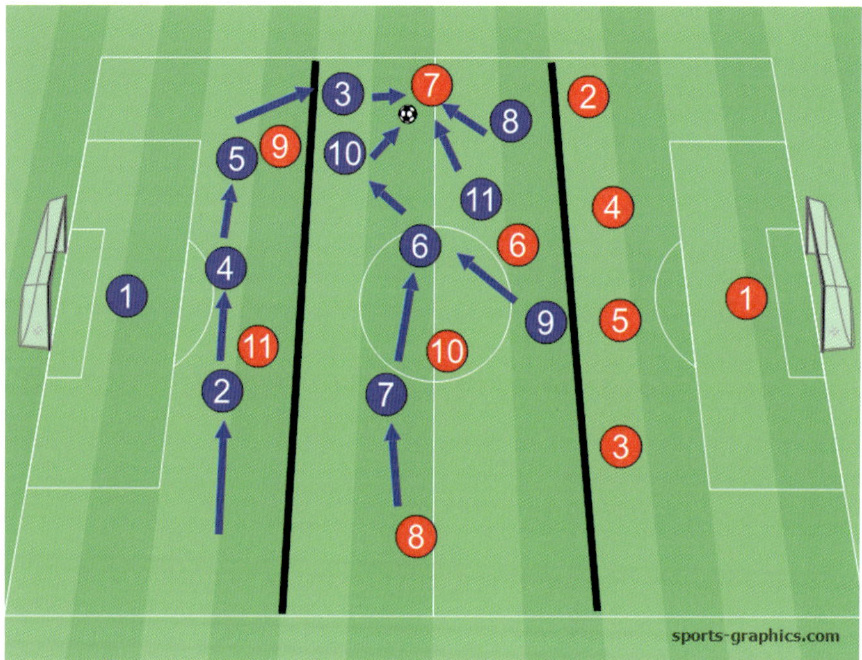

Situation 1: Ball am Flügel

Der rechte äußere Mittelfeldspieler von Rot wird nach einer Spielverlagerung angespielt.

Der linke Außenverteidiger tritt sofort nach vorne, um den Ballbesitzer zu stellen.

Im Idealfall schafft er es, dass der Spieler in Ballbesitz nach hinten abdrehen muss, wo er Druck vom äußeren Mittelfeldspieler bekommt, der versucht, zu doppeln und den Ball zu erobern.

Hierbei gilt der Grundsatz:

Der tornahe Spieler stellt den Angreifer, der torferne Spieler erobert den Ball.

Nummer 10 von Blau versucht zu drippeln, indem Druck von der Seite ausgeübt wird und stellt dabei gleichzeitig den Passweg von Spieler 9 von Mannschaft Rot zu.

Die Viererkette von Blau ist komplett durchgeschoben, wodurch die Überzahl gegen die beiden Angreifer von Rot nach wie vor gewährt ist.

Der rechte äußere Mittelfeldspieler von Blau rückt ein, die ballnahe Spitze von Blau kippt auf Nummer 6 von Rot ab, um einen Rückpass von 7 auf 6 zu unterbinden.

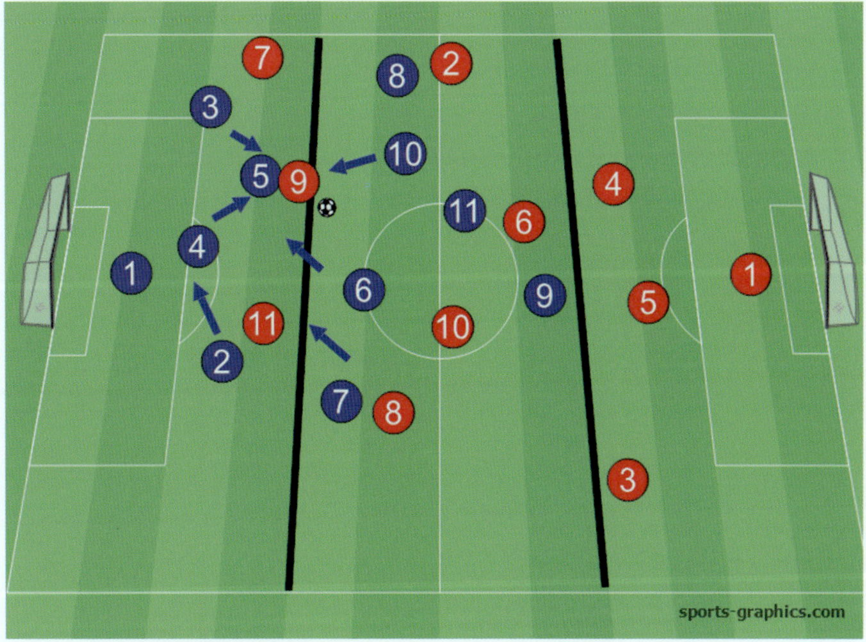

Situation 2: Ball im Zentrum

Der Angreifer mit der Nummer 9 von Rot wird im Zentrum durch einen Chipball angespielt.

Der ballnahe Innenverteidiger tritt heraus, um ihn zu stellen.

Außenverteidiger und der ballferne Innenverteidiger sichern sofort ab und bilden ein Abwehrdreieck, um Tiefenstaffelung zu garantieren.
Nummer 10 von Blau übt sofort Druck von vorne auf Nummer 9 aus und versucht, den Ball aktiv zu erobern.
Nummer 6 kommt unterstützend von der Seite hinzu.

C) OFFENSIVE

Hier versucht man, den Verschiebebewegungen des Gegners entgegenzuwirken.

Dies kann mit folgenden Mitteln erreicht werden:

- Schaffen von Raum durch Auffächern in Breite und Tiefe;
- erfolgreiches Lösen von 1-gegen-1-Situationen;
- schnelle Spielverlagerungen;
- Linien überspielen;
- Kombinationsspiel mit kurzen Ballkontaktzeiten;
- Chipbälle auf die Spitzen;
- Diagonalbälle in den Rücken der Viererkette.
- Auch in der Offensive Überzahlsituationen herstellen, was gleichzeitig bei einem möglichen Ballverlust einen Vorteil für das Gegenpressing bietet.

16.2 AUFEINANDERTREFFEN ZWEIER VERSCHIEDENER SPIELSYSTEME

AM BEISPIEL:
1-4-4-2-LINIE VS. 1-4-2-3-1

Treffen zwei verschiedene Spielsysteme aufeinander, ist es sehr wichtig, zu wissen, wo in der Offensive Freiräume beim Gegner entstehen können und wo es mögliche Freiräume für den Gegner im Defensivverhalten zu beheben gilt.

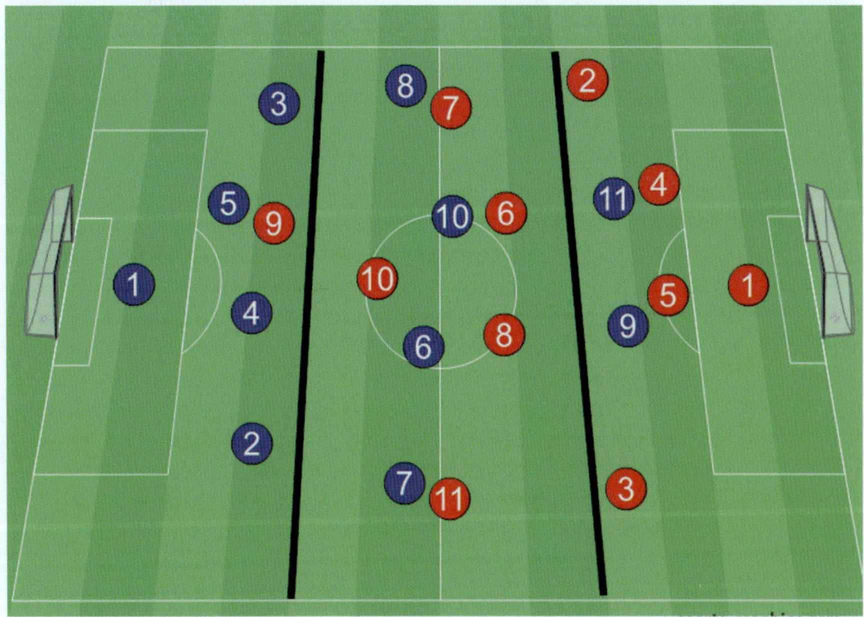

A) AUSGANGSSITUATION

In der Abwehrzone ist Team Blau mit einem starken Übergewicht von vier Abwehrspielern gegen einen Angreifer in der Überzahl.

Dadurch bedingt, ist man in der Mittelfeldzone mit einem Verhältnis von 4:5 in Unterzahl.

In der Angriffszone stehen den vier Abwehrspielern von Rot zwei Angreifer von Blau gegenüber.

B) DEFENSIVE

Hier stellt sich die Frage, wie die Unterzahl im Mittelfeld ausgeglichen werden kann, vor allem, wie mit der Nummer 10 des Gegners umgegangen wird, ist in der Defensive sehr entscheidend.

Wichtig wird es auch sein, dass die vier Mittelfeldspieler von Blau darauf achten, dass ihnen der Gegenspieler nicht im Rücken weggeht und so leicht Linien überspielt werden können, da im 1-4-2-3-1 eine Linie mehr zur Verfügung steht.

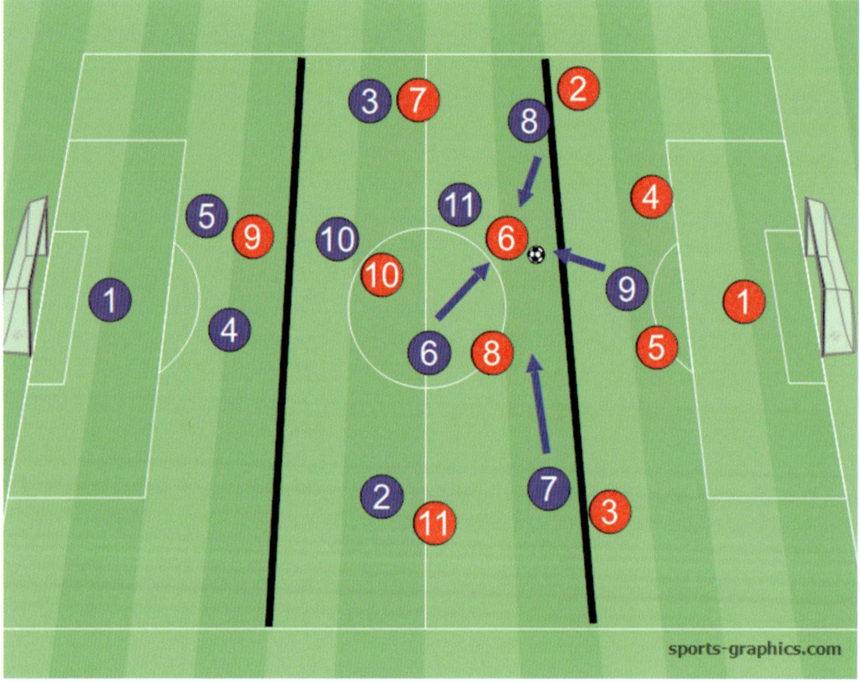

Lösung 1: Abkippende Spitze

Der ballnahe Angreifer Nummer 11 von Blau kippt nach hinten ab, um eine Überzahl in der Mittelfeldzone für den Gegner zu vermeiden.

Allerdings muss man sich im Klaren darüber sein, dass dies nur eine situative Lösung sein kann, da die beiden Spitzen diesen hohen Mehraufwand wohl nicht über 90 Minuten bestreiten können und ihnen außerdem die Kraft für Offensivaktionen fehlen würde.

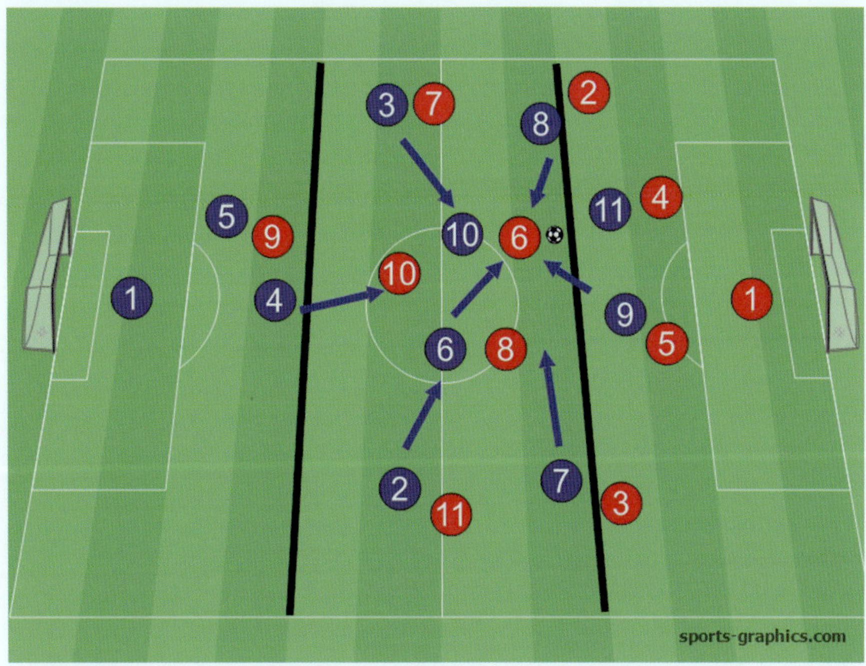

Lösung 2: Heraustretender Innenverteidiger

Wenn mutig agiert wird und verstärkt Druck auf den Gegner im 1-4-2-3-1 ausgeübt werden soll, schiebt man einen der beiden Innenverteidiger situativ auf Nummer 10 von Rot, wodurch der Gegner gepresst wird.

Vorsicht ist geboten, wenn der Gegner einen langen Ball andeutet.

In dieser Situation muss sich der Innenverteidiger sofort wieder fallen lassen, um mit seinen Nebenspielern ein Abwehrdreieck zu bilden.

C) OFFENSIVE

Gegen ein 1-4-2-3-1 tut sich oftmals ein freier Raum hinter den beiden äußeren Mittelfeldspielern auf, da diese häufig einen starken Offensivfokus haben.

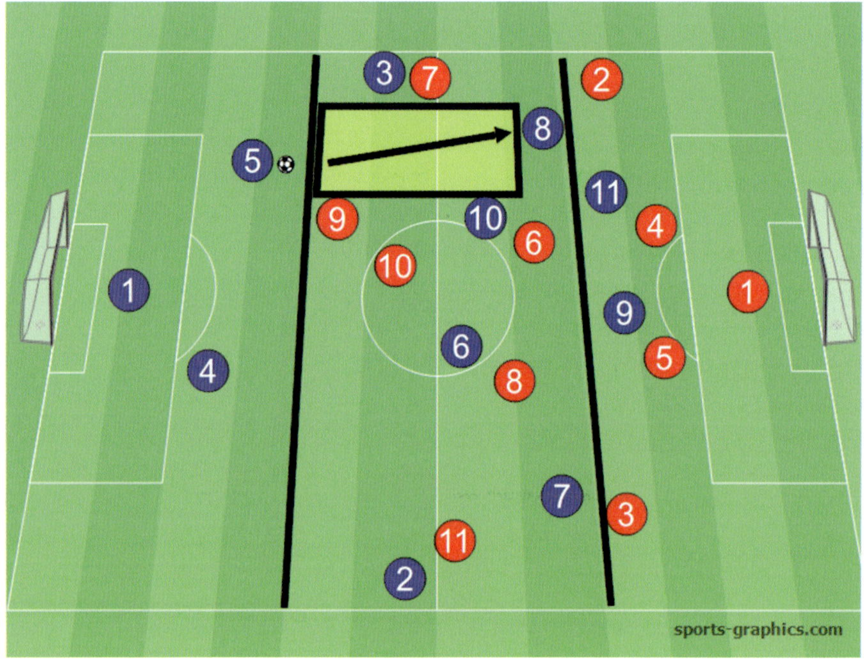

Wichtig ist, neben einem guten, weiträumigen Passspiel des Innenverteidigers, das geschickte taktische Verhalten des äußeren Mittelfeldspielers, der bei seinen Laufwegen flexibel agiert und die Bälle auch im Zentrum fordern und anlaufen muss.

Geht der ballnahe Außenverteidiger von Blau dann mit, entstehen oftmals gute Situationen, den Gegner am Flügel zu überlaufen.

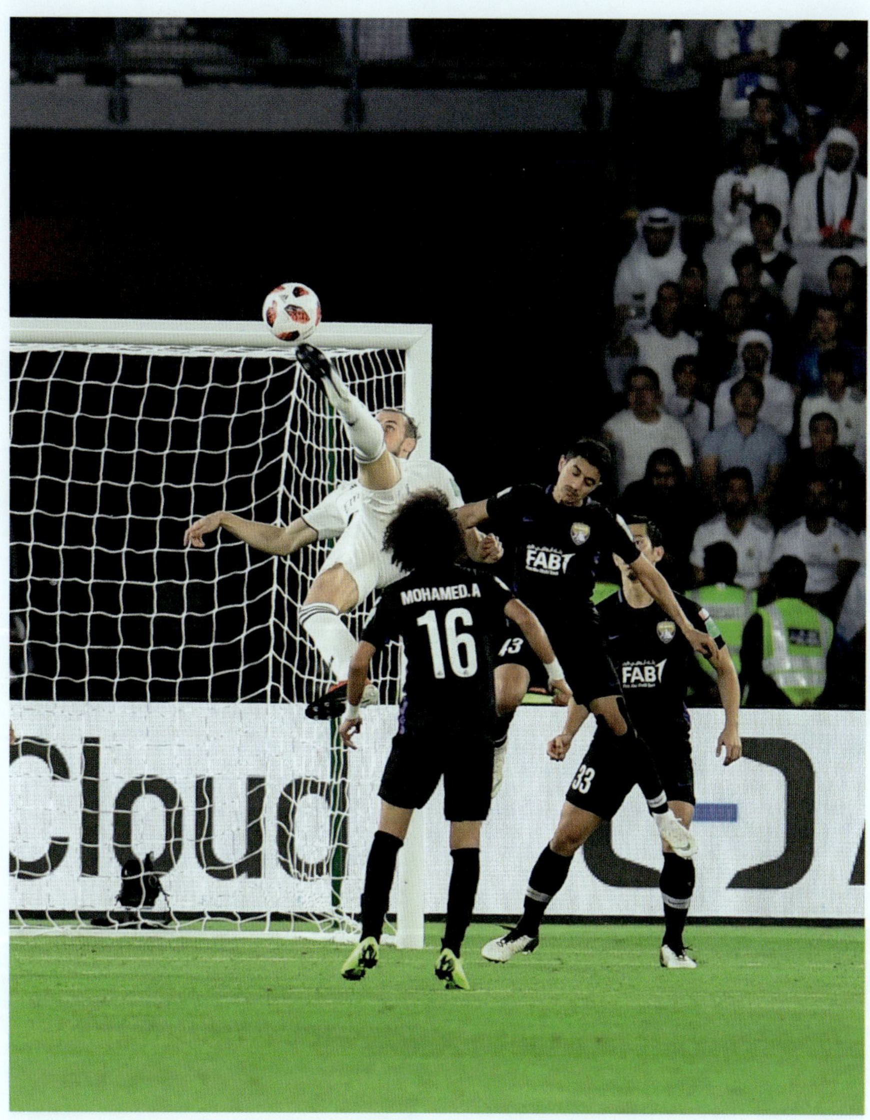
MOHAMED.A
16
FAB
FAB
33
43
Cloud

KAPITEL 17

Matchplan – perfekte Vorbereitung auf das nächste Spiel

„Helfen würde uns ein schnelles Tor und ein schneller Abpfiff und vielleicht können wir ja den Mannschaftsbus vor unserem Tor parken."

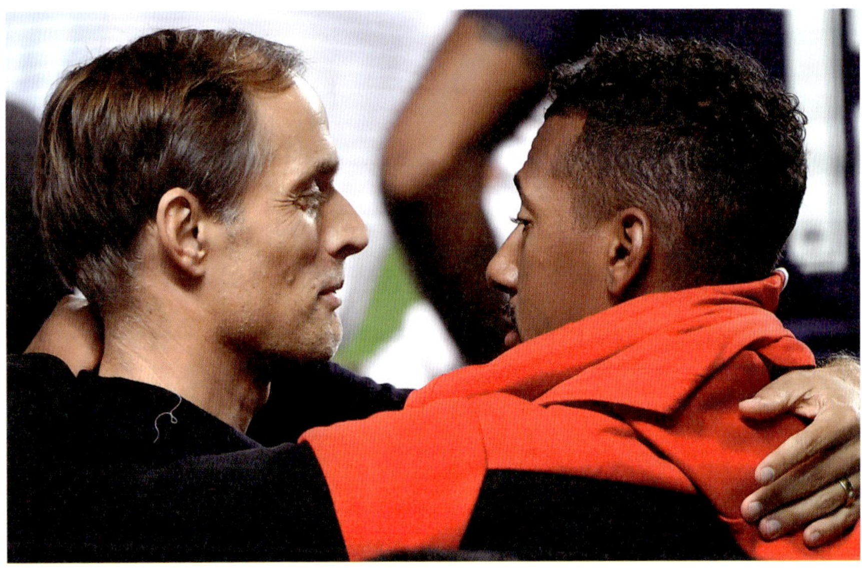

Champions-League-Sieger Thomas Tuchel zu seiner Zeit als Bundesligatrainer beim FSV Mainz 05

Von einer Weltstandsanalyse, den vier Phasen des Spiels, den Prinzipien des Zonenfußballs, über die Spielidee bis hin zu taktischen Überlegungen, sowie Grundordnungen und Spielsystemen und deren Gegenüberstellung sollte für jedes einzelne Spiel ein Matchplan entwickelt werden.

Durch die Erfolge von Ex-Bundesligatrainer Thomas Tuchel, die er oft auf einen Matchplan zurückführte, geriet der Begriff des *Matchplans* im deutschsprachigen Raum in die Schlagzeilen.

Ein *Matchplan* ist eine strategische Maßnahme im Fußball, mit der versucht wird:

- eine Mannschaft optimal auf das nächste Spiel vorzubereiten;
- Stärken und Schwächen des Gegners zu erkennen und zu nutzen;
- sowie auf taktische Veränderungen oder spezielle Spielsituationen optimal vorbereitet zu sein.

Allgemeine Prinzipien werden durch einen Matchplan bewusst auf den Gegner am jeweiligen Spieltag übertragen und den Bedürfnissen angepasst.

Das Ziel, das jeder Fußballtrainer unabhängig von der Liga hat, lautet, den Zufall so gering wie möglich zu halten.

Durch detaillierte Analysen des Gegners und der eigenen Mannschaft und die daraus resultierende taktische Umsetzung wird versucht, diesem Zufall entgegenzuwirken.

Neben einem fußballerischen Wissensschatz, einem optimalen Wissenstransfer, dem Coaching sowie guten kommunikativen Fähigkeiten ist es wichtig, dass jeder Trainer einen konkreten Plan im Kopf hat, damit das taktische Fachwissen zielgerichtet vermittelt werden kann.

Die Entwicklung eines Matchplans kann jeder Trainer individuell nach seinen Vorlieben für sich gestalten, auf den folgenden Seiten sind jedoch die wichtigsten Punkte detailliert aufgeführt.

17.1 INHALTE EINES MATCHPLANS

Folgende Faktoren müssen ein Trainer und sein Team in die Überlegungen für einen Matchplan einfließen lassen:

- **Strategische Ziele**
  - Was ist unser langfristiges Ziel?
    Wie z. B. die Erreichung eines bestimmten Tabellenplatzes.

- **Kurzfristige Ziele**
  - Was ist die Zielsetzung für das nächste Spiel?

- **Teamanalyse**
  - Welchen Platz belegt mein Team momentan?
  - Eigene Verfassung: Wie ist mein Team drauf?
  - Welche taktischen Maßnahmen müssen angewendet werden?

- **Gegneranalyse**
  - Stärken- und Schwächenprofil
  - Spielidee
  - Taktik
  - Spielsystem
  - Standardsituationen
  - Besonderheiten

- **Äußere Umstände**
  - Platzverhältnisse
  - Wie sind die Wetterverhältnisse?
  - Ort des Spiel: Heimspiel oder Auswärtsspiel?
  - Zeitpunkt: Um welche Tageszeit findet das Spiel statt?
  - Fans des Gegners
  - Schiedsrichter: Wer leitet die Partie?
  - Wie leitet der Schiedsrichter generell ein Spiel?

Bei der Erstellung eines Matchplans sollten die aufgeführten Punkte immer bis ins Detail analysiert werden.

Im Anschluss an diese Analyse erstellt der Trainerstab eine Strategie, wie das Spiel gewonnen werden kann und einen darauf aufbauenden Umsetzungsplan für die Trainingswoche.

Neben der Aufstellung sowie der taktischen Vorgehensweise beinhaltet ein guter Matchplan auch immer individuelle Analysen der Spieler, sowie das Verhalten bei Standardsituationen und mögliche Wechselabsichten bei unterschiedlichen Spielverläufen.

PLAN B: WENN-DANN-STRATEGIEN

Außerdem sollte ein Plan B erstellt werden, um im Falle eines unerwünschten Spielverlaufs gezielte Änderungen vornehmen zu können.

Im Amateurbereich sind Matchpläne natürlich wesentlich schwieriger zu erstellen, da man sich hier oftmals auf die Beobachtungen Dritter oder die eigenen Erkenntnisse aus den gesehenen Spielen verlassen muss.

Jedoch macht es auch hier absolut Sinn, die wichtigsten Punkte, wie die Spielidee, die taktische Ausrichtung, die Standardsituationen sowie die Schlüsselspieler des Gegners, zu kennen, um dementsprechende Gegenmaßnahmen einleiten zu können.

17.2 GEGNERANALYSE

Den wichtigsten Punkt in einem Matchplan stellt sicherlich die Analyse des Gegners dar.

Bei der Gegneranalyse müssen folgende Punkte durchleuchtet werden, um Ableitungen für einen Matchplan zu generieren:

- Was ist die Spielidee des Gegners?
- Wie ist das Verhalten in den vier Phasen des Spiels?
- Verhalten Defensivtaktik
- Verhalten Offensivtaktik
- Verhalten Individualtaktik
- Verhalten Gruppentaktik
- Verhalten Mannschaftstaktik
- Verhalten Spieltaktik
- Verhalten Standardsituationen

Es ist unbedingt notwendig, aus diesen Punkten der Gegneranalyse einen Matchplan für die Offensive und einen für die Defensive zu entwickeln.

Je nach Gegner kann es sein, dass der Fokus entweder mehr auf der Offensive oder mehr auf der Defensive liegt.

17.2.1 WAS IST DIE SPIELIDEE DES GEGNERS?

- Lange Bälle oder Kurzpassspiel?
- Kontertaktik oder Ballbesitzspiel?
- Junge Mannschaft, alte Mannschaft, Mix?
- Erfahren oder unerfahren?
- Kultureller Hintergrund/Vereinsidentität
- Aggressiv oder verhalten?
- Offensiv oder defensiv?
- Eigengewächse oder Fremdeinkäufe?

> Grundfrage:

Wie kann man der Spielidee des Gegners am besten entgegentreten?

17.2.2 ANALYSE DES INDIVIDUALTAKTISCHEN OFFENSIVVERHALTENS

Bei der Beobachtung des Gegners werden in der Individualtaktik einzelne Spieler des Gegners in ihrem Offensivverhalten analysiert.

Folgende Punkte müssen hierbei beachtet werden:

- **Stärken und Schwächen des Gegners im offensiven individualtaktischen Bereich.**
- **Gibt es herausragende Einzelspieler?**
- **Falls ja, wo haben diese ihre offensiven Stärken?**
- **Wie kann ich diesen Stärken entgegentreten?**
- **Welche meiner Spieler eignen sich, um diesem Spieler entgegenzutreten?**
- **Gibt es Besonderheiten, wendet der Gegenspieler beispielsweise einen speziellen Trick an?**

17.2.3 ANALYSE DES INDIVIDUALTAKTISCHEN DEFENSIVVERHALTENS

Unter diesem Punkt wird genau analysiert, wo der Gegner im Defensivbereich individuelle Schwächen hat, die genutzt werden können.

Folgende Punkte müssen hinterfragt werden:

- **Wo sind die individuellen Schwächen in der Defensive?**
- **Wo sind die individuellen Stärken?**
- **Gibt es einen speziell langsamen Gegenspieler?**
- **Welches ist die schwache Seite der Spieler beim Verteidigen?**
- **Wie sind die körperlichen und athletischen Voraussetzungen?**
- **Wie ist die mentale Verfassung des Gegenspielers?**

17.2.4 ANALYSE DES GRUPPENTAKTISCHEN OFFENSIVVERHALTENS

Bei der gruppentaktischen Analyse des Gegners in der Offensive müssen folgende Punkte beachtet werden:

- **Was sind die Stärken und Schwächen des Gegners im gruppentaktischen Angriffsverhalten in der Offensive?**
- **Welches gruppentaktische Verhalten nutzt der Gegner in der Offensive?**
- **Wie sieht das Flügelspiel des Gegners aus?**
- **Wie sieht das Verhalten beim Spiel durchs Zentrum aus?**
- **Wie führt der Gegner Spielverlagerungen durch?**
- **Gibt es spezielle Angriffsauslösungen?**

17.2.5 ANALYSE DES GRUPPENTAKTISCHEN DEFENSIVVERHALTENS

Mit welchen gruppentaktischen Mitteln kann ich dem Gegner in der Defensive Sorgen bereiten?

- **Wo sind die Stärken, wo sind die Schwachpunkte im gruppentaktischen Defensivverhalten des Gegners?**
- **Wie verschiebt der Gegner in den einzelnen Mannschaftsteilen?**
- **Welche der folgenden Möglichkeiten eignen sich gegen den kommenden Gegner:**
    - **Spiel über den Flügel;**
    - **Spiel durchs Zentrum;**
    - **Spiel über den Dritten;**
    - **Steil-Klatsch-Spiel;**
    - **schnelle Spielverlagerungen.**

17.2.6 ANALYSE DES MANNSCHAFTSTAKTISCHEN OFFENSIVVERHALTENS

Von sehr hoher Bedeutung bei der Betrachtung der Mannschaftstaktik ist die Grundordnung des Gegners und des gegnerischen Systems: Worin liegen die Stärken und Schwächen dieses Systems?

- **Aus welcher offensiven Grundordnung agiert der Gegner und wie interpretiert er dieses System bei Ballbesitz?**
- **Wo könnte es in unserem System Probleme gegen das System des Gegners geben?**
- **Wie können wir diese Probleme beheben?**
- **Muss eventuell auf ein anderes System zurückgegriffen werden?**
- **Kann der Gegner auf ein anderes System umstellen?**
- **Wie sieht das Umschaltverhalten des Gegners von offensiv auf defensiv aus?**
- **Ist der Gegner in der Lage, den Spielrhythmus selbstbestimmend zu wechseln?**

17.2.7 ANALYSE DES MANNSCHAFTSTAKTISCHEN DEFENSIVVERHALTENS

Bei der mannschaftstaktischen Gegneranalyse der Defensive spielen folgende Punkte eine wichtige Rolle:

- **In welcher Zone verteidigt der Gegner?**
- **Welche Defensivstrategien werden genutzt?**
- **Wird auf Abseits gespielt?**
- **Wie arbeiten die einzelnen Mannschaftsteile zusammen?**
- **Kann ich den Gegner mit einem Wechsel des Spielrhythmus aus dem Konzept bringen?**
- **Welches Spieltempo schlagen wir an?**
- **Wie schaltet der Gegner von Offensive auf Defensive um?**

17.3 GEGNERANALYSE DER STANDARDSITUATIONEN

Standardsituationen spielen im modernen Fußball eine extrem wichtige Rolle.

Auf internationalem Niveau fallen über 20 % aller Tore nach Standardsituationen, in vielen Topligen ist die Quote noch weitaus höher.

Standardsituationen stellen somit einen wichtigen Punkt bei der Gegneranalyse dar, weil Gegenmittel gegen Standardsituationen des Gegners gut zu trainieren sind und Überraschungen vermieden werden können, wenn ausgefallene Varianten des Gegners bekannt sind.

Durch den „ruhenden Ball" können Muster bei Offensivvarianten gut trainiert werden.

Folgende Standardsituationen gilt es, bei einem Matchplan aus defensiver und offensiver Sicht zu untersuchen:

- **Anspiel,**
- **Freistoß,**
- **Einwurf,**
- **Elfmeter und**
- **Eckball.**

17.3.1 ANSPIEL

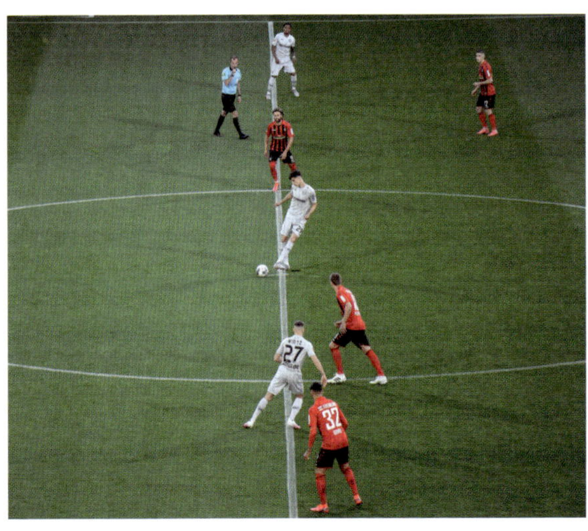

Zwei Mannschaften während des Anspiels

Ein Anspiel kann durch den Gegner zu Spielbeginn, nach der Halbzeit oder bei eigenem Torerfolg erfolgen.

Neben einstudierten Varianten ist das Anspiel auch aus psychologischer Sicht interessant.

So kann zum Beispiel eine Spieleröffnung in die Hälfte des Gegners bewusst zeigen, dass die eigene Mannschaft keine Angst hat.

A) GEGNERANALYSE DES ANSPIELS IN DER OFFENSIVE

Folgende Punkte müssen analysiert werden:

- **Gibt es einstudierte Muster beim Anspiel?**
- **Wie sehen diese Muster aus?**
- **Unterscheiden sich diese bei den verschiedenen Situationen des Anspiels?**

B) GEGNERANALYSE DES ANSPIELS IN DER DEFENSIVE

- **Kann ich den Gegner beim Anspiel überraschen?**
- **Spiele ich beim Anspiel aus psychologischen Gesichtspunkten bewusst nach vorne?**

17.3.2 FREISTOSS

Nicht wenige Spiele werden im Fußball durch Freistöße entschieden.

Sei es durch Spieler mit einer überragenden Schusstechnik, à la David Beckham oder Juninho, einstudierte Varianten, die den Gegner überraschen oder hohe Bälle, die durch überragende Kopfballspieler verwertet werden.

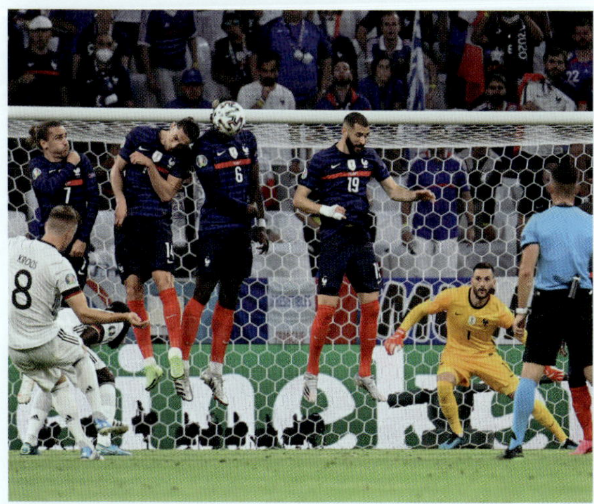

Toni Kroos beim Freistoß

Bei der Analyse von Freistößen ist es wichtig, zunächst das Verhalten bei Freistößen in Abhängigkeit zum Ort, an dem der Freistoß ausgeführt wird (beispielsweise Freistöße von der Seite oder bei verschiedenen Distanzen zum Tor) zu erkennen und dann für die eigene Defensive die Verhaltensweisen des Gegners zu erkennen und in der Offensive Schwachstellen im Defensivverhalten des Gegners auszumachen, um Chancen für die eigene Mannschaft daraus abzuleiten.

A) GEGNERANALYSE DER FREISTÖSSE IN DER OFFENSIVE

- **Wie werden Freistöße von der Seite gespielt?**
- **Wie aus zentraler Position?**
- **Wie führt der Gegner die Freistöße bei verschiedenen Distanzen zum Tor aus?**
- **Gibt es spezielle Freistoßvarianten des Gegners?**
- **Wer sind die Schützen?**
- **Wer läuft in den Ball?**
- **Gibt es einen herausragenden Direktschützen?**
- **Gibt es herausragende Kopfballspieler?**

B) GEGNERANALYSE DER FREISTÖSSE IN DER DEFENSIVE

- **Wo hat der Gegner Schwächen im Defensivverhalten bei Freistößen?**
- **Wie kann ich diese Schwachstellen nutzen?**
- **Hat der Torspieler eine schwache Seite?**
- **Wie ist die Strafraumbeherrschung des Torspielers?**
- **Kann ich bewusst einen starken Spieler des Gegners blocken?**
- **Wie stellt der Gegner die Mauer?**
- **Springt die Mauer bei Freistößen hoch?**
- **Verteidigt der Gegner Freistöße mit Manndeckung, Raumdeckung oder mit einer Mischform?**

17.3.3 ECKBALL

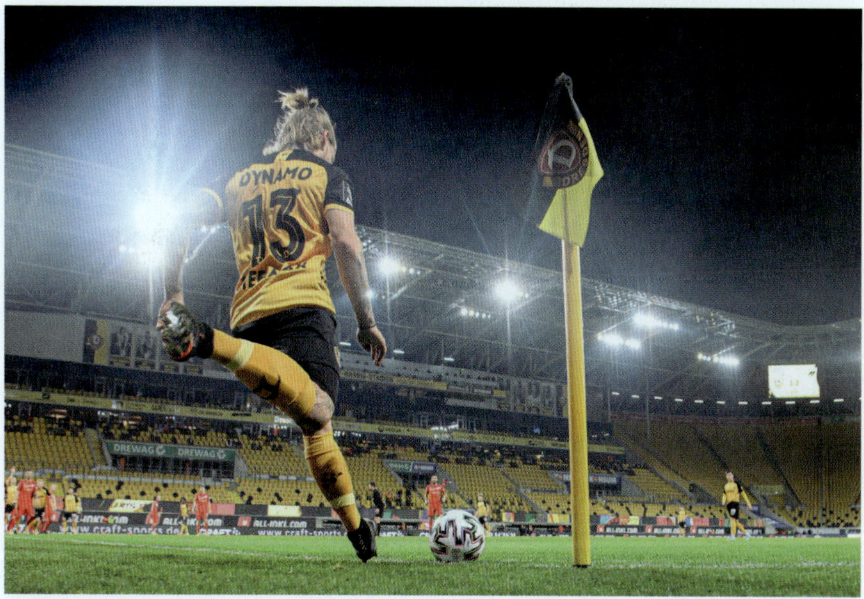

Spieler beim Eckball

Eckbälle sind schon immer im Fußball ein Erfolg versprechendes Mittel gewesen, um zu einem Torerfolg zu kommen und werden immer wichtiger aufgrund der hervorragenden Entwicklung von Defensivstrategien, die Tore aus dem Spiel heraus erschweren.

Der Schütze darf beim Eckball nämlich nicht attackiert werden und kann so nahezu ungestört den Ball in die Gefahrenzone spielen.

Dazu kommt, dass die Schusstechnik der Schützen immer besser wird, die Flugbahnen der Bälle werden immer schwerer zu berechnen und das Kopfballspiel hat sich, wie bereits erwähnt, enorm entwickelt.

In der Offensive sind viele verschiedene Varianten möglich. Gegen kopfballstarke Mannschaften werden Ecken oftmals kurz ausgeführt, so wie es der FC Barcelona häufig umsetzt.

Kopfballstarke Teams mit groß gewachsenen Spielern studieren spezielle Varianten ein, wie ihre Stärken im Luftkampf möglichst gut zur Geltung kommen. Eine Variante, die immer mehr zu sehen ist, wurde aus dem Basketball übernommen: Kopfballstarke Spieler werden bewusst von Mitspielern freigeblockt.

Generell hat sich im Fußball das ballorientierte Spiel eindeutig gegenüber der Raumdeckung durchgesetzt.

Im Defensivverhalten von Standardsituationen, besonders bei Eckbällen, hat sich eine interessante Thematik aufgetan.

Hier konnte bislang noch keine Ideallösung gefunden werden, weshalb einige Teams mit Manndeckung agieren, andere wiederum ballorientiert spielen und andere eine Mischung aus beiden Varianten nutzen.

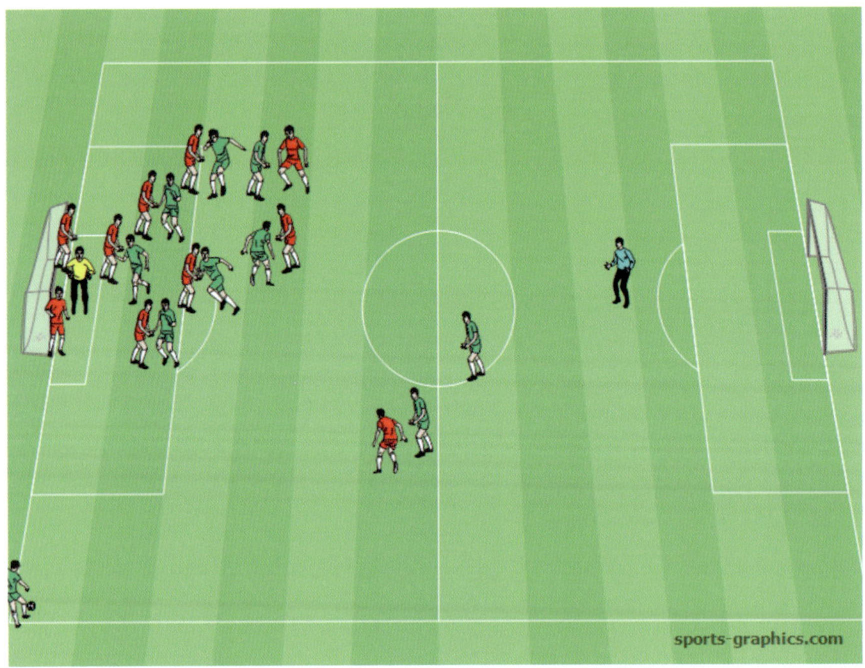

Manndeckung bei Eckbällen

Die Raumdeckung bei Eckbällen wird mit demselben Ziel wie das ballorientierte Spiel aus dem Spielfluss heraus eingesetzt, nämlich den Raum im Strafraum möglichst zu verengen und dort Überzahlsituationen herzustellen.

Mehrere Spieler gehen hier bei der Hereingabe des Eckballs gleichzeitig zum Ball, wobei der gewonnene Ball im Idealfall einen gefährlichen Konter auslöst.

Durch Raumdeckung wird versucht, zu verhindern, dass der Angreifer beim Anlauf zum Ball einen Vorteil erzielen kann.

Die kopfballstärksten Spieler können gegen den Ball aus den torgefährlichen Zonen agieren und die Gefahr sinkt, dass der Ball in den Rücken des Verteidigers gelangt.

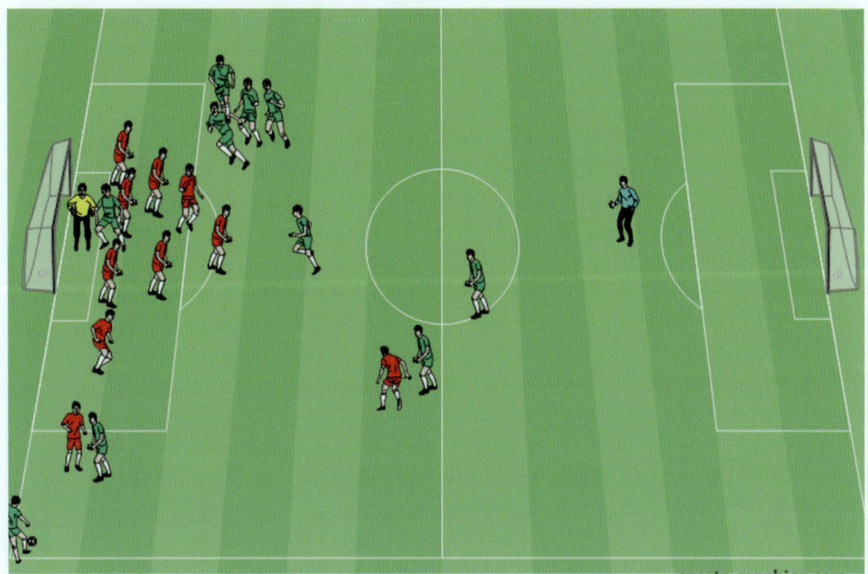

Raumdeckung bei Eckbällen, Musteraufstellung bei der Nutzung der Raumdeckung bei einem Eckball

BEWÄHRTER AUFBAU FÜR EINE RAUMDECKUNG BEI ECKBÄLLEN

- Die beiden Innenverteidiger stellen sich zentral auf die 5-m-Linie.
- Die Außenverteidiger stellen sich jeweils zwischen die Pfosten und die 5-m-Linie.
- Der ballnahe äußere Mittelfeldspieler postiert sich so, dass er bei kurz gespielten Ecken eingreifen kann.
- Auf der Höhe des Elfmeterpunkts befinden sich drei kopfballstarke Spieler, die ein Dreieck bilden.
- Ein weiterer Spieler befindet sich auf der 16-m-Linie, um Schüsse aus der zweiten Reihe zu blocken und einen Konter einzuleiten.
- Der Angreifer befindet sich am Mittelkreis und orientiert sich von dort ballnah.

A) VORTEILE DER RAUMDECKUNG BEI ECKBÄLLEN

- Verengung der Räume.
- Besetzung der torgefährlichen Bereiche mit kopfballstarken Spielern.
- Überzahl in Ballnähe.
- Man kann so unabhängig von der Kopfballstärke des Gegners verteidigen, da die kopfballstärksten Spieler immer in den torgefährlichsten Räumen sind.
- Die Wahrscheinlichkeit, dass ein Ball unterlaufen wird, sinkt.
- Die Wahrscheinlichkeit eines Elfmeters nimmt ab, da das Reißen, Drücken und Ziehen deutlich abnimmt.

B) NACHTEILE DER RAUMDECKUNG BEI ECKBÄLLEN

- Oftmals agieren Spieler nicht gegen den Ball und bleiben in ihrer Zone stehen.
- Kopfballstarke Spieler treffen in weniger gefährlichen Bereichen gegen kopfballschwache Spieler und versuchen, von dort den zweiten Ball in die gefährliche Zone zentral vor das Tor zu bringen.
- Die Torlinie ist nicht mehr besetzt, um eine Überzahl in den torgefährlichen Räumen zu gewährleisten, weshalb es wichtig ist, dass die Spieler die Duelle gewinnen.
- Viele kopfballstarke Angreifer spielen lieber gegen eine reine Raumdeckung als gegen eine Manndeckung, da sie sich nicht auf den Anlauf und einen Gegenspieler konzentrieren müssen, sondern lediglich auf den Ball, wodurch sie mit noch mehr Tempo in die Bälle starten können.

C) GEGNERANALYSE DES ECKBALLS IN DER OFFENSIVE

- **Wie agiert der Gegner?**
- **Welche Varianten hat der Gegner?**
- **Wie sehen diese Varianten aus?**
- **Gibt es kopfballstarke Spieler?**
- **Gibt es starke Schützen?**
- **Schießt der Schütze mit Schnitt zum Tor oder vom Tor weg?**

D) GEGNERANALYSE DES ECKBALLS IN DER DEFENSIVE

- **Wie verteidigt der Gegner Eckbälle?**
- **Raumdeckung, Manndeckung oder Mix?**
- **Wie viele Spieler sind an den Torpfosten?**
- **Wo ist der Gegner anfällig, wo ist er gut?**
- **Ist es möglich, Eckbälle kurz auszuführen?**
- **Wie ist die Strafraumbeherrschung des Torspielers?**

17.3.4 EINWURF

Die Verbesserung des Verhaltens beim Einwurf birgt beim Fußball noch viel Potenzial und wird allgemein stark unterschätzt.

Bei einem Spiel in der deutschen Fußball-Bundesliga wird ein Einwurf im Schnitt über 50 x ausgeführt und kommt damit häufiger als alle 2 min vor.

Problematisch ist, dass der Einwerfer mit der Außenlinie im Rücken in seinen Spielfortsetzungsmöglichkeiten eingeschränkt ist, da ihm statt eines 360°-Winkels lediglich ein 180°-Winkel zur Spielfortsetzung zur Verfügung steht.

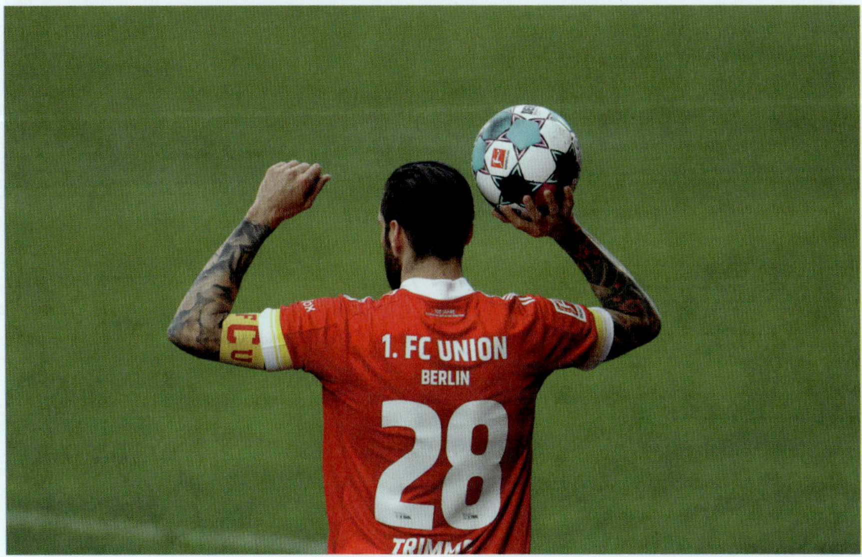

Der Einwurf als wichtiges taktisches Mittel

A) EINWURF FÜR DEN GEGNER

Ein Einwurf des Gegners bietet die ideale Möglichkeit für ein situatives Pressing, da durch die Spielunterbrechung und durch ein ballorientiertes Verschieben in die Zone des Einwurfs sehr gut Überzahlsituationen erzeugt werden können, um die Räume zu verengen und damit Druck auf den Gegner auszuüben.

Kurz ausgeführte Einwürfe können unterbunden werden, indem der entgegenkommende Spieler in ein „Sandwich" eingebettet wird.

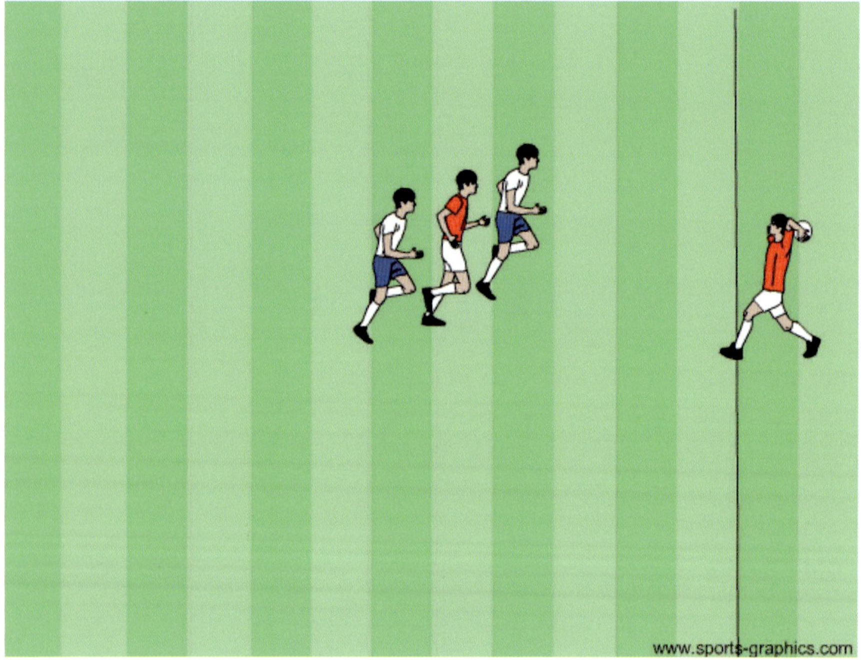

Verhindern eines kurzen Einwurfs durch die Bildung eines „Sandwichs"

B) EINWURF FÜR DIE EIGENE MANNSCHAFT

Grundsätzlich sollte man bei einem eigenen Einwurf daran interessiert sein, das Spiel so schnell wie möglich fortzusetzen, damit der Gegner keine Zeit hat, die Räume zuzustellen.

Kann dies nicht verhindert werden, ist es wichtig, zunächst eine Überzahl in Ballnähe herzustellen.

Es bedarf nun eines abgestimmten Freilaufverhaltens der Spieler.

Grundsätzlich kann die Situation durch eine schnelle Spielverlagerung oder durch das Öffnen von Räumen genutzt werden, indem ein Spieler in Ballnähe einen Raum öffnet und der ballferne Spieler in den freigewordenen Raum stößt.

Wichtig ist es, dass der ballfordernde Spieler dem Einwerfer nicht zu nah entgegenkommt, da der Ball dann oftmals nur aus einer kurzen Distanz mit Druck zurückgespielt werden kann und der Einwerfer umgehend unter Druck gerät.

Oftmals wird auch vergessen, dass es beim Einwurf kein Abseits gibt, man kann also in einer Abseitsstellung per Einwurf angeworfen werden.

Kann keine schnelle Spielfortsetzung durch den Einwerfer stattfinden und man wurde vom Gegner zugestellt, bedarf es nun eines abgestimmten Freilaufverhaltens der Spieler mit verschiedenen Varianten, um einen Aktionsvorsprung zu erzielen und nicht ausrechenbar zu sein.

Hierfür reichen in der Regel drei verschiedene Varianten aus. Ziel ist es hierbei, einen Handlungsvorsprung zu haben, weshalb der Einwerfer die Variante ansagt. Bei jeder Variante sagt der Einwerfer den Buchstaben des Spielers, der den Ball erhalten soll, zum Namen der Variante.

Wichtig: Der Ball wird dabei immer flach in den Fuß geworfen. Absolutes „No-Go" ist ein halbhoher Einwurf auf einen Spieler mit direktem Gegenspieler im Rücken, der noch viel zu nah auf den Einwerfer zuläuft und keine andere Option hat, als den Ball zum Einwerfer zurückzuspielen, was oftmals in einem Pressschlag endet.

Nachfolgend drei von Marcelo Bielsa inspirierte und aus der Praxis bewährte Varianten beim Einwurf in der Offensive:

VARIANTE 1 „POSITIONSWECHSEL"

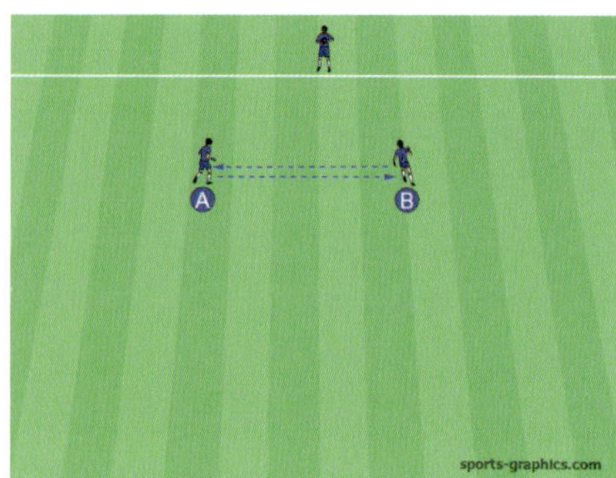

VARIANTE 2 „SPLIT"

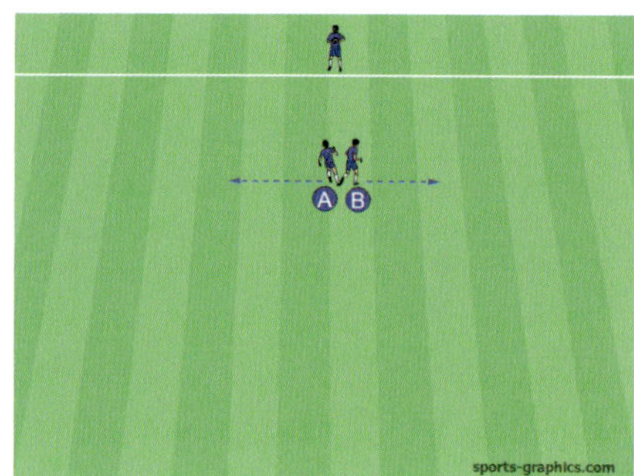

VARIANTE 3 „3. MANN"

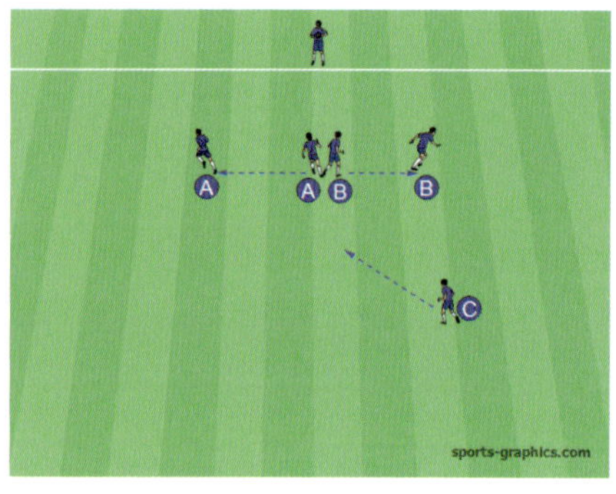

Sollten auch diese drei Varianten in Ausnahmesituationen nicht möglich sein, bleibt immer noch die Option, den Ball die Linie entlang zu werfen, wo ein Spieler zur Verlängerung bereitsteht oder versucht, sich in den Gegenspieler einzugraben und den Ball zu halten oder einen Freistoß rauszuholen.

Ein großer Trend sind zudem weite Einwürfe in den 16-m-Raum, durch die eine hohe Torgefahr entsteht, da Einwürfe eine bessere Konversationsrate als Eckbälle haben!

Island konnte bei der EM 2016 gleich zwei Tore nach einem weiten Einwurf erzielen!

Studien haben herausgefunden, um den Ball möglichst weit zu werfen, ist ein relativ flacher Abwurfwinkel von 30°-45° ideal. Dabei entsteht die größtmögliche Geschwindigkeit, was wiederum der Weite zugutekommt.

Durch ein geschicktes Positionieren kopfballstarker Spieler und eine gute Strategie beim Rebound können diese weiten Einwürfe dann richtig gefährlich werden.

Hier eine bewährte Grundaufstellung bei weiten Einwürfen in 16-m-Nähe, aus der eine Vielzahl an Varianten entwickelt werden kann:

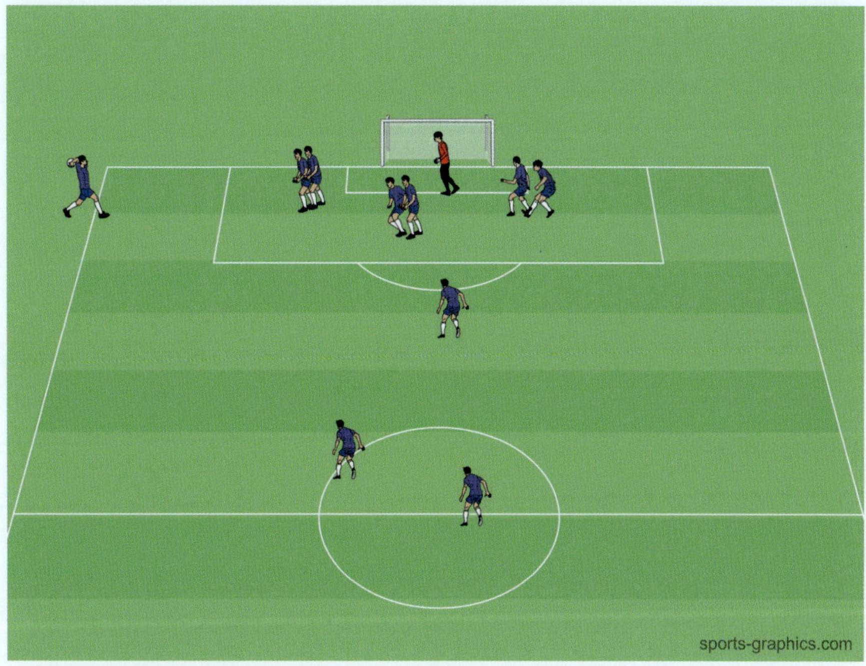

C) GEGNERANALYSE DES EINWURFS IN DER OFFENSIVE

- Hat der Gegner ein Konzept bei Einwürfen?
- Falls ja, unterscheiden sich diese nach dem Ort des Einwurfs?
- Führt der Gegner die Einwürfe schnell oder langsam aus?
- Welcher Spieler führt den Einwurf aus?
- Hat der Gegner einen Spieler, der speziell weit einwerfen kann?

D) GEGNERANALYSE DES EINWURFS IN DER DEFENSIVE

- Stellt der Gegner beim Einwurf schnell zu?
- Ist eventuell ein Einwurf bis zur Tornähe möglich?
- Welche Varianten sind geeignet?
- Lässt sich der Gegner eventuell tief fallen, sodass der Einwurf nach hinten ausgeführt werden kann?

17.3.5 ELFMETER

Viele wichtige Spiele werden durch einen Elfmeter oder ein Elfmeterschießen entschieden.

Glück und Pech liegen oftmals nahe beieinander.

Oder vielleicht auch nicht ...

Rein statistisch beträgt die Wahrscheinlichkeit 75 %, dass der Schütze den Elfmeter verwandelt.

Um den Elfmeter ranken sich viele Mythen, die mittlerweile durch zahlreiche Studien widerlegt wurden.

So gibt es beispielsweise keinerlei Anhaltspunkte, dass der Gefoulte nicht schießen sollte.

Auch die Aussage, dass der Spieler den Elfmeter schießen soll, der sich am besten fühlt, kann gar nicht stimmen, denn woher weiß man, wie sich die anderen Spieler eigentlich fühlen?

Im Bereich der Torspieler ist zu beobachten, dass diese immer besser auf die Schützen durch Analysen der gegnerischen Schützen reagieren können. Prominentestes Beispiel war Jens Lehmann bei der WM 2006, als er kurz vor dem Elfmeterschießen gegen Argentinien einen Zettel mit den wichtigsten Infos zu den Schützen entgegennahm.

Einige Torspieler versuchen, den Schützen duch wilde Auf- und Abbewegungen der Arme aus dem Konzept zu bringen.

Beim spanischen Nationaltorspieler Pepe Reina war zu beobachten, dass dieser seinen Oberkörper kurz vor dem Schuss nach vorne fallen ließ, um so den Winkel für den Schützen zu verkleinern.

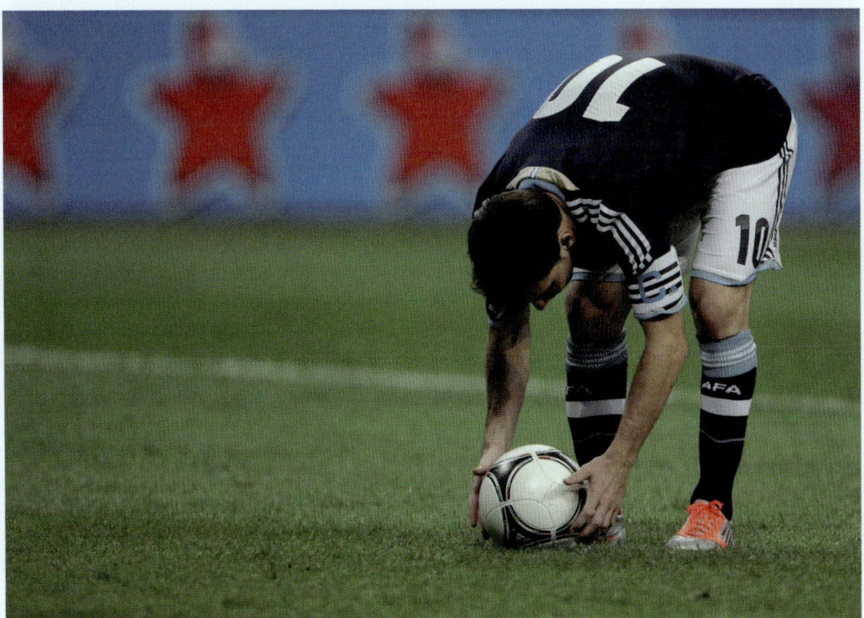

Messi legt sich den Ball beim Elfmeter zurecht.

Folgende Punkte helfen dem Schützen bei der erfolgreichen Ausführung eines Elfmeters:

- Visualisieren: Auf dem Weg zum Elfmeter sich bereits vorstellen, wie man den Ball verwertet.
- Alle störenden Faktoren ausblenden und sich nur auf den Elfmeter konzentrieren.
- Dann unauffällig den Zielpunkt anvisieren und den Torspieler komplett ignorieren.
- Zu empfehlen ist ein kurzer Anlauf von vier bis zu sechs Schritten.
- Das Ziel nicht mehr ändern und direkt nach dem Pfiff des Schiedsrichters den Elfmeter ausführen.
- Statistisch gesehen, sollte der Schuss mit Zug und hoch in eine der beiden Ecken geschossen werden.
- Vorteil ist, zu wissen, wo die schwache Seite des Torspielers ist. Statistisch ist diese bei den meisten links, da es prozentual deutlich weniger Linkshänder gibt.
- Ein Schuss mit der Innenseite ist zu bevorzugen, da die größere Trefferfläche für mehr Sicherheit und Genauigkeit sorgt.

- Den Torwart zu täuschen, wie es beispielsweise Andrea Pirlo mit einem Chip in die Tormitte bei der EM 2012 getan hat, ist ebenfalls eine beliebte Variante, doch hierfür sind extrem starke Nerven und ein hohes Können die Grundvoraussetzung.

Wichtig zu wissen ist übrigens, dass beim Elfmeter die Abseitsregel Bestand hat, weshalb sich die eigenen Spieler nicht näher als der letzte Verteidiger des Gegners an der 16-m-Linie positionieren sollten, um Abpraller auch verwerten zu können.

Und wie bei allem hilft auch hier: Übung macht den Meister!

A) GEGNERANALYSE DES ELFMETERS IN DER OFFENSIVE

- Wer schießt die Elfmeter?
- Wohin schießt er?
- Wie schießt er?
- Hat der Schütze eventuell einen Elfmeter im letzten Spiel verschossen?
- Hat der Schütze ein Ritual? Wenn ja, kann ich dieses Ritual durchbrechen?

B) GEGNERANALYSE DES ELFMETERS IN DER DEFENSIVE

- Wer sind meine potenziellen Schützen?
- Wer ist in guter Verfassung?
- Je nach Spielstand eventuell den Schützen wechseln, um beispielsweise einem Spieler Sicherheit zu geben.
- Besonderheiten beim gegnerischen Torspieler.
- Schwache Seite des Torspielers.

17.4 PLAN B: WENN-DANN-STRATEGIEN

Jeder Trainer muss sich auf ungeplante Veränderungen positiver oder negativer Natur einstellen und einen Plan B parat haben, damit er sofort umstellen kann, ohne die Mannschaft zu verunsichern.

Wenn-dann-Strategien sollten unbedingt im Voraus mit der Mannschaft besprochen und geübt werden.

Nachstehend die wichtigsten Szenarien, die eintreten können:

- **verletzte Spieler,**
- **Platzverweise,**
- **erschöpftes Wechselkontingent,**
- **Änderung der Grundordnung,**
- **Umstellung des Spielsystems,**
- **Rückstand,**
- **Führung über die Zeit bringen,**
- **Trainer wird vom Feld verwiesen,**
- **kein zweiter Torspieler steht zur Verfügung,**
- **Elfmeterschießen.**

17.4.1 PLAN B: UNTERZAHL-/ÜBERZAHLSITUATIONEN

„Nach dem Platzverweis des Gegners haben wir schlechter als vorher Fußball gespielt und wir haben es nicht geschafft, den Gegner in Unterzahl unter Druck zu setzen!“

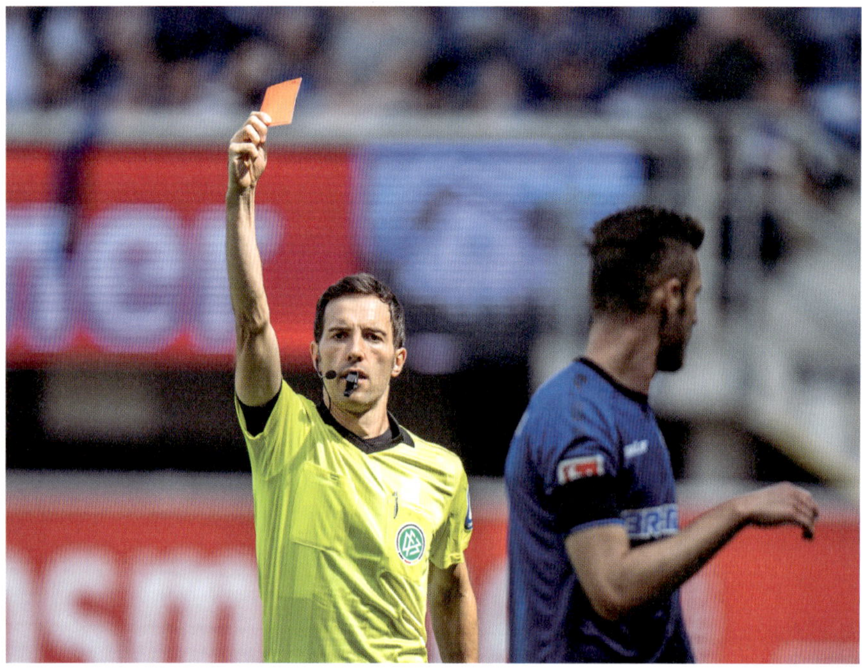

Eine wichtige Form von Wenn-dann-Strategien sind Unterzahl- bzw. Überzahlsituationen.

Häufig kommt es vor, dass Trainer durch Platzverweise gezwungen sind, auf Unter- beziehungsweise Überzahlsituationen zu reagieren.

Natürlich ist auch dieser Punkt in einem guten Matchplan zu berücksichtigen.

Wichtig ist es in erster Linie, die Ruhe zu bewahren und keine überstürzten Entscheidungen zu treffen.

Außerdem ist natürlich der Spielstand, die Stärke des Gegners und die eigene Fähigkeit, 1-gegen-1-Situationen erfolgreich zu lösen, von Bedeutung.

SITUATION 1: EIGENE MANNSCHAFT IN ÜBERZAHL

Für die Mannschaft, die einen Spieler mehr hat, ist es nun noch wichtiger, das Spielfeld in Breite und Tiefe möglichst weit aufzufächern.

Außerdem müssen die Spitzen immer wieder in den Rücken der Kette ins Abseits gehen und natürlich, situativ bedingt, auch wieder rechtzeitig aus der Abseitsposition herausrücken, um den Gegner so in die eigene Hälfte zu drücken.

Zusätzlich sorgt dieses Verhalten der Spitzen für Verwirrung in der Abwehrkette des Gegners.

Nun ergibt sich Platz für die eigene Viererkette, die versucht, Druck durch die beiden Außenverteidiger aufzubauen, die aus diesem Grund weit hochgeschoben werden.

Durch diese Maßnahmen wird die Viererkette des Gegners zwangsläufig weit in die eigene Hälfte gedrängt.

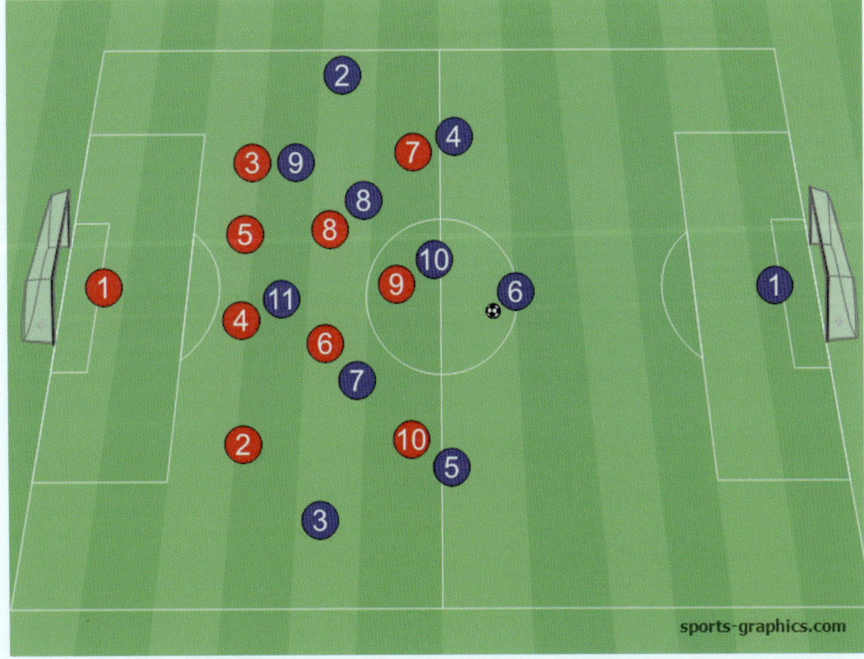

Rote Mannschaft in Unterzahl

Nun ist es wichtig, im Spielaufbau ein höheres Tempo mit kurzen Ballkontaktzeiten anzuschlagen und Stationen und Linien zu überspielen, wodurch der Gegner stark unter Druck gesetzt werden kann.

Irgendwann werden sich zwangsläufig Lücken auftun, die dann eiskalt genutzt werden müssen.

Man versucht immer wieder, über die hochstehenden Außenverteidiger über die Flügel durchzubrechen, um so zum Torabschluss zu kommen.

Das Spiel über die Flügel ist dem Spiel durch die Mitte vorzuziehen, da die verteidigende Mannschaft dort versucht, in der Überzahl zu bleiben und das Zentrum zu sichern.

SITUATION 2: EIGENE MANNSCHAFT IN UNTERZAHL

Wie verhalte ich mich, wenn meine Mannschaft einen Spieler verliert?

Das kann entweder durch einen Platzverweis passieren, durch eine zu geringe Anzahl an Einwechselspielern, aber auch, wenn das Auswechselkontingent erschöpft ist.

Es stellt sich als Erstes die Frage, auf welcher Position der Spieler eingesetzt wurde und wie der aktuelle Spielstand ist.

Vor allem ein Rückstand stellt eine Mannschaft vor eine größere Herausforderung, da man jetzt nur noch mit einem Angreifer Druck auf den Gegner ausüben kann.

Würde man nämlich mit mehreren Angreifern gleichzeitig Druck ausüben, so würden sich in der Defensive zu große Löcher auftun.

Eine Möglichkeit wäre es, eine Auswechslung vorzunehmen, um zum Beispiel einen frischen und läuferisch guten Spieler zu bringen, oder um ein System zu ändern.

Generell zu empfehlen ist in dieser Situation, nur noch mit einer Spitze zu agieren und sich tiefer fallen zu lassen, wodurch sich im Defensivverhalten zunächst keine gravierenden Veränderungen ergeben.

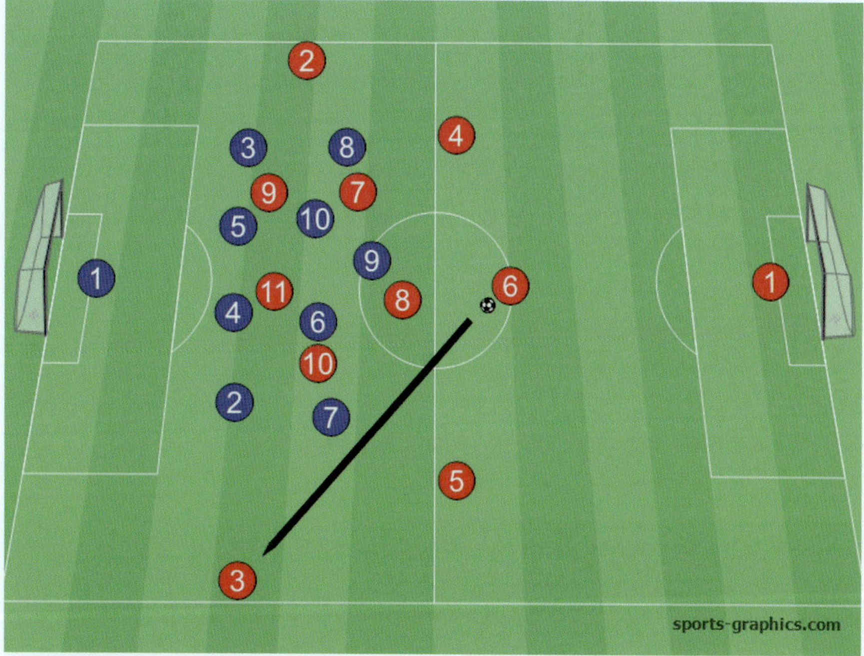

Rote Mannschaft in Überzahl

Man hat nach wie vor die gleiche Anzahl von Spielern in der eigenen Hälfte wie vor dem Verlust des Spielers.

Wenn der Gegner nicht durch eine Systemumstellung oder eine Auswechslung reagiert, ändert sich im Defensivverhalten, bis auf dass man im Normalfall tiefer agieren muss, nichts Gravierendes.

Wichtigster Punkt ist, dass die einzige Spitze keinen Druck mehr auf die Viererkette des Gegners ausübt, sondern Anschluss an den Defensivverbund hält.

Generell festzuhalten ist, dass Unterzahl-/Überzahlsituationen auf jeden Fall immer wieder auch im Training geübt werden sollten, um für den Ernstfall am Spieltag gerüstet zu sein.

17.4.2 ZWEI BEISPIELE FÜR „WENN-DANN-STRATEGIEN“ AM ENDE DES SPIELS

Alle Mannschaften, die im modernen Fußball Erfolg haben, nehmen ihr Glück selbst in die Hand und agieren proaktiv, weshalb jeder Trainer gerade in den spielentscheidenden Schlussminuten, in denen statistisch gesehen sehr viele Tore fallen, mit „Wenn-dann-Strategien" seinen Spielern gezielte Muster als Hilfestellung vorgeben sollte.

Beispiel 1: Eine Mannschaft führt mit einem knappen Vorsprung gegen Ende des Spiels und der Gegner übt einen hohen Druck aus.

Lösungsmuster: Tief stehendes Tannenbaum-System im 1-4-3-2-1, mit dem eine extrem hohe Kompaktheit und eine gute Staffelung bei lang gespielten Bällen des Gegners erreicht wird.

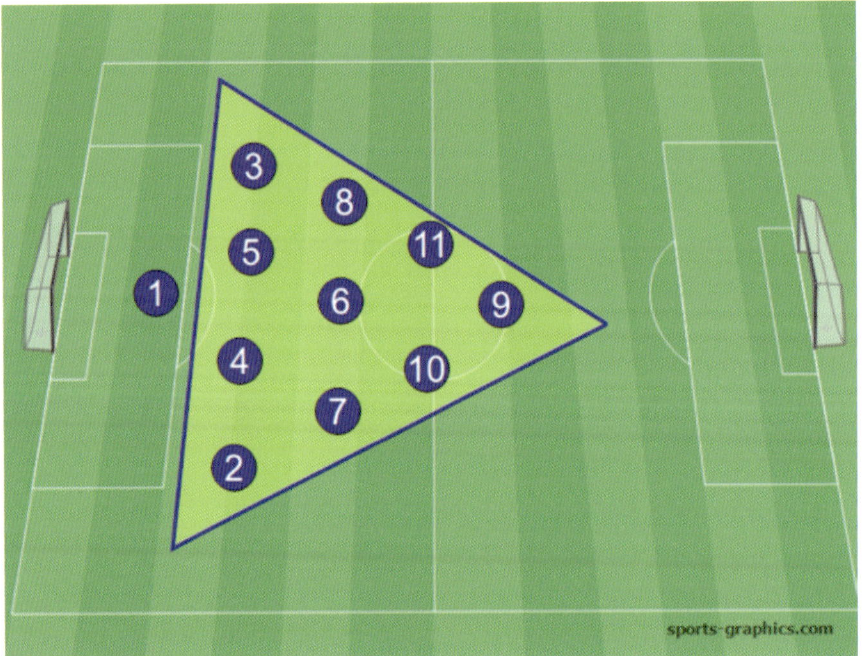

Beispiel 2: Eine Mannschaft muss in den Schlussminuten unbedingt ein Tor erzielen.

Lösungsmuster: „Harakiri-System" im 1-2-3-2-3, um die Chance auf den zweiten Ball zu erhöhen und den Gegner in die eigene Hälfte zu zwingen.

Wichtig: Trotz aller Offensivbemühungen eine Restsicherung bei Kontern mit 4/5 und 6 aufbauen.

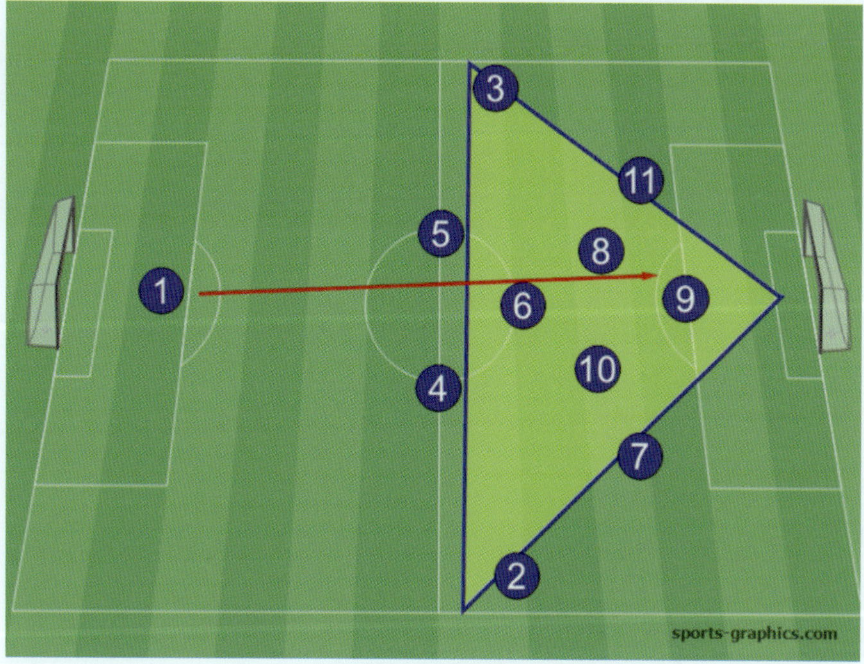

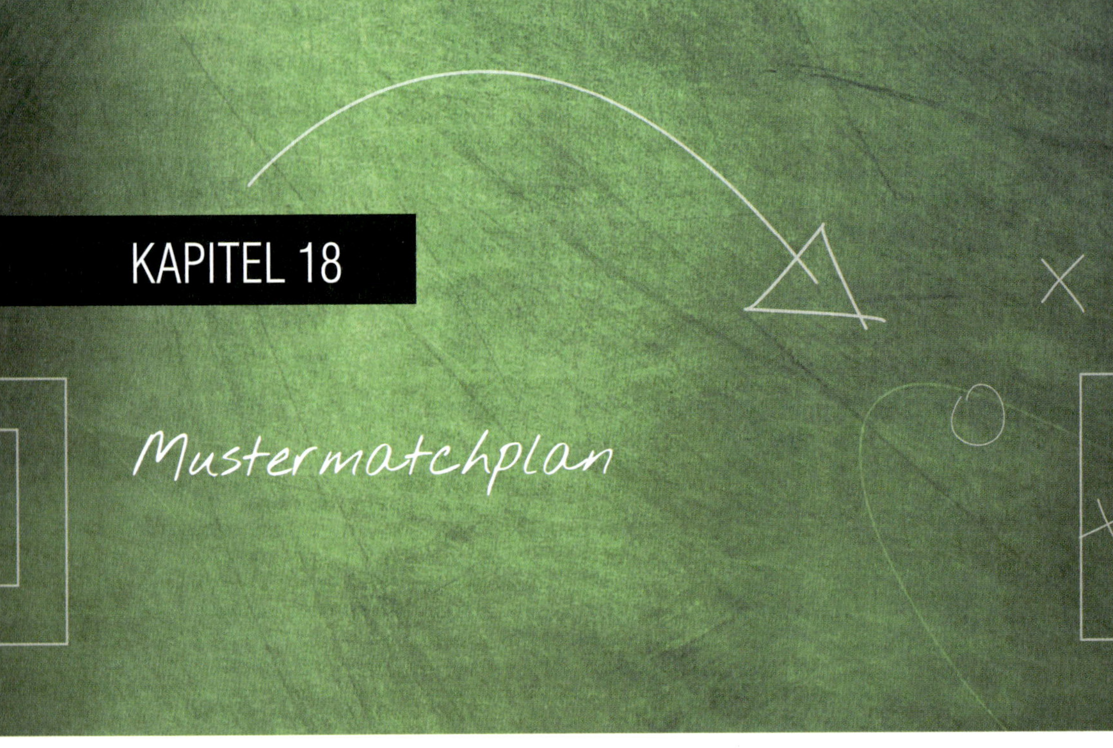

„For me, the analysis of the opponent is very important, because I play against the opponent and I define the training in relation to that." – José Mourinho

Auf den nachfolgenden Seiten wird nun ein Mustermatchplan praxisnah ausgearbeitet.

Hierfür stellen wir ein Szenario nach.

Ausgangssituation

Unsere Mannschaft aus dem höheren Amateurbereich mit vielen jungen, hungrigen Spielern bestreitet ein wichtiges Spiel im Halbfinale des Verbandspokals, bei dessen Sieg die lukrative Teilnahme am DFB-Pokal winkt.

Der Gegner ist eine spielerisch starke Mannschaft mit vielen technisch und individuell starken Spielern, die eine Liga höher spielt.

Die gegnerische Mannschaft steht im gesicherten Mittelfeld und hat das letzte Saisonspiel souverän gewonnen.

Nach der Beobachtung dieses Spiels und anhand zahlreicher Informationen von Trainerkollegen und aus dem Internet hat der Trainerstab Stärken und Schwächen ausgearbeitet und diese in einem Matchplan umgesetzt.

18.1 ALLGEMEINE PUNKTE

- **Strategische Ziele**

Der Gewinn des Verbandspokals und die damit zusammenhängende, lukrative Qualifikation für den DFB-Pokal wurde vor der Saison als einheitliches Ziel ausgegeben.

- **Kurzfristige Ziele**

Sieg und damit das Einziehen in die nächste Runde.

- **Teamanalyse**

Unsere Mannschaft ist nach einem holprigen Saisonstart in einer optimalen körperlichen Verfassung und zeigt einen klaren Aufwärtstrend.

Das letzte Punktspiel gegen einen starken Gegner, der ähnlich wie der kommende Gegner agierte, wurde souverän gewonnen, was für eine positive Stimmung sorgt.

Die Intensität und die Teilnahme an den Trainingseinheiten ist sehr hoch.

Es gibt keine verletzten oder gesperrten Spieler.

- **Analyse der äußeren Umstände**

Das Spiel findet am Samstag um 15 Uhr auswärts beim Gegner auf einem großen, topgepflegten Platz statt.

Der Gegner konnte den Großteil der Punkte zu Hause gewinnen und hat zahlreiche Zuschauer, die die heimischen Spieler unterstützen werden.

Der Wetterbericht bringt weit über 30 Grad Celsius, weshalb die Flüssigkeitsaufnahme wichtig sein wird.

Die Partie wird von einem erfahrenen Schiedsrichtergespann geleitet.

Ein eigener Fanbus kommt zur Unterstützung.

- **Allgemein**

Die Gegneranalyse hat ergeben, dass der Gegner Probleme mit aggressiv agierenden Mannschaften hat, die permanent Druck auf den Gegner ausüben und früh pressen. Zieht man sich zu weit zurück und lässt den Gegner spielen, wird es schwierig.

18.2 WIE VERHÄLT SICH DER GEGNER IN DEN VIER PHASEN DES SPIELS?

ANALYSE DER PHASE 1: EIGENER BALLBESITZ/GEGNER IST ORGANISIERT

- Der Gegner agiert mit einem einstudierten Mittelfeldpressing, von dem situativ in ein Angriffspressing übergegangen wird.

> **Lösung:** Aufzeigen von Lösungsmöglichkeiten gegen diese Pressingstrategien. Neben einem „Antipressingball" ist oftmals ist auch eine diagonale Spielverlagerung gegen die Verschiebebewegung Erfolg versprechend, da auch die ballfernen Spieler bei einem Angriffspressing weit ins Zentrum einrücken.

- In der Offensive agieren wir in der Rautenformation, hier wird es wichtig sein, Druck auf den Gegner auszuüben.

> **Lösung:** Die äußeren Spieler schieben in der Raute weit hoch, wodurch die Viererkette des Gegners komplett gebunden ist. Nun wird sich der Sechser des Gegners fallen lassen müssen, um die Gleichzahl auszugleichen, was Freiräume im Mittelfeld gibt.

- Wird der Ball zudem schnell verlagert, tun sich auch immer wieder Freiräume auf den Flügeln auf, wo Überzahlsituationen entstehen.

ANALYSE DER PHASE 2: GEGNER IN BALLBESITZ/EIGENE MANNSCHAFT IST UNORGANISIERT

- Erobert der Gegner den Ball, versucht er, durch einstudierte Verhaltensweisen schnellstmöglich zum Torabschluss zu gelangen.
- Die äußeren Spieler schalten sich sofort in das Angriffsspiel mit ein und fächern breit auf und warten auf den Ball in die Tiefe, um schnell in Richtung Tor zu ziehen.

> **Lösung:** Wichtig wird ein extrem gutes Umschaltverhalten in der Defensive sein und dass immer einer der beiden zentralen Mittelfeldspieler konsequent die Position hält, um die Viererkette zu schützen und möglichst nicht in eine Kontersituation zu geraten.

> Zusätzlich wird es wichtig sein, wann immer es die Situation erlaubt, in ein Gegenpressing zu gehen, um eine schnelle Spielfortsetzung zu unterbinden.

ANALYSE DER PHASE 3:
GEGNER IN BALLBESITZ/EIGENE MANNSCHAFT IST ORGANISIERT

- Spielt der Gegner gegen eine organisierte Mannschaft, versucht er, in der Offensive durch einen schnellen Kombinationsfußball entweder die Außenbahnen ins Spiel zu bringen, die starke Fähigkeiten im 1 gegen 1 haben oder Linien des Gegners zu überspielen.

> **Lösung:** Es muss permanent Druck auf den ballführenden Spieler ausgeübt werden. Wir werden deshalb auf den Gegner möglichst hoch in der eigenen Hälfte mit einem Mittelfeldpressing, das situativ in ein Angriffspressing übergeht, Druck ausüben und versuchen, ein hohes Tempo anzuschlagen.

Außerdem versuchen wir, Überzahlsituationen durch ein extrem gutes Verschieben zu schaffen, wodurch ein ständiges Doppeln am Flügel möglich ist.

Des weiteren muss durch eine permanente Dreieckbildung eine gute Tiefenstaffelung gewährleistet werden, damit Linien nicht überspielt werden können.

- Oftmals versuchen sich die beiden spielerisch guten Außenverteidiger beim Gegner einzuschalten, woraufhin die beiden Flügelspieler sich in Richtung Zentrum orientieren, um den Platz auf der Außenbahn zu öffnen.

> **Lösung:** Rechtzeitiges Übergeben des äußeren Mittelfeldspielers und Zustellen des Außenverteidigers.

- Der Abstoß wird, wann immer es möglich ist, kurz ausgeführt, um die Stärken im Kombinationsfußball zu nutzen.

> **Lösung:** Konsequentes Zustellen beim Abstoß, um den Gegner so zu langen Bällen zu zwingen, wo wir überlegen sind.

ANALYSE DER PHASE 4: EIGENER BALLBESITZ/GEGNER IST UNORGANISIERT

- Das defensive Umschaltverhalten ist einer der Schwachpunkte.
- > **Lösung:** Offensives Umschaltverhalten trainieren und Konteraktionen im Training nachstellen.
- Gerade auf den Flügeln schalten die beiden äußeren Spitzen in der Defensive nicht konsequent genug um.
- > **Lösung:** Bei Ballgewinn den ersten Ball in die freien Räume auf die Flügel spielen.
- Immer wenn es möglich ist, versucht der Gegner, den Ball im Gegenpressing schnell zurückzuerobern.
- > **Lösung:** Ständige Überzahl in Ballnähe und eine schnelle Spielverlagerung gegen die Verschiebebewegung auf den Flügel spielen.

18.3 TAKTISCHE ANALYSE

A) 1-4-4-2 VS. 1-4-3-3

Ausgangssituation

Ein Gegner, der im 1-4-3-3 agiert, hat immer starke Offensivspieler, verfügt über hohe individuelle Klasse auf den Flügeln und wird versuchen, den Ball durch ein frühes Pressing zu erobern.

Stellt man die beiden Grundordnungen gegenüber und nimmt das Modell des Zonenfußballs zu Hilfe, ist Folgendes zu erkennen:

- Die eigene Viererkette ist mit 4 gegen 3 in der Überzahl.
- Unser Mittelfeld ist im Zentrum mit 2 gegen 3 in der Unterzahl.
- Auf den Außenbahnen herrschen Gleichzahlsituationen.
- Die beiden Stürmer stehen zwei Innenverteidigern gegenüber.

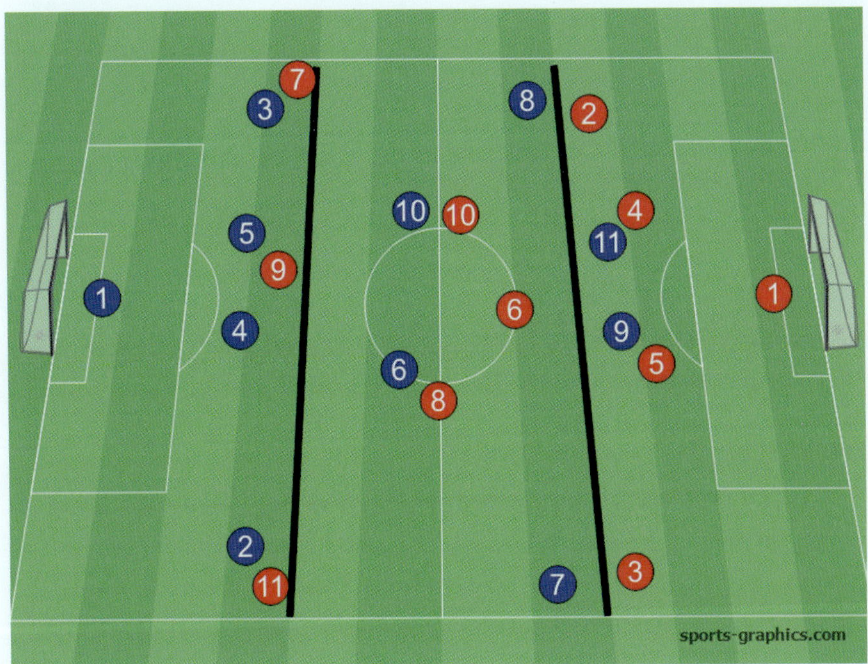

B) TAKTISCHE ANALYSE IN DER DEFENSIVE

Mögliche Probleme

- **Individuell starke Gegenspieler auf den Flügeln**

> **Lösung:** Durch ein optimales Verschieben und Zusammenspiel der beiden Außenbahnspieler werden Überzahlsituationen am Flügel hergestellt.

- **Unterzahl im Mittelfeldzentrum**

> **Lösung 1:** In der vorderen Zone müssen die beiden Spitzen im Zentrum abkippen und sich um den Sechser des Gegners kümmern.

> **Lösung 2:** In der Mittelfeldzone schiebt der ballnahe äußere Mittelfeldspieler ins Zentrum.

> **Lösung 3:** Grundsätzlich so tief stehen, dass durch ein Anspiel auf den gegnerischen Sechser nie die vorderste Verteidigungslinie überspielt wird.

- **Problem:** Linien können durch tiefe, vertikale Anspiele überbrückt werden

> **Lösung:** Das Mittelfeld muss gut darauf achten, dass sich der Gegner nicht in den Rücken löst. Außerdem ist eine sehr gute Dreieckbildung und Absicherung bei jedem tiefen Anspiel nötig.

Abwehr, Mittelfeld und Angriff sollten in der Defensive nicht hintereinander in einer Linie stehen, sondern im Idealfall so versetzt, dass die Schnittstellen abgedeckt sind.

- **Problem: Frühes Pressing** des Gegners
- > **Lösung:** Bei einem extremen Pressing wird ein Chipball auf die beiden Stürmer gespielt oder ein Diagonalball auf den äußeren Mittelfeldspieler gegen die Verschiebebewegung des Gegners.

C) TAKTISCHE ANALYSE IN DER OFFENSIVE

Mögliche Chancen

- Nur fünf Feldspieler des Gegners denken defensiv. Arbeiten die Halbpositionen im Mittelfeld nicht genügend mit, entstehen zwangsläufig Unterzahlsituationen.
- > **Chance:** Schnelles Umschalten in die Offensive.
- Generell ist der Gegner bei einem Ballverlust in der Vorwärtsbewegung im Mittelfeld fast immer kurze Zeit in Unterzahl.
- > **Chance:** Schnelle, vertikale Pässe in die Tiefe, um die Unterzahlsituation schnell auszunutzen.
- Die offensiven Flügelspieler des Gegners arbeiten oftmals nur ungenügend in der Defensive mit.
- > **Chance:** Durch eine schnelle Spielverlagerung auf die eigenen Flügel die äußeren Mittelfeldspieler freispielen.
- Wechsel in der Offensive von 1-4-4-2-Linie auf ein 1-4-4-2 in der Raute.
- > **Chance:** Vorteile der Raute nutzen. Durch die beiden Spitzen und die drei offensiven Mittelfeldspieler hat man fünf Spieler in der Offensive, die großen Druck auf den gegnerischen Abwehrverband ausüben können.
- **Wichtig:** Das reibungslose Umstellen von der Linienformation in der Defensive auf die Rautenformation in der Offensive und ein extrem gutes Umschaltverhalten in beide Richtungen wird u. a. der Schlüssel sein.

18.4 GEGNERANALYSE DER STANDARDSITUATIONEN

A) GEGNERANALYSE DES ANSPIELS IN DER DEFENSIVE

- Der Gegner versucht, sofort mit dem Anspiel Druck auf den Ball auszuüben.

> **Lösung:** Weiter Diagonalball in den Rücken gegen die Verschiebebewegung, was gleichzeitig signalisiert, dass wir auch auswärts als unterklassige Mannschaft mutig agieren werden.

B) GEGNERANALYSE DES ANSPIELS IN DER OFFENSIVE

- Der Gegner versucht, direkt mit dem ersten Ball diagonal die Flügel ins Spiel zu bringen.

> **Lösung:** Rechtzeitige Tiefenstaffelung und Doppeln am Flügel.

- Nach Gegentoren ist oftmals eine schlechte Körpersprache beim Anspiel zu beobachten.

> **Lösung:** Bei einem möglichen Torerfolg gleich wieder auf den Ball stoßen.

C) GEGNERANALYSE FREISTOSS IN DER DEFENSIVE

- Der Gegner verteidigt in der Defensive in der Raumdeckung und hat Schwächen bei hohen Bällen.

> **Lösung:** Scharfe, hohe Bälle in die freien Räume der Raumdeckung, wobei unsere Spieler mit abgestimmtem Laufverhalten und Tempo in diese freien Räume gehen werden.

- Auffällig ist, dass der Gegner bei Freistößen von der Seite oftmals nur einen Spieler in die Mauer stellt, selbst wenn zwei Spieler vom Gegner in Ballnähe sind.

> **Lösung:** Freistöße situativ auch kurz ausführen, um die Überzahlsituation auszuspielen.

D) GEGNERANALYSE FREISTOSS IN DER OFFENSIVE

- Der Gegner hat gute Schützen und führt nahezu alle Bälle bei indirekten Freistößen kurz aus.

> **Lösung:** Überzahl in Ballnähe bei Freistößen und Freistöße in Tornähe generell vermeiden.

- Spezielle, überraschende Varianten waren nicht zu erkennen.

E) GEGNERANALYSE ECKBALL IN DER DEFENSIVE

- Der Gegner verteidigt auch hier in Raumdeckung.

> **Lösung:** Hohe, scharfe Bälle in die Räume, in die unsere kopfballstarken Spieler starten.

F) GEGNERANALYSE ECKBALL IN DER OFFENSIVE

- Der Gegner versucht, alle Ecken kurz auszuführen.

> **Lösung:** Überzahl in Ballnähe herstellen, damit sofort Druck ausgeübt werden kann.

G) GEGNERANALYSE EINWURF IN DER DEFENSIVE

- Der Gegner führt bei Einwürfen ein konsequentes, situatives Pressing durch und versucht, sofort die Räume zuzustellen.

> **Lösung:** Deshalb wird es wichtig sein, den Ball möglichst im Spiel zu behalten und ansonsten den Einwurf schnellstmöglich auszuführen.

- Auf Höhe des 16-m-Raums versuchen beide Außenverteidiger, die weit einwerfen können, auf die beiden kopfballstarken Spitzen zu werfen, die den Ball auf den zweiten Pfosten verlängern, auf den dann zwei schnelle Spieler stoßen.

H) GEGNERANALYSE EINWURF IN DER OFFENSIVE

- Der Gegner versucht, den Einwurf schnell auszuführen und wirft die Spieler immer in den Fuß an.

> **Lösung:** Zustellen der Räume und den Gegner in Ballbesitz nicht in Torrichtung aufdrehen lassen.

I) GEGNERANALYSE ELFMETER IN DER DEFENSIVE

Der Gegner hat viele erfahrene Elfmeterschützen in seinen Reihen.

Jedoch konnte durch mehrfache Beobachtungen festgestellt werden, dass diese immer dieselben Muster verfolgen, die festgehalten worden sind.

> **Lösung:** Der Torspielertrainer geht auf diese Muster ein und stellt die Schützen im Training nach.

J) GEGNERANALYSE ELFMETER IN DER OFFENSIVE

Der gegnerische Torwart ist auf seiner rechten Seite deutlich stärker und bleibt beim Elfmeter sehr lange auf der Linie stehen.

> **Lösung:** Alle Schützen, die nicht improvisieren, üben den Elfmeter in die vom Schützen aus gesehen linke Ecke.

18.5 PLAN B

Da es im Pokal zur Verlängerung und zum Elfmeterschießen kommen kann, wurden diese Szenarien natürlich geübt.

Außerdem würde die Mannschaft bei einem Rückstand wesentlich offensiver agieren, was natürlich ebenfalls vorher etliche Male einstudiert wurde.

Des Weiteren wurde auch darauf hingewiesen, wie man bei einer möglichen Führung möglichst clever agiert, vor allem gegen Ende des Spiels.

Hier würde man auf ein 1-4-1-4-1 umstellen und man könnte dann sowohl einen bulligen Stoßstürmer bringen, der die Bälle auf sich allein gestellt halten kann, bis der Rest der Mannschaft nachgerückt ist, als auch einen kampfstarken Spieler mit viel Routine, der die Position zwischen den beiden Viererketten bekleiden kann.

Überzahl- und Unterzahlszenarien durch Platzverweise oder ein erschöpftes Auswechselkontingent werden immer wieder angesprochen und geübt.

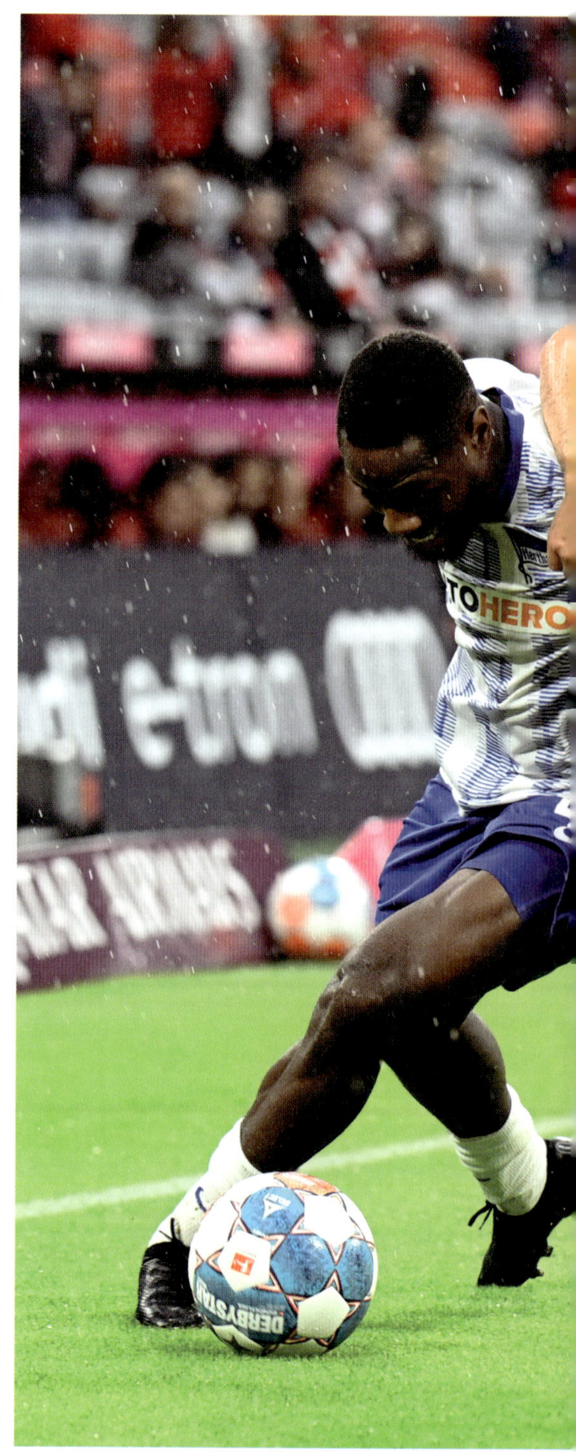

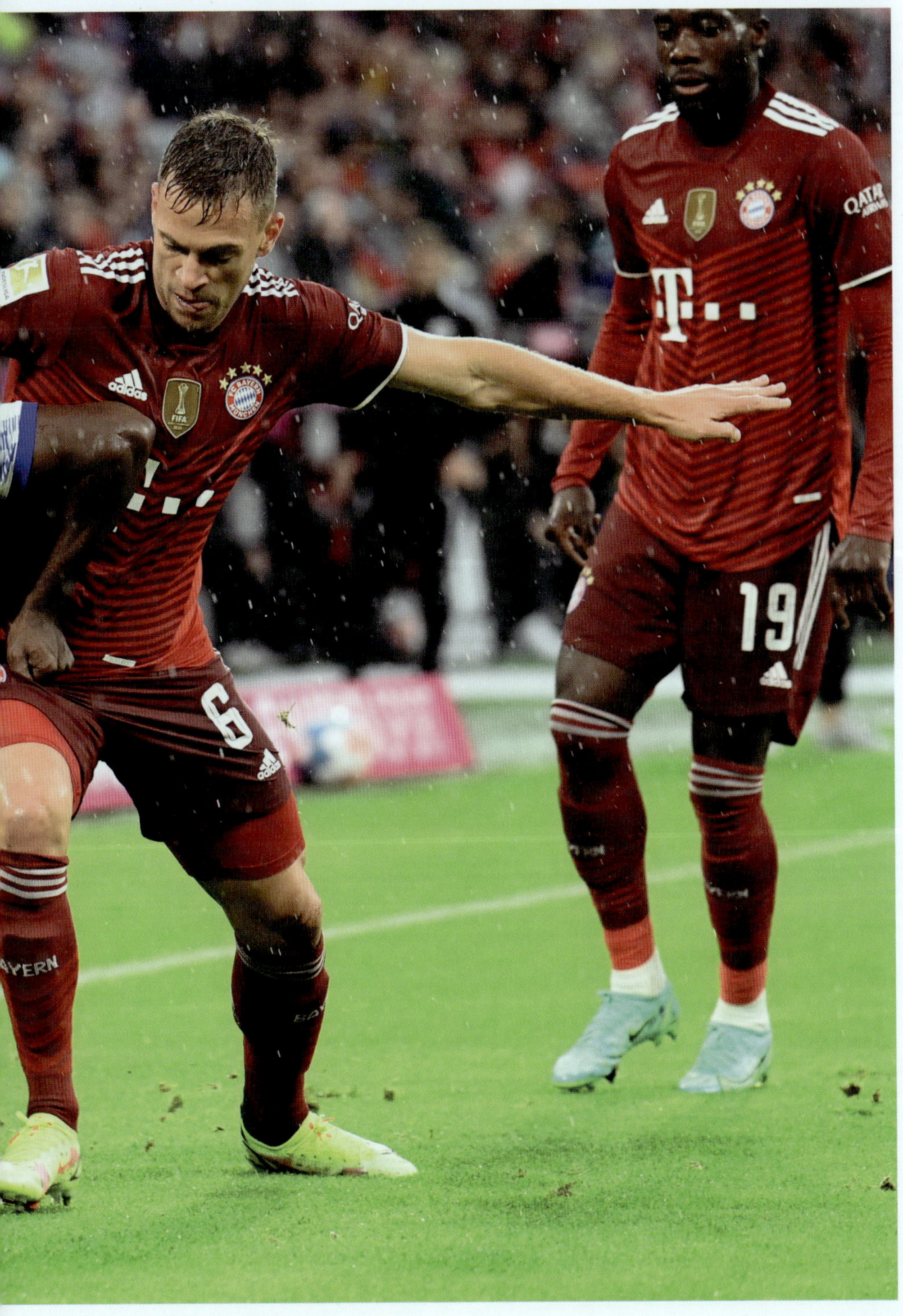
adidas
6
19
QATAR

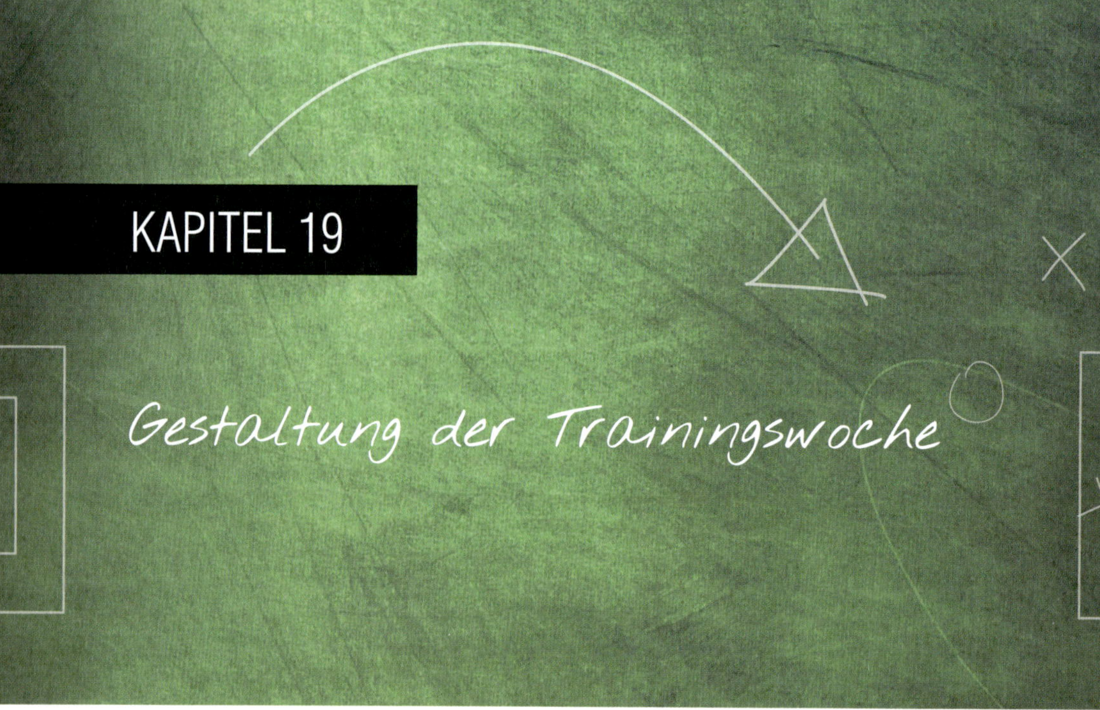

KAPITEL 19

Gestaltung der Trainingswoche

„Nur angewandtes Wissen ist Macht!“

Nach der Ausarbeitung eines Matchplans ist es nun wichtig, die Trainingswoche im Hinblick auf das bevorstehende Spiel zu planen.

Nur wenn die ausgearbeiteten Punkte des Matchplans auch mit praxisnahen Übungen in die Trainingswoche integriert werden, macht sich die Arbeit bezahlt.

Nach dem wichtigsten Gesetz der Trainingslehre, dem Gesetz der Spezifität, ist im Fußball nichts spezifischer als Spielformen im 11 gegen 11.

Hierbei kann der Trainer immer wieder unterbrechen und Szenen nachstellen.

Stehen keine 22 Spieler zur Verfügung, kann man den Kader eventuell mit Jugendspielern oder Spielern aus der zweiten Mannschaft auffüllen oder einen Testspielgegner suchen, der dem Gegner möglichst nahekommt.

Ist auch dies nicht möglich, muss vor allem im gruppentaktischen Bereich gearbeitet werden, wobei es wichtig ist, dass die Übungen immer im „originaltaktischen Raum“ durchgeführt werden.

Neben dem Platz kann außerdem mit Videoanalysen und der Taktiktafel sowie Einzel- oder Gruppengesprächen gearbeitet werden, um den Matchplan in den Köpfen der Spieler zu verankern.

Kurz vor dem Spiel werden die wichtigsten Punkte noch einmal angesprochen und in schriftlicher Form in der Kabine angebracht, da einige Spieler visuell besser angesprochen werden können.

Eine genaue Umsetzung der Trainingswoche in einen sogenannten „Morphozyklus" und wie eine Spielidee und ein Matchplan zu einer eigenen Methodologie verankert werden können, ist in meinem Buch „Taktische Periodisierung" detailliert beschrieben.

Wichtig zum Abschluss ist, dass mit einem Matchplan eine Hypothese aufgestellt wird, die am Spieltag als Experiment betrachtet werden muss. Viele Trainer begehen den Fehler im Anschluss an das Experiment nicht ihre eigene Hypothese zu analysieren, sondern das Experiment mit allen externen Faktoren, auf die sie keinen Einfluss haben, wie z. B. Schiedsrichterentscheidungen, zu betrachten. Nur wenn die eigene Hypothese kritisch durchleuchtet wird, können sich auch Verbesserungen einstellen und man löst sich aus der Opferrolle!

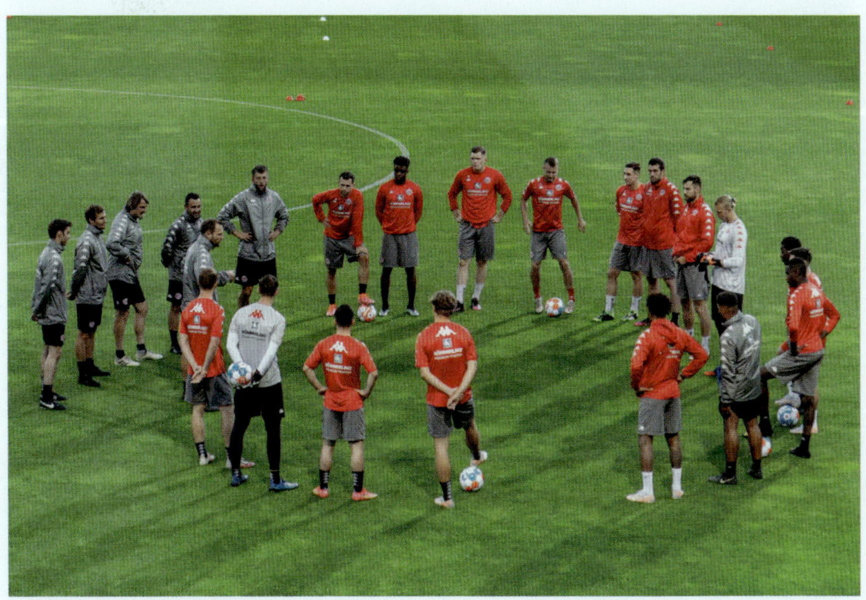

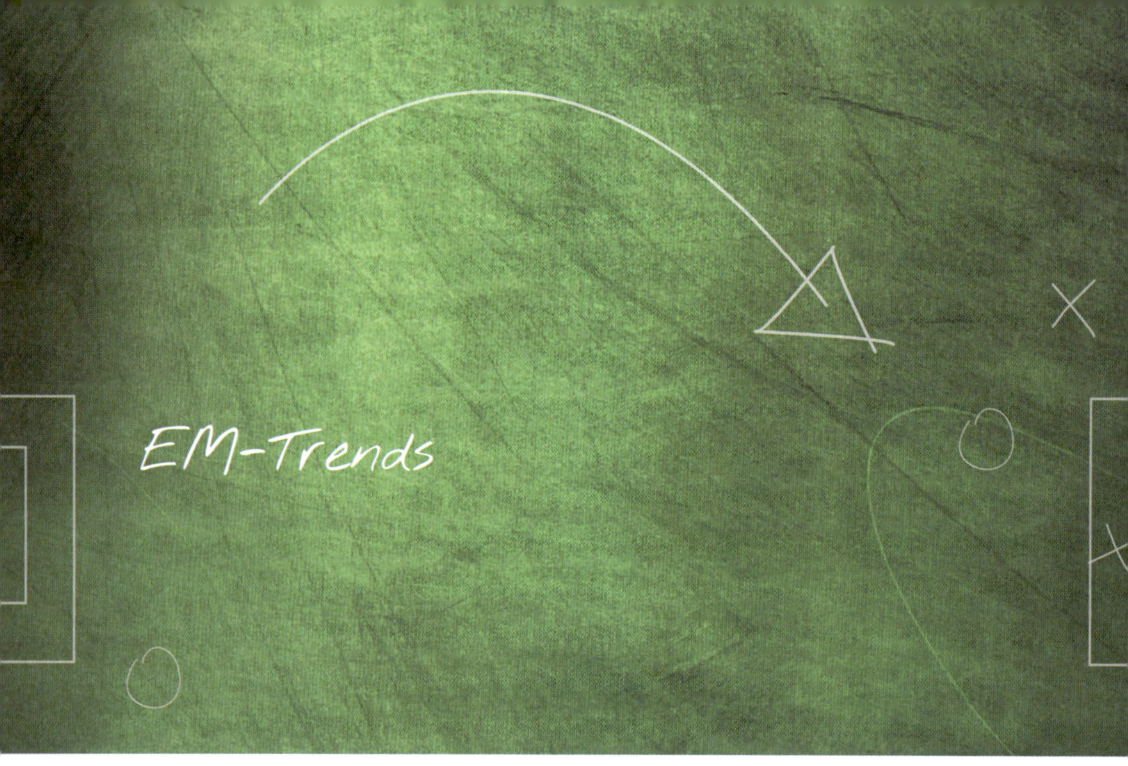

EM-Trends

Wie jeder Trend, so müssen auch die vermeintlichen Trends der Europameisterschaft 2020 immer über einen längeren Zeitraum hinweg analysiert und der internationale Vereinsfußball in die Analyse miteinbezogen werden, wo sich Trends und Tendenzen durch die tägliche Arbeit mit den Spielern manifestieren.

Nichtsdestotrotz stellt jedes große Turnier, bei dem die besten Spieler gegeneinander antreten, einen interessanten Ansatzpunkt auf dieser langfristig angelegten Analyse dar.

Neben einer möglichst objektiven Spielbeobachtung aller Spiele wurden auch Spieldaten gesichtet und ausgewertet und Experteninterviews mit Akteuren aus unterschiedlichen Bereichen des Fußballs vom Nachwuchs- und Amateurfußball bis hin zu Profitrainern, die in verschiedenen Ländern tätig sind, sowie Nationaltrainern durchgeführt, um dadurch eine möglichst große Meinungsvielfalt aufzugreifen und festzuhalten.

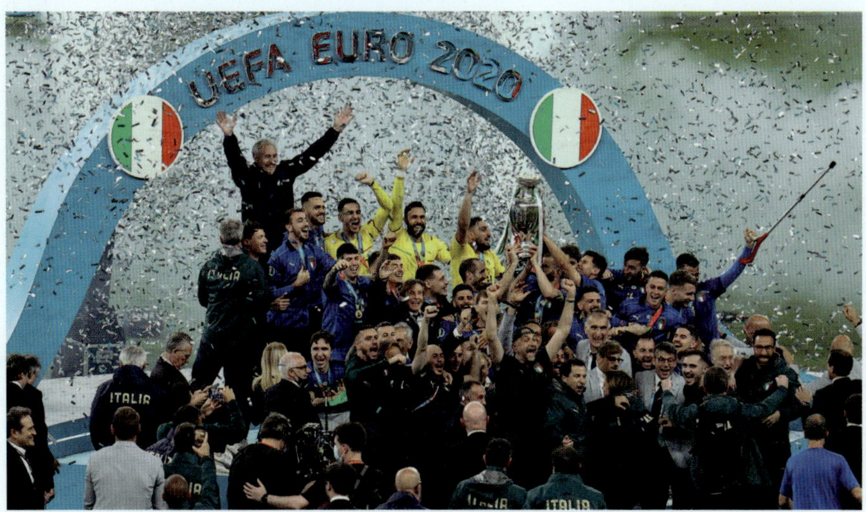

Evolution des Catenaccio – Italien ist der verdiente Europameister.

MENSCH IM MITTELPUNKT – FUSSBALL IST EIN SPIEL DER SPIELER

„Der Trainer muss verstehen, dass menschliche Beziehungen höher als der Sport und über den Wettbewerb gestellt sind." – Vicente del Bosque (Welt- und Europameister mit Spanien)

Die wichtigste Szene der EM 2020 ereignete sich für viele bereits am ersten Spieltag beim Spiel Dänemark gegen Finnland, als der dänische Spielmacher Christian Eriksen mit einem Herzstillstand auf dem Spielfeld zusammengebrochen ist.

Schlagartig wurde jedem Beteiligten klar, was wirklich zählt im Leben und dass Fußball nur ein Spiel ist.

Der Zusammenhalt der dänischen Spieler, die einen Kreis um ihren Mitspieler bildeten, um ihn zu schützen, ging jedem nahe.

Allen voran der Kapitän Simon Kjaer, der zeigte, was Menschlichkeit und Leadership wirklich ausmachen.

Dieser Moment hat dazu geführt, dass auch medial der Spieler als Mensch wieder in den Mittelpunkt gerückt ist und was Fußball eigentlich ausmacht.

Eine Sehnsucht, auf die so viele Fußballbegeisterte lange gewartet haben, wieder einmal Werte zu erleben, die den Fußball tief im Inneren ausmachen und dazu führen, dass sich weltweit Millionen von Menschen für diesen Sport begeistern.

Auch der Stolz der Italiener beim emotionalen Singen der Nationalhymne, die Bodenständigkeit eines Giorgio Chiellini oder die Tränen des Schweizers Ruben Vargas nach dessen verschossenem Elfmeter und das Trösten des Spaniers Thiago haben die Zuschauer bewegt.

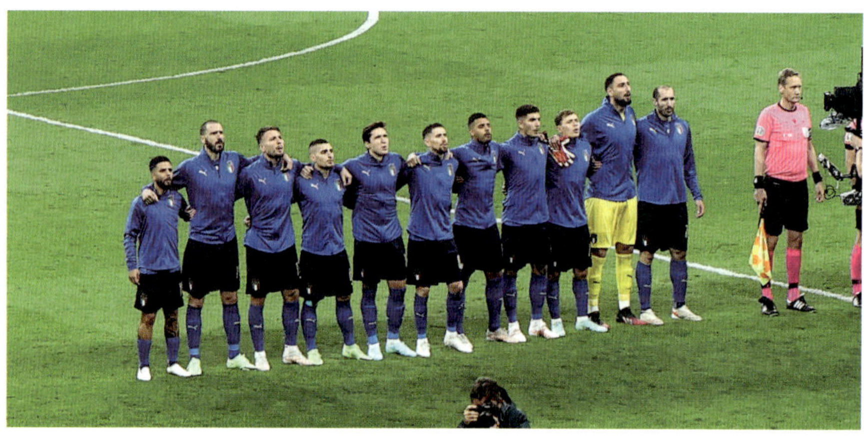

Gänsehautmomente und Emotionen pur – die Italiener beim Singen ihrer Hymne „Il Canto degli Italiani"

Genau so wenig funktioniert auch der beste Matchplan der Welt nicht, wenn es ein Trainer nicht schafft, dass die Spieler hinter ihm stehen. Er muss sie als Mensch überzeugen und die Spieler berühren und aus Ihnen eine Einheit formen, die für etwas spielt, das größer ist als das Ego jedes einzelnen, denn Fußball war und wird immer ein Spiel der Spieler sein! Italiens Trainer Mancini gab all seinen Spielern bis auf den dritten Torhüter die Möglichkeit im Turnier zumindest einmal aufzulaufen, mit dem Hinweis, dass alle Spieler sich als Teil des großen Ganzen fühlen sollen.

Leider hatten nur gerade einmal vier Wochen später im Finale nach den verschossenen Elfmetern der Engländer viele bereits wieder vergessen, was Menschlichkeit heißt und die drei jungen Spieler Marcus Rashford, Jadon Sancho und Bukayo Saka auf übelste Art und Weise rassistisch beleidigt.

„Wer die Herzen der Menschen gewinnt, muss sich um die Köpfe nicht sorgen!" – Dieter Lange (Trainer und Coach für Führungskräfte)

TEAM – ERFOLG IST NUR IM KOLLEKTIV UND DURCH EINEN ÜBERGEORDNETEN ZWECK MÖGLICH

Bei der EM 2020 gab es zwar jede Menge auffällige Spieler wie den Spanier Pedri, den Italiener Chiesa, den Engländer Sterling oder den Tschechen Patrick Schick, jedoch nicht in der Form eines alles überragenden Superstars wie einem Messi oder Ronaldo bei vorhergehenden großen Turnieren.

Fußball als Abbild der Gesellschaft, die mehr denn je vom Ego eines jeden Einzelnen getrieben wird, sollte diesen Trend unbedingt versuchen beizubehalten, damit er sich nicht immer mehr von der Basis des Spiels entfernt.

Selbst Lionel Messi, der wohl beste Spieler, den es im Weltfußball jemals gegeben hat, steht nicht über dem Team.

Auch nach dem Titelgewinn bei der Copa América 2021 mit Argentinien wird wohl jeder Experte festhalten, dass die Performance, die Messi über die ganzen Jahre seiner Karriere beim FC Barcelona zeigte, deutlich besser als mit der Nationalmannschaft war.

Nun muss man sich die Frage stellen, ob Messi bei Argentinien auf einmal eine schwächere Technik, einen schlechteren linken Fuß oder einen langsameren Antritt hat als beim FC Barcelona oder nun bei Paris Saint-Germain?

Wie wir an diesem Beispiel sehen, wird selbst bei dem Spieler mit den am besten entwickelten Einzelfähigkeiten klar, dass das Ganze mehr als die Summe seiner Teile ist, kein Spieler ist größer als das Team!

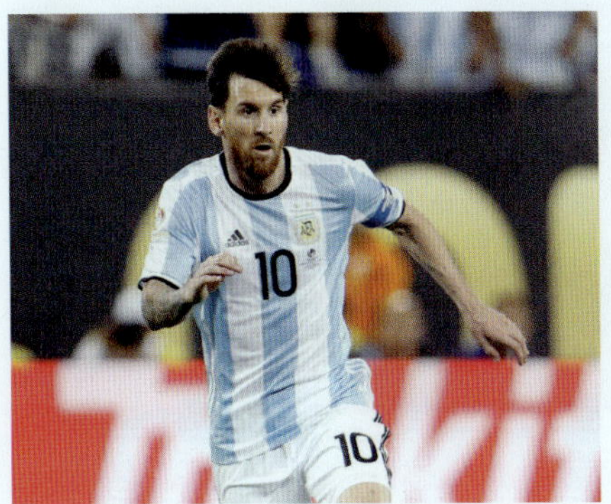

Zu diesem Teamgedanken braucht jede Gruppe, die etwas Großes erreichen möchte, einen übergeordneten Zweck und ein klares „Warum“ dieses Ziel erreicht werden soll, erst dadurch entstehen Emotionen, die das Feuer entfachen und auch auf die Fans überspringen.

Wie bereits im vorangegangenen Unterpunkt beschrieben, gibt es kein besseres Beispiel als das von Dänemark bei dieser Europameisterschaft.

Durch den Herzstillstand von Eriksen kam es zu einer engen emotionalen Verbindung der Mannschaft, der Fans und sogar der Gegner und aller fußballinteressierten Personen, die den Dänen die Daumen gedrückt haben.

DIE BEDEUTUNG DES ERSTEN TORS NIMMT WEITER ZU

In der UEFA Champions League 2019/2020 hat die Mannschaft, die das erste Tor erzielt hat, zu 69,6 % auch das Spiel gewonnen und zu 86,1 % mindestens unentschieden gespielt.

Nach der Corona-Zwangspause hat sich dieser Trend in allen europäischen Ligen weiter verstärkt, wobei ein interessanter Aspekt die Untersuchung der Bedeutung der fehlenden Zuschauer wäre.

So konnten auch bei der EM 2020 mit Deutschland und Belgien lediglich zwei Teams einen 0:1-Rückstand noch in einen Sieg wenden.

Dieser KPI war sicherlich einer der Hauptgründe für die häufige Wahl eines tiefen Abwehrpressings und einer sehr guten Weiterentwicklung im Bereich der Restverteidigung, die bei der Mehrheit der Teams zu sehen war.

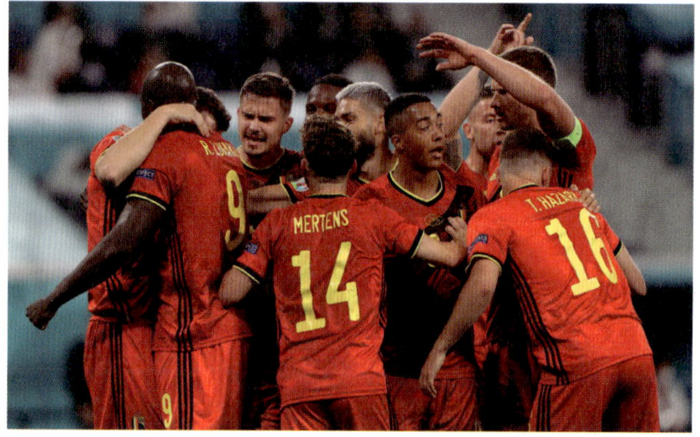

Seltenheitswert – Belgien gelang es als einer der wenigen Mannschaften, nach einem frühen 0:1-Rückstand gegen Dänemark noch das Spiel in einen Sieg umzuwandeln.

EINSATZ DER DREIERKETTE

Ein weiterer deutlicher Trend aus dem europäischen Vereinsfußball bei der EM 2020 war die Häufigkeit einer Grundordnung mit einer Dreierkette, wie sie beispielsweise Champions-League-Sieger Chelsea London unter Thomas Tuchel nutzt.

Gleich 11 Mannschaften von 16 Teams im Achtelfinale der EM haben überwiegend auf eine Grundordnung mit einer Dreierkette zurückgegriffen, wie auch Joachim Löw in den drei Spielen mit der deutschen Mannschaft.

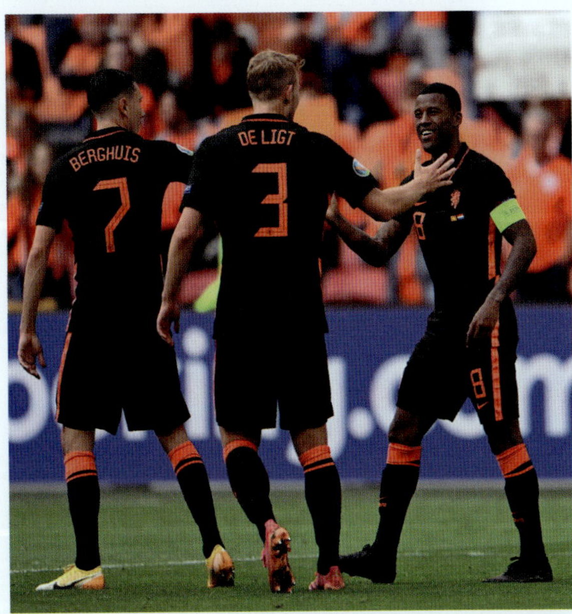

Auch die Niederlande, die traditionell mit einer anderen Grundordnung verbunden waren, haben auf eine Dreierkette zurückgegriffen.

Wie jeder Trend ist auch die Dreierkette keine Neuerfindung, so war diese Grundordnung bereits Mitte der 60er-Jahre das Erfolgsmittel für Inter Mailand unter dem Argentinier Helenio Herrera – der mit dieser Grundordnung den Begriff „Catenaccio“ geprägt hat – mit zwei Titeln im Europapokal der Landesmeister und dem Sieg im Weltpokal extrem erfolgreich.

Jedoch nutzen im modernen Fußball europäische Spitzenteams eine Grundordnung mit einer Dreierkette nicht nur, um in der Defensive die Räume extrem zu verdichten und um situativ auch schnell sogar auf fünf Spieler in der letzten Linie umzustellen.

Sondern auch, um in der Ballbesitzphase optimale Lösungen gegen die Stärken der heute von nahezu allen Mannschaften perfekt beherrschten und extrem gut organisierten ballorientierten Spiels gerade in einem tiefen Block zu finden.

Durch das Aufbauspiel mit einer Dreierkette ergibt sich eine Vielzahl an versprechenden Optionen, da sich durch den dritten Aufbauspieler im Zentrum der linke und rechte Halbspieler der Dreierkette breit positionieren können, wodurch die Außenverteidiger noch höher schieben und ihre Gegenspieler noch tiefer und besser binden. Dadurch ergeben sich wichtige Räume im Zentrum und den Halbräumen, die nur erschwert und unter erhöhtem Risiko zugestellt werden können.

Dadurch ist es bedeutend schwieriger, einer Dreierkette hochzupressen, da sich auch mehr Optionen für „Anti-Pressing-Bälle" und Rückpässe aus dem Druck ergeben.

Auch das sehr wichtige Thema der Restverteidigung, um gefährliche Konteraktionen zu unterbinden, kann mit einer Dreierkette sehr gut beantwortet werden. Im Gegensatz zu einer Viererkette, bei der häufig die beiden Außenverteidiger hochschieben und mit den beiden Innenverteidigern und einem 6er nur drei Spieler für die Restverteidigung zur Verfügung stehen. Bei der Wahl einer Grundordnung mit Dreierkette wird oft auf vier oder fünf Spieler (siehe England) umgestellt.

Gefahr bei Grundordnungen mit einer Dreierkette ist, dass diese schleichend eine gewisse Passivität in ihr Spiel bekommen und immer tiefer zurückfallen, wodurch beispielsweise Mannschaften wie Belgien, zu deren Stärken eine hohe individuelle Qualität und Offensiv-Power gehören, diese nicht voll ausspielen können. Deshalb sollte sich jeder Trainer immer wieder die folgende strategische Fragen vor Augen führen, die sich auch auf die Wahl und Interpretation der Grundordnung auswirkt:

„Spiele ich, um etwas zu erreichen, oder spiele ich, um etwas zu verhindern?"

KONSTRUKTIVER FUSSBALL UND STEIGENDE PASSQUOTEN

Der Technische Direktor der FIFA, Arsène Wenger, hob kleinere Nationen hervor, die sich bei der EM, statt sich lediglich auf das Verhindern zu beschränken, gute konstruktive Lösungen im Ballbesitz gesucht haben:

„Sie haben nicht nur um ihr Leben verteidigt, sie haben auch in Ballbesitz versucht, die Initiative zu übernehmen", sagte der Franzose, der bei der FIFA die Entwicklung des Fußballs verantwortet, dem *Kicker*.

So stieg die durchschnittliche Passquote aller EM-Teilnehmer in der Gruppenphase um 4 % von der Euro 2016 mit 79 % Passquote auf 83 %.

2016 blieben gleich ganze 15 Teams unter einer Passquote von 80 %, während es bei der Euro 2020 nur noch acht Mannschaften waren.

So auch die Slowakei, die mit einer Passgenauigkeit von über 84 % sogar die Niederländer übertraf.

Kritisch könnte man anmerken, dass die gestiegenen Passquoten auch etwas mit dem deutlich tieferen Staffeln der Mannschaften zu tun haben könnten, wodurch gerade in der ersten Phase des Aufbaus Pässe ohne großen Druck möglich sind.

Bei genauerer Betrachtung ist jedoch alleine durch die Positionierung und Intentionen der Spieler zu erkennen gewesen, dass sich dieses Element weiterentwickelt hat.

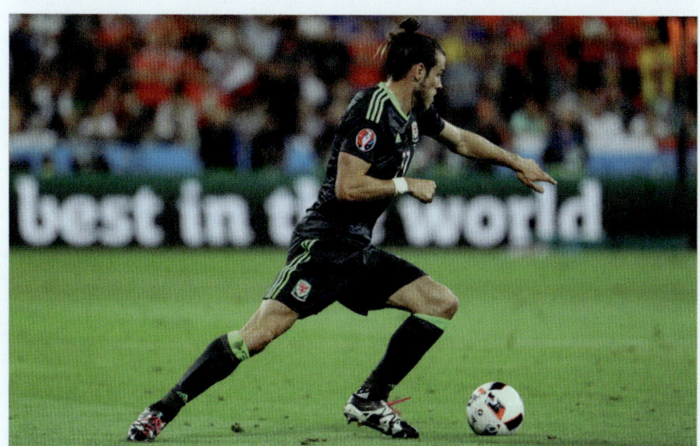

Weg vom Fight Ball – Auch vermeintlich kleinere Nationen wie Wales, mit Topstar Gareth Bale, zeigten im Ballbesitz gute konstruktive Lösungen.

SPIELVERLAGERUNGEN

Außer im Bereich um und im 16-m-Raum agiert nahezu keine Mannschaft mehr mit Manndeckungen, da sich die Entwicklung des ballorientierten Spiels von Walerij Lobanowskyj über Arrigo Sacchi bis hin zu Ralf Rangnick durchgesetzt hat.

Dadurch gibt es auch bei der EM 2020 nur wenig freien Spielraum in den interessanten ballnahen Zonen, weshalb das schnelle Verlagern in ballferne Zonen wichtiger denn je ist.

Um einem extrem kompakt und ballorientiert verteidigenden Gegner in den Rücken der Abwehr zu stoßen, muss dieser entweder durch schnelle Ballzirkulation „ins Laufen" gebracht und Räume aufgerissen werden. Oder aber durch eine schnelle Spielverlagerung gegen die Verschiebebewegung des Gegners, die dabei ein äußerst wichtiges Hilfsmittel ist, da so maximaler Druck auf die horizontalte Kompaktheit des Gegners ausgeübt wird.

Dabei wird der Gegner durch einen Pass auf die Außenzone bewusst auf eine Seite gelockt, um dann schnell das Spiel auf den anderen Flügel zu verlagern.

Im Idealfall wird die Verlagerung aus dem entfernten Halbraum mit viel Zug gespielt und nicht von der letzten Abwehrlinie, da so der Ball in der Regel wieder zugeschoben wird.

Dies kann natürlich nur funktionieren, wenn der ballferne Flügel besetzt ist, was sicher ein weiterer Grund war, warum so viele Mannschaften bei der EM auf eine Dreierkette gesetzt haben und warum so viele Tore und Assists durch Außenverteidiger gefallen sind.

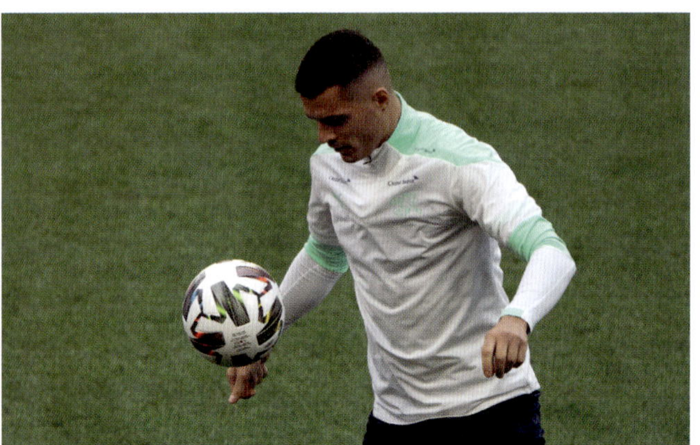

Granit Xhaka, Meister seines Fachs – Spielverlagerungen als Mittel gegen extrem kompaktes, ballorientiertes Verteidigen

EXTREM TIEFES VERTEIDIGEN

Eine weitere Auffälligkeit dieser EM war das zum Teil extrem tiefe Verteidigen in der eigenen Hälfte.

Nicht nur vermeintlich „kleinere" Nationen bedienten sich dieses Stilmittels. Nahezu alle Mannschaften griffen situativ auf ein klares Abwehrpressing zurück, um die torgefährlichen Räume maximal zu verdichten.

Selten wechselte auch eine Mannschaft in ein Mittelfeldpressing, geschweige in ein hohes Angriffspressing oder gar Forechecking, sondern legte den Fokus auf maximale Kompaktheit.

Vor allem nach Führungen zogen sich nahezu alle Mannschaften deutlich in einen kompakten Block zurück, wie beispielsweise Weltmeister Frankreich.

Der sehr aussagekräftige PPDA-Wert (Passes Per Defensive Action), der aufzeigt, wie viele Pässe eine Mannschaft spielen kann, bevor es zu einer defensiven Aktion kommt, bestätigt diesen Trend klar, lediglich die spanische Mannschaft kann hier einen Topwert aufweisen, der auch den Maßstäben der Vereine im europäischen Spitzenfußball genügt.

Gründe hierfür sind sicher die oben erwähnte Bedeutung des ersten Tores und die hohe Siegeschance bei einer Führung, aber sicherlich auch die sehr kräftezehrende Zeit nach der Coronapause mit vielen englischen Wochen und der fehlenden Vorbereitungszeit mit einer Nationalmannschaft, um ein deutlich schwierigeres Stilmittel wie ein Angriffspressing einzuüben.

Deutschland hatte beim 2:2 gegen Ungarn große Probleme, den tiefen Block des Gegners zu bespielen.

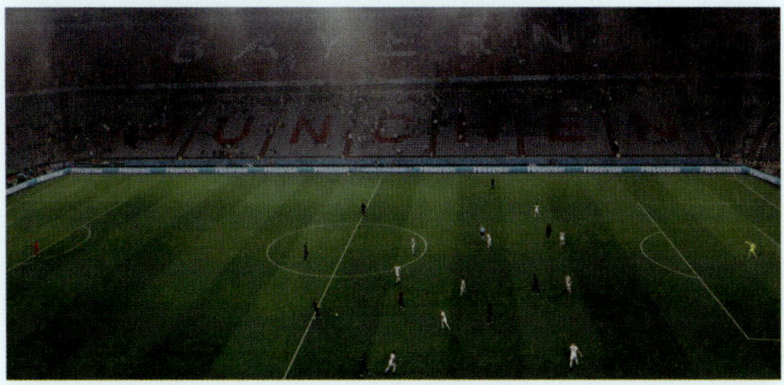

TORREKORD BEI EINER EUROPAMEISTERSCHAFT

Dem Trend des extrem tiefen Verteidigens steht ein neuer Torrekord bei einer Europameisterschaft gegenüber: 142 Tore in 51 Spielen stellen einen neuen Bestwert dar.

2,62 Tore pro Spiel – genauso viele wie bei der WM 2018 und deutlich mehr als bei der vergangenen Europameisterschaft (2,12). Das entspricht 2,79 Toren pro Spiel und ist im Vergleich zu den 2,12 Toren pro Spiel bei der letzten Europameisterschaft deutlich mehr.

Dabei müsste es jeden Fußballfan sehr erfreut haben, dass die Mannschaften gerade in der K.-o.-Phase den Torhunger nicht abgestellt haben und dort sogar 3,29 Treffer pro Spiel erzielt wurden.

Dabei bleibt sicher gerade das äußerst torreiche 5:3 der Spanier gegen Kroatien in Erinnerung. Diese acht Tore waren nur knapp vom Rekord entfernt, als zwischen Frankreich und Jugoslawien am 6. Juli 1960 neun Treffer im Prinzenpark in Paris erzielt wurden.

Auch der aus einer stark defensiven Kultur stammende Europameister Italien hat mit 128 Abschlüssen und 13 Toren deutlich zu diesem Trend beigetragen, der sich in der heimischen Serie A bereits seit längeren abzeichnet, denn für viele überraschend fallen in der höchsten italienischen Profiliga mit 3,06 Toren pro Spiel mehr Tore als in den anderen europäischen Topligen.

Bundesliga: 3,03 Tore pro Spiel
Ligue 1: 2,76 Tore pro Spiel
Premier League: 2,69 Tore pro Spiel
La Liga: 2,51 Tore pro Spiel

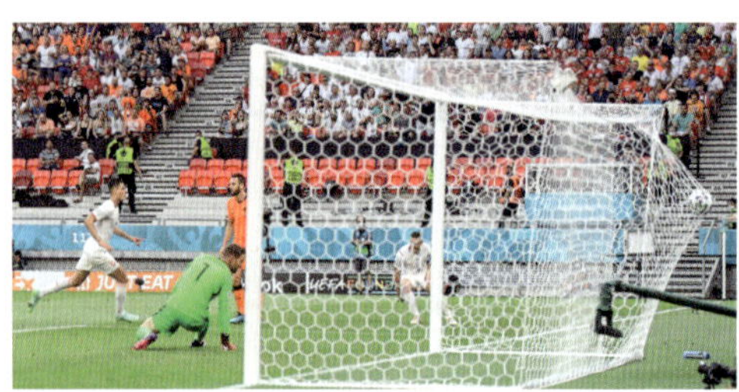

Eines der Tore der EM 2020 – der Tscheche Patrik Schick trifft aus 52 m.

Trainer wie Atalanta-Bergamo-Coach Gian Piero Gasperini oder Maurizio Sarri, durch die etliche der italienischen Nationalspieler bei dieser EM mitgeprägt wurden, haben sicherlich ihren Anteil an diesem Erfolg.

EIGENTORREKORD

Mit 11 Eigentoren wurden bei dieser EM mehr Eigentore als bei allen vorangegangen 15 Europameisterschaften erzielt (9 Treffer).

Viele Medien haben sehr überrascht über die hohe Anzahl an Eigentoren bei dieser Europameisterschaft berichtet doch der Trend zeichnet sich bereits vor drei Jahren bei der WM 2018 mit 12 Eigentoren ab.

Auch in der Bundesliga ist dieser Trend zu sehen:

Saison 16/17: 16 Eigentore

Saison 17/18: 20 Eigentore

Saison 18/19: 19 Eigentore

Saison 19/20: 28 Eigentore

Saison 20/21: 25 Eigentore

2016/2017 traf am häufigsten Darmstadt zweimal in das eigene Tor und 18/19 und 19/20 der VfB Stuttgart und Fortuna Düsseldorf bereits viermal und der FC Schalke 20/21 gleich fünfmal in das eigene Tor.

Grundlegend muss man dabei die Art der Eigentore genauer betrachten, um daraus Erkenntnisse zu gewinnen.

So wurden bei der EM 2020 gleich vier der 11 Eigentore direkt durch die Torspieler verschuldet.

Der Spanier Unai Simón war bei einem Rückpass unkonzentriert, wodurch der Ball ins Tor rollte.

Sowohl bei Finnlands Lukás Hrádecký wie auch beim polnischen Torspieler Wojciech Szczesny prallte der Ball jeweils vom Pfosten an den Torspieler und von dort ins Tor.

Der slowakische Torspieler Martin Dúbravka faustete den Ball nach einem Lattentreffer gegen Spanien unglücklich ins eigene Tor.

Generell konnten auffällig viele Fehler der Torspieler bei dieser EM beobachtet werden.

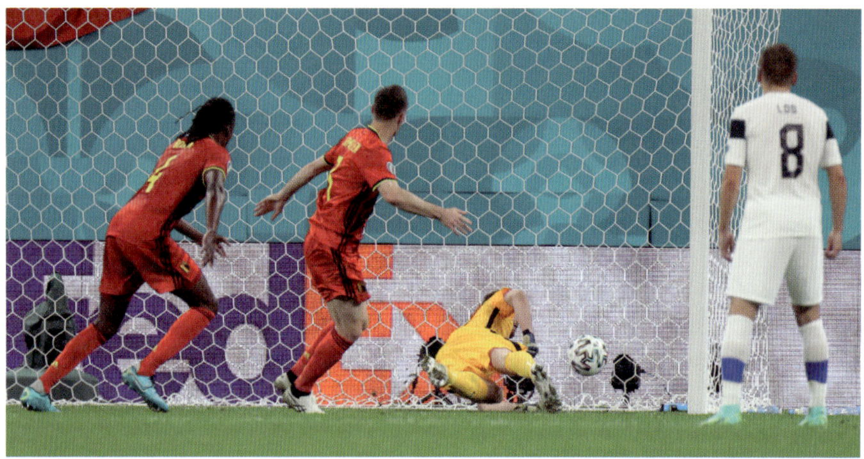

Finnland gegen Belgien, Finnlands Torhüter Lukas Hradecky kassiert eines der vielen Eigentore.

Die restlichen sieben Eigentore passen alle hingegen zu zwei Trends, die sich seit mehreren Jahren abzeichnen: scharfe Anspiele auf den zweiten Pfosten nach einer Spielverlagerung oder Eintreten in die „Assist-Zone" und ein extremes „Getümmel" mit vielen Spielern in der Box, die die Situationen schwer überschaubar machen.

Die scharfen Anspiele auf den zweiten Pfosten werden oftmals nach einer Spielverlagerung entweder aus vollem Lauf bereits aus dem Halbfeld mit viel Schnitt gespielt, oder nach einem Eindringen in den 16-m-Raum aus der sogenannten „Assist-Zone" neben dem 5-m-Raum, in dem sich Räume ergeben, da die Verteidiger die torgefährlichere „Golden-Zone" sichern.

Dadurch kommt der Verteidiger in eine äußerst schwierige Situation, da er im vollen Sprint den Ball gegen die Spielrichtung klären muss, im Gegensatz zum Angreifer, der das Tempo in Spielrichtung zum Abschluss nutzen muss.

Dieses Mittel ist schon seit längerer Zeit im internationalen Vereinsfußball als probates Mittel gegen tief stehende Abwehrreihen zu beobachten.

Beispielhafte Tore hierfür waren das Eigentor im Eröffnungsspiel der Italiener gegen die Türkei, wie auch das Eigentor von Mats Hummels gegen Frankreich und die Treffer der deutschen Nationalmannschaft gegen Portugal.

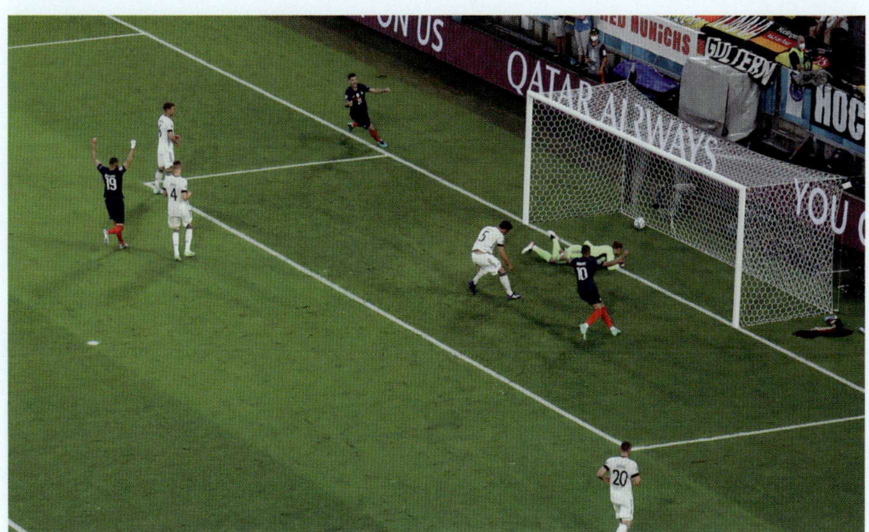

Mats Hummels lenkt den Ball vor dem heranstürmenden Mbappé ins eigene Tor.

In der zweite Kategorie kommt es sicherlich auch, bedingt durch das sehr tiefe Verteidigen, das ebenfalls einer der Trends dieser EM war, zu einem extremen Überladen des 16-m-Raums durch Mit- und Gegenspieler, wodurch es oft zu Abprallern und zweiten Bällen kommt, bei denen zudem oftmals die Sicht versperrt ist und dadurch nur extrem spät reagiert werden kann. Hierfür beispielhaft sind das Eigentor von Denis Zakaria im Spiel der Schweiz gegen Spanien sowie des Slowaken Juraj Kucka gegen Spanien.

OFFENSIVPRÄSENZ DER AUSSENVERTEIDIGER

Durch das häufige Zurückgreifen auf einer Dreierkette und das extrem kompakte Schließen des Zentrums ergaben sich durch schnelle Spielverlagerungen viele Optionen, um die Außenverteidiger in aussichtsreiche Positionen zu bringen.

Gleich 16 Treffer wurden bei der Europameisterschaft durch Außenverteidiger erzielt: 12 davon interessanterweise gegen einen Gegner mit 4er-Kette, die durch diesen Schachzug oftmals überladen wurde. Der Niederländer Denzel Dumfries von PSV Eindhoven erzielte gleich zwei Treffer und der Schweizer Steven Zuber konnte aus dieser Position gleich vier Assists verzeichnen.

Auch Spieler wie Robin Gosens von Atalanta Bergamo und der Däne Joakim Mæhle interpretierten ihre Position mit einer enormen Portion Offensivpower!

Oftmals wurden die Außenverteidiger auch als Zielspieler am ballfernen Pfosten bei Flanken eingesetzt wie auch beim Tor im Finale.

Vorbereitet vom rechten Außenverteidiger Kieran Trippier von Atletico Madrid, hämmerte sein Pendant am linken Flügel, Luke Shaw, am ballfernen Pfosten den Ball mit voller Wucht ins Tor.

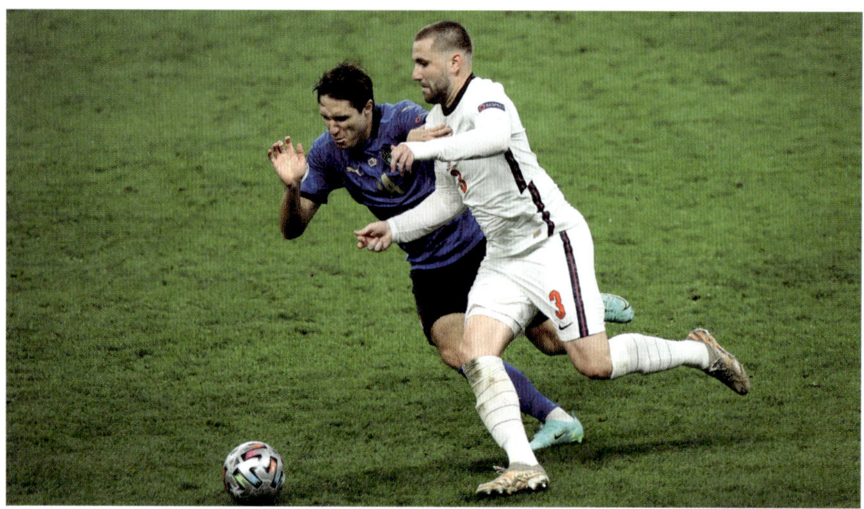

Wieder mal ein Außenverteidiger – Luke Shaw erzielt im Finale die frühe Führung.

DEUTLICHER RÜCKGANG DURCH TORE PER STANDARDS

Neben 9 Elfmetertoren wurden bei der EM 2020 gerade einmal 17 Tore unmittelbar nach einem Eckball oder Freistoß erzielt, was gerade einmal 12 % aller erzielten Tore ausmacht.

Bei der vergangenen Weltmeisterschaft 2018 in Russland wurde noch 44 % aller Tore per Standards erzielt.

Einer der Gründe dafür ist, dass spätestens durch den Trend der WM 2018 im Bereich Standards die Thematik bei allen Mannschaften weit oben auf die Agenda gerückt ist, so griffen viele Mannschaften speziell für dieses Turnier auf Spezialisten zurück.

Wie auch bei den anderen Spielphasen ist ein defensiver Spielmoment sicher leichter zu schulen als ein offensiver, bei dem etwas aktiv gestaltet werden muss und dadurch in der Kürze der Zeit in der Vorbereitung auf ein Turnier schneller umgesetzt werden kann.

So waren bei fast allen Mannschaften alle 11 Spieler in das Verteidigen der Standards mit einem sehr hohen Aufmerksamkeitsfokus involviert.

Auch die Gefahr, die von weiten Einwürfen ausgeht, ist nun bekannt und die Mannschaften waren durch eine gute Raumaufteilung und die Aufnahme von zweiten Bällen bestens vorbereitet.

Nichtsdestotrotz war bei der Kreativität der Standards sicherlich Luft nach oben, so waren wenig neue, überraschende Ansätze auszumachen.

Zudem gab es gerade einmal einen direkt verwandelten Freistoß im ganzen Turnier.

An diesem Beispiel zeigt sich zum einen die Bedeutung der Schusstechnik, die eine oftmals vergessene Grundvoraussetzung ist, um erfolgreich bei Standards zu sein.

Kurz bevor Mikkel Damsgaard zum Freistoß anläuft, ist zwischen den vier weißen englischen und den drei roten dänischen Spielern eine Lücke zu erkennen.

In dem Moment, als Damsgaard anläuft, wird diese Lücke durch die drei dänischen Spieler geschlossen und somit die Sicht des englischen Torspielers Pickford auf den Ball verdeckt, der dadurch den entscheidenden Bruchteil zu spät die Auftaktbewegung startet, die ihm die Chance geben würde, den Ball zu halten.

Mit Mads Buttgereit agiert bei den Dänen ein auf Standards spezialisierter Trainer, der zuvor drei Jahre lang bei der wohl besten Standardmannschaft in Europa, dem FC Midtjylland, aktiv war!

FÜNF AUSWECHSLUNGEN PRO SPIEL

Der Grund für das erhöhte Wechselkontingent ist auf die Coronapandemie zurückzuführen.

Die FIFA hat die Auswechslungen nach den Re-Start der Ligen von drei auf fünf Auswechslungen zugunsten einer besseren Spielerbelastung erhöht.

Durch fünf Auswechslungen müssten sich, so denkt man, zusätzliche Optionen ergeben, um die Dynamiken in einem Spiel beeinflussen zu können.

Eine klare Strategie war jedoch weder bei der EM noch bei den Vereinsmannschaften zu erkennen, in der Regel hatte man das Gefühl, dass diese Regel vor allem, wie oben erwähnt, dafür eingesetzt wurde, Spieler zu schonen.

Sollte diese Regel beibehalten werden, lohnt es sich sicher, Potenziale genauer auszuloten, beziehungsweise sich auch kritisch die Frage zu stellen, ob diese Regel überhaupt einen Vorteil birgt, da der wichtigste Erfolgsfaktor im Fußball die bestmögliche Kommunikation der Spieler auf dem Platz darstellt und diese Kommunikation, durch die Option von nun fünf statt drei Wechseln, mehr zerstört wird, als es einen Nutzen hat?!

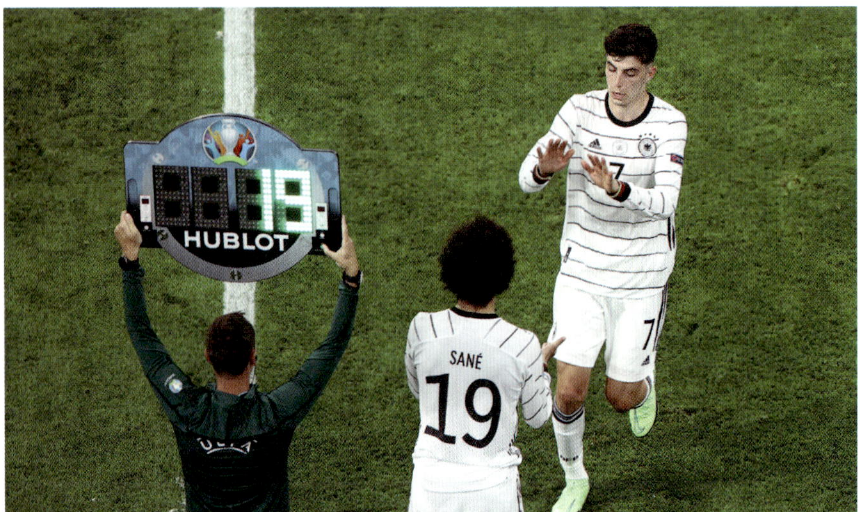

Fünf statt drei - erhöhtes Wechselkontingent durch die Coronapandemie als taktische Mittel?

HOHE TAKTISCHE FLEXIBILITÄT

Pep Guardiola gewann mit dem FC Barcelona 2010/2011 die Championsleague auf dem Höhepunkt des Tiki-Takas. Ein Jahr darauf gewann das von José Mourinho geprägte Chelsea London 2011/2012 mit einer extrem defensiven Spielweise den Titel.

In den folgenden Jahren hat sich dann ein klarer Trend entwickelt, dass sich immer mehr die Mannschaften auf Topniveau durchsetzen, die äußerst flexibel agieren können und in jeder Spielphase ausgeglichen stark sind.

Diesen Trend unterstreicht der verdiente Europameister Italien im Jahr 2021 mit einer extremen Flexibilität, dem fließenden Wechsel von Spielsystemen und Lösungen in allen Spielphasen in einer hohen Perfektion, die für ein Nationalteam durch die geringen Trainingszeiten nur schwer zu erreichen ist.

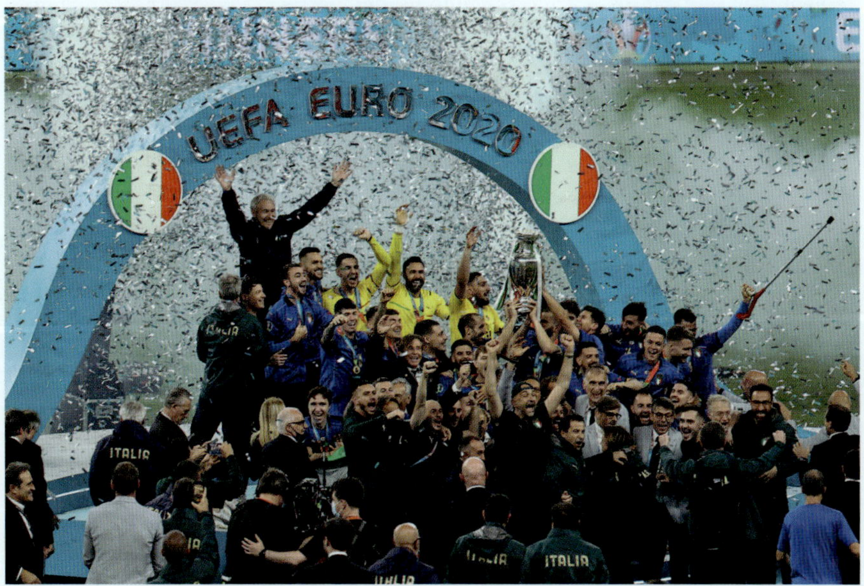

Hohe Flexibilität und extreme Ausgeglichenheit als Erfolgsfaktor – Europameister Italien

Trainer Roberto Mancini und sein Trainerteam haben es geschafft, neben den extremen Stärken in der Defensive, die tief in der Kultur des italienischen Fußballs verankert sind, auch in den offensiven Spielphasen eine Topmannschaft zu formen.

Mit einem konstruktiven Ballbesitz aus einer ballsicheren Dreierkette heraus mit einer hervorragenden Positionierung seiner Spieler und durch den Einsatz von Asymmetrien, einhergehend mit einer schnellen Ballzirkulation und einer guten Mischung aus Vertikalität und Geduld, sowie schnellen Umschaltmomenten nach Balleroberung, war Italien durch alle Spielphasen hinweg das ausgeglichenste Team.

Ein interessanter Aspekt war auch, dass mit Leonardo Spinazzola ein Rechtsfuß auf der Position des linken Außenverteidigers war. Bis zu seiner Verletzung war er einer der besten Spieler des Turniers, indem er dem Spiel der Italiener durch diese Besonderheit etwas sehr Spezielles gab.

Darauf folgen vermutlich die Spanier, die zurück zu ihrer Identität gefunden haben und mit im Schnitt 67 % beim Ballbesitz und einer Passquote von 90 % die Topwerte in diesen Kategorien aufweisen konnten und auch in der Lage waren, diese Werte effektiv umzumünzen und mit 43 Abschlüssen aufs Tor den Bestwert in dieser Kategorie noch vor Italien erzielen konnten.

Einziges Problem war die Chancenauswertung der Spanier, die auch beim Gegenpressing top waren und als eines der wenigen Teams oftmals aus einem hohen Angriffspressing agiert haben.

Zudem spielte sich bei Spanien mit dem erst 18-jährigen Pedri vom FC Barcelona eines der wohl größten Talente in den Vordergrund, das den Fußball der Zukunft maßgeblich mitprägen wird.

Pedri vereint Effizienz und Effektivität wie nur wenige 18-Jährige vor ihm auf seiner Position: Von allen bei der EM eingesetzten Spielern gelangen ihm die zweitmeisten Pässe ins finale Drittel und auch per Dribblings brachte kein anderer Spieler den Ball öfters in diese spielentscheidenden Zonen.

Auch die beiden anderen Halbfinalisten England und Dänemark zeigten sich in allen Spielphasen sehr ausgeglichen und mit einer ansprechenden Variabilität.

Der dänische Coach Kasper Hjulmand griff oft aktiv in das Spielgeschehen ein und änderte im Viertelfinale gegen Tschechien gleich dreimal erfolgreich die Grundordnung seiner Mannschaft.

Bereits im Spiel gegen Wales dominierte der Gegner den Spielbeginn durch eine Überzahl im Mittelfeld, worauf Hjulmand die Grundordnung sehr früh von einem 1-5-2-3 auf ein 1-4-3-3 umstellte, indem er mit Andreas Christensen den zentralen Verteidiger aus der Abwehr ins defensive Mittelfeld vorschob, was wesentlich zum Weiterkommen der Dänen beitrug.

Zudem fordert Hjulmand von seinen Spielen permanente Läufe in die Tiefe hinter die Kette des Gegners, wodurch sich vertikale Optionen zwischen den Linien, aber auch direkt über die Kette ergaben. Daraus entwickelte sich ein sehr attraktiver Spielstil mit einem Element, das in dieser Form kein anderes Team nutzt.

Gareth Southgate war mit dem Spiel der englischen Mannschaft zwar in erster Linie auf Sicherheit bedacht, was sich durch ein sehr kompaktes, ballorientiertes Verteidigen, an dem sich auch Stürmer Harry Kane aufopferungsvoll beteiligte, und eine extrem gute Restverteidigung, widerspiegelte. Jedoch waren auch die Engländer variabel und agierten im Spiel gegen den Ball meistens aus einer Viererabwehrkette, die dann im Spielaufbau die Vorteile einer Dreierkette nutzte.

Auch die noch schwieriger zu integrierenden Asymmetrien waren im Spiel der Engländer am Beispiel der Außenverteidiger gut zu erkennen, gerade wenn der wesentlich offensiv agierende Luke Shaw von Manchester United mit dem entsprechend defensiveren Counterpart Kyle Walker, der sich zum Teil auch in Richtung Zentrale im Ballbesitz orientierte, von Manchester City auf dem Platz stand.

SCHNELLE, WENDIGE 1-GEGEN-1-SPIELER

Mit Italien und England standen auch die beiden Teams im Finale, die beide mit jeweils 121 Dribblings in dieser Statistik ganz vorne stehen.

Schnelle, wendige Spieler, die mutig und mit Tempo das 1 gegen 1 suchen, waren bei dieser EM ein wesentlicher Erfolgsfaktor, gerade um die tief stehenden Abwehrblöcke aus der Balance zu bringen.

In vielen Fällen gelingt es diesen Spielern, auch Elfmeter und vielversprechende Freistoßsituationen herauszuholen und den Gegner zu Fehlern zu provozieren und Gegenspieler aus wichtigen Positionen abzuziehen und zu binden.

Gerade Federico Chiesa (1,75 m) und Lorenzo Insigne (1,63 m) vom Europameister Italien schafften es, durch ihre extreme Wendigkeit und Stärken im 1 gegen 1, Spiele entscheidend zu beeinflussen.

Der Engländer Raheem Sterling (1,70 m) und der Holländer Memphis Depay (1,76 m) zählten ebenfalls genau durch diese Attribute zu den auffälligsten Spielern dieser EM und vielen Teams hätte diese Art von Spielerprofil gut zu Gesicht gestanden.

England hätte mit dem vermehrten Einsatz von Jadon Sancho und Phil Foden (1,71 m) sein Spiel eventuell noch mehr in der Offensive bereichern können.

Die oben genannten Fähigkeiten und Spielertypen haben auch der deutschen Nationalmannschaft gefehlt, die im Schnitt weniger als fünfmal pro Spiel erfolgreich ein Dribbling bestreiten konnte und in dieser Statistik sogar hinter Finnland und Nordmazedonien liegt.

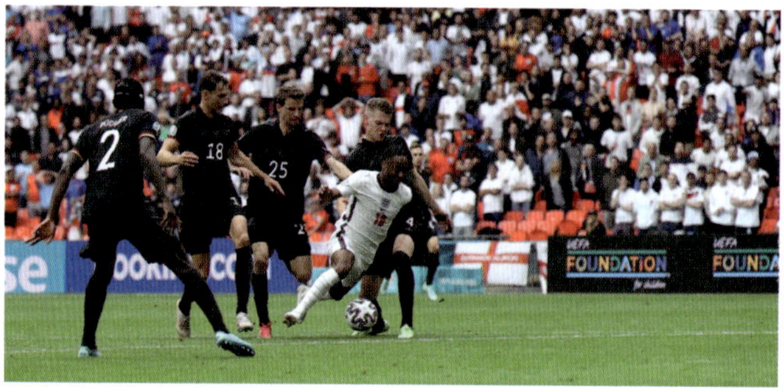

Raheem Sterling – schnell, wendig, kreativ, stark im 1 gegen 1 und einer der besten Spieler der EM, hier gleich gegen vier Spieler der deutschen Nationalmannschaft.

BALANCESPIELER

Vergangene Saison gab es keinen erfolgreicheren Fußballer als Jorginho, der mit Chelsea London die Champions League und mit Italien die EM gewinnen konnte und bei beiden Teams vielleicht der entscheidende Schlüsselfaktor war, da Jorginho es schafft wie nur wenige, für eine gute Balance in einer Mannschaft zu sorgen.

Da Fußball mit einer ungeraden Anzahl von 11 Spielern pro Team gespielt wird, herrscht automatisch eine Dysbalance, die es permanent in allen Spielphasen auszugleichen gilt.

Da kleine Details auf hohem Niveau den Unterschied machen, sind diese Balancespieler unverzichtbar für den Erfolg einer Mannschaft, gerade bei einer hohen Ansammlung von Stars, da sie nonstop darauf bedacht sind, kleine Dysbalancen auszugleichen.

Jorginho ist extrem ballsicher und weiß genau, wann es daran ist, das Spiel zu beruhigen oder zu beschleunigen und stellt permanent Überzahlsituationen her und macht dabei so gut wie keine Fehler, er gibt dem Spiel uneigennützig, was es braucht.

Zudem hält er extrem diszipliniert die Position für die Restverteidigung, was einer der Gründe war, dass Italien so gut wie nie in gefährliche Kontersituationen kam.

Jorginho absolvierte die meisten Spielminuten aller Spieler und war dabei extrem konstant.

Auch bei Ballverlusten ist Jorginho durch sein hervorragend ausgeprägtes Gespür immer zur Stelle und schafft es in den meisten Fällen, ohne Foul den Ball sofort wieder zu erobern und aus dem Druck zu spielen, was zu einer extrem guten Balance im Spiel der Italiener und einer hohen Dysbalance des Gegners führt, vor allem, weil sich diese vielen kleinen, manchmal fast „unsichtbaren" Aktionen summieren und das Spiel nach einer gewissen Zeit zugunsten seiner Mannschaft wenden.

Ein solcher Balancespieler, der im defensiven Mittelfeld agiert und seine Position so gut wie nie aus den Augen verliert und das Spiel entscheidend prägt ist auch Sergio Busquets vom FC Barcelona, der bei den Spaniern als Schlüsselspieler für eine hervorragende Balance im Spiel gesorgt hat.

Auch Declan Rice von Westham United agierte im Spiel der Engländer extrem diszipliniert und sorgte somit für eine erfolgreiche Balance auf dem Platz, genauso wie bei den Dänen Thomas Delany und Pierre-Emil Höjbjerg, die sich in dieser Rolle hervorragend abwechselten.

Dieser fehlende Spielertyp auf dieser Position im deutschen Team, der heutzutage als Herzstück in nahezu jeder erfolgreichen Mannschaft zu finden ist, war sicherlich wie auch schon bei der WM 2018 mit einer der Gründe für das vorzeitige Ausscheiden der deutschen Mannschaft. Mit Joshua Kimmich wurde vermutlich die Idealverkörperung für diesen Balancespieler auf einer anderen Position eingesetzt.

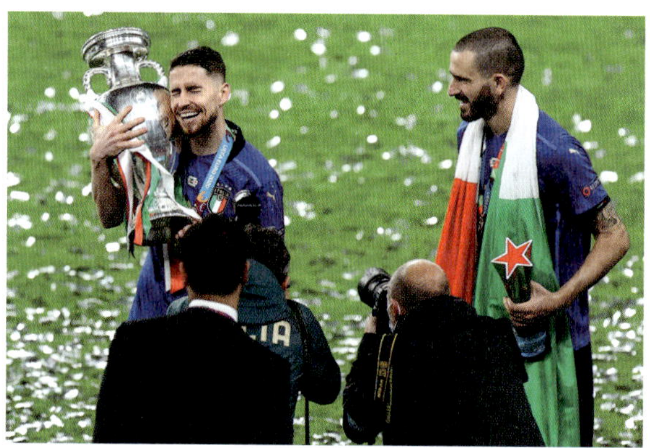

Balancespieler Italiens, Jorginho, mit dem EM-Pokal

OLD BUT GOLD UND GUT GENUG IST ALT GENUG

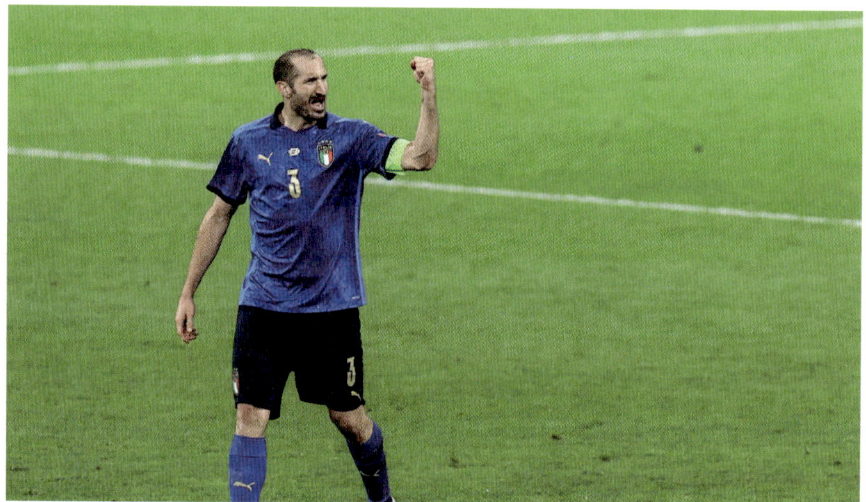

Old but Gold – Giorgio Chiellini

Leonardo Bonucci mit 34 und Giorgio Chiellini mit 36 Jahre bildeten das Herzstück des Europameisters.

Mit Cristiano Ronaldo wurde ein 36 Jahre alter Spieler Torschützenkönig der EM und selbst der 38 Jahre alte Pepe zählte bei Portugal immer noch zu den Stützen.

Auch Weltfußballer Luka Modrić mit 35 Jahren war nach wie vor Rhythmusgeber der kroatischen Mannschaft und der Niederländer Maarten Stekelenburg hütete mit 38 Jahren souverän das Tor.

Damit zeigt sich auch bei der EM der Trend, dass Spieler durch eine bestmögliche Trainingssteuerung, Ausschöpfung der bestmöglichen Regeneration, Optimierung von Schlaf und Ernährung und anderen modernen Errungenschaften ihre Karrieren länger als noch eine Generation vor Ihnen auf Topniveau durchziehen können, allen voran Zlatan Ibrahimović, der mit mittlerweile 39 Jahren immer noch zu den besten Angreifern der Serie A zählt.

Für viele war es vielleicht nur Gag, aber Cristiano Ronaldo zeigte bei der EM bei einer Pressekonferenz klar auf, wie viel Disziplin es braucht, um mit 36 Jahren noch so fit zu sein, indem er die Colaflaschen entfernte und darauf hinwies, dass es besser wäre, Wasser zu trinken.

Zudem gaben mit den Polen Kacper Kozlowski und dem Engländer Jude Bellingham aber auch die beiden jüngsten Spieler ihr EM-Debüt, die jemals eingesetzt wurden, was einen anderen Trend bestätigt: Ist ein Spieler gut genug, dann ist er auch alt genug!

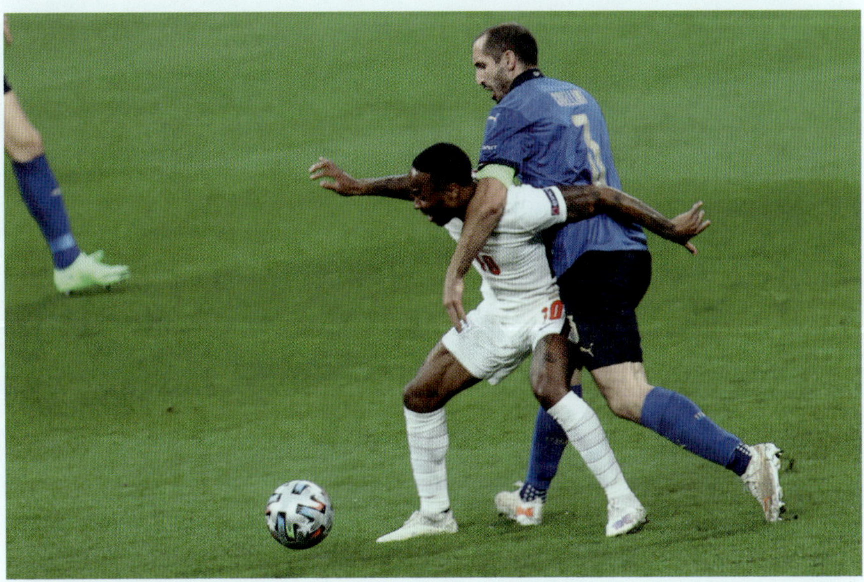

Clever den Nachwuchs ausgebremst – die ganze Routine von Giorgio Chiellini bei einem wichtigen taktischen Foul im Finale

NEUE PSYCHOLOGISCHE ERKENTNISSE BEIM ELFMETERSCHIESSEN

Viele wichtige Spiele in den K.-o.-Runden werden bei Turnieren durch ein Elfmeterschießen entschieden, so musste sich der Europameister sowohl im Halbfinale gegen Spanien wie auch im Finale per Elfmeterschießen durchsetzen.

Gerade die drei verschossenen Elfmeter der Engländer gaben Professor Geir Jordet aus Norwegen, der weltweit zu den führenden Personen im Bereich der auf den Fußball bezogenen Psychologie zählt, Anlass, genauer auf die Hintergründe von Erfolg und Misserfolg bei einem Elfmeterschießen einzugehen.

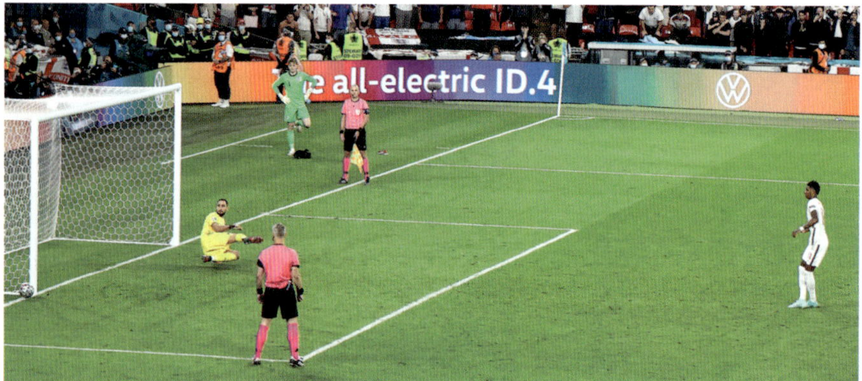

Dabei hat er herausgefunden, dass in den letzten 45 Jahren bei großen Turnieren kein Spieler länger als Marcus Rashford gebraucht hat, um zum Elfmeter anzulaufen. Rashford benötigte hierfür nach dem Pfiff des Schiedsrichters ganze 11 Sekunden.

Bei den letzten 12 Elfmetern vor der EM, von denen Rashford 10 verwandelte, wartete er im Schnitt 5,7 Sekunden von Pfiff bis zur Ausführung.

Sich unter Stress Zeit zu nehmen, ist per se nichts Schlechtes und kann je nach Umgang mit dieser Zeit sowohl zu mehr Stress, aber auch zu einer besseren Performance führen, aber auch ein überhastetes Verhalten und zu schnelles Ausführen kann sich nachteilig auswirken.

Warum aber Marcus Rashford – der in der 119. Minute eingewechselt wurde und was sich auf sein Stresslevel negativ ausgewirkt haben dürfte – die Wartezeit auf einen neuen Rekord anhob, bleibt sein Geheimnis.

Dies gab Professor Jordet Anlass, sich näher mit dem Zusammenhang der Reaktionszeit und dem Ergebnis beim Elfmeterschießen zu beschäftigen:

Jordet fand heraus, dass Spieler, die bei der Euro im Elfmeterschießen getroffen haben, im Durchschnitt 2,5 Sekunden benötigt haben, wobei Harry Kane mit fünf Sekunden am längsten gebraucht hat. *(https://www.sciencedirect.com/science/article/abs/pii/S1469029209000338)*

Spieler, die verschossen haben, wichen dabei in der Regel von diesen 2,5 Sekunden ab.

Neben dem Rekord von Rashford mit 11 Sekunden brauchte wwauch Belotti im Finale ganze sieben Sekunden bei seinem Fehlschuss. *(https://www.sciencedirect.com/science/article/abs/pii/S1469029209000338)*

Interessant dabei ist, dass der Schweizer Fabian Schär mit 0,5 Sekunden die schnellste Ausführungszeit hatte und gegen Frankreich getroffen hatte, dann aber eine Runde weiter unter noch größerem Stress mit derselben Strategie verschossen hat.

Spieler, die bei der Euro einen Elfmeter verwandeln konnten, benötigten im Schnitt 2,5 Sekunden vom Pfiff bis zur Ausführung. Die Spieler, die verschossen haben, durchschnittlich 0,9 Sekunden, wie beispielsweise Mbappé, Sergio Busquets, Rodri oder Morata, die alle sogar unter 0,5 Sekunden blieben.

Es bleibt also festzuhalten, dass ein kurzer Fokus nach dem Pfiff des Schiedsrichters auf die bevorstehende Aufgabe und eine entschlossene Ausführung ohne lange Überbrückungszeit, in welcher neue Stimuli auftreten können, der Schlüssel zum Erfolg beim Elfmeterschießen sind.

Ein interessanter Stimulus, der zu beobachten war, war das selbstsichere Herumalbern von Giorgio Chiellini mit Spaniens Jordi Alba vor dem Elfmeterschießen, das vermutlich zum Ausgang beigetragen haben dürfte ...

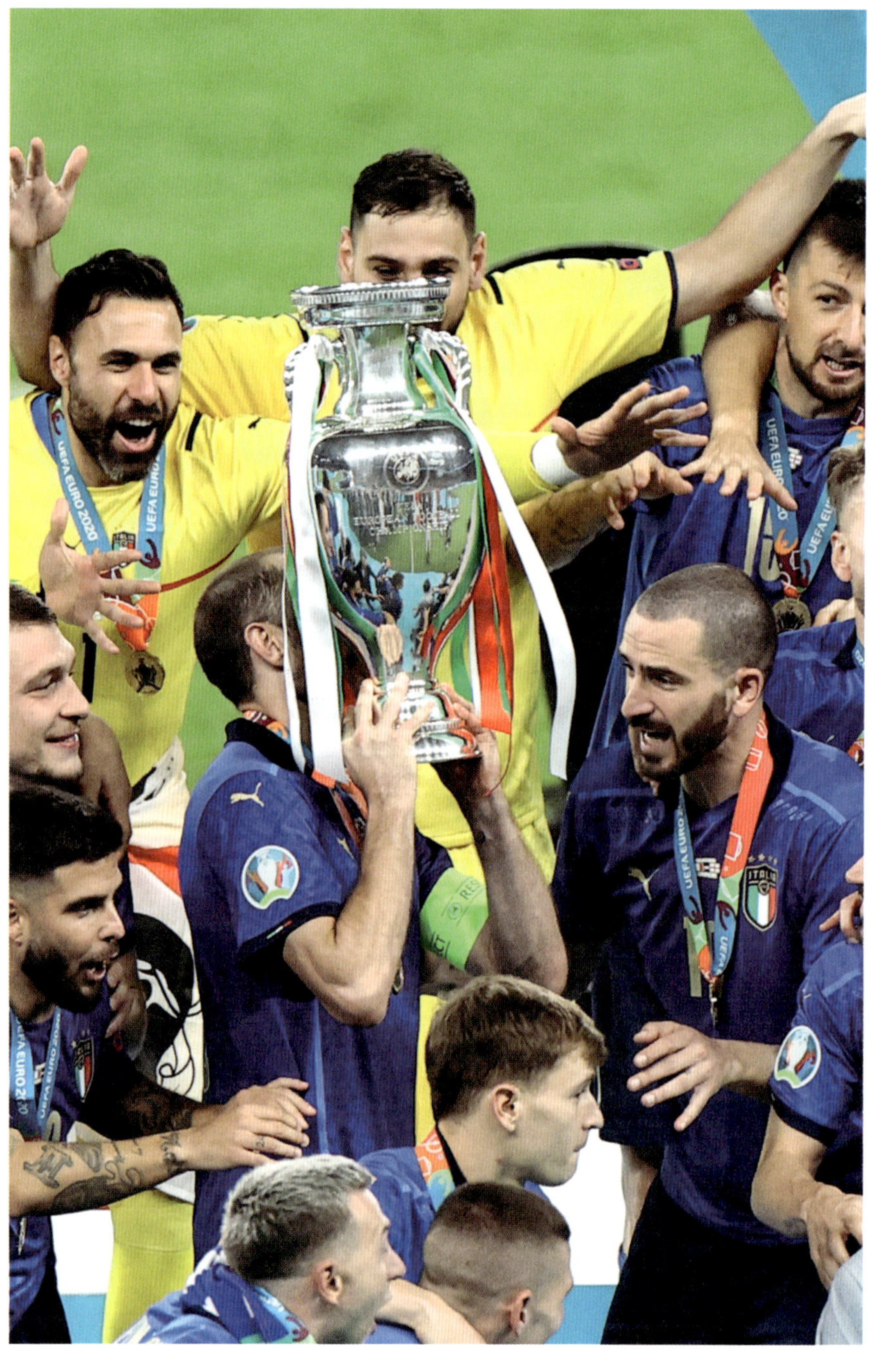

Verdienter Europameister Italien – Ein klarer Matchplan zusammen mit Routine und einem enormen Teamgeist waren der Schlüssel zum Erfolg.

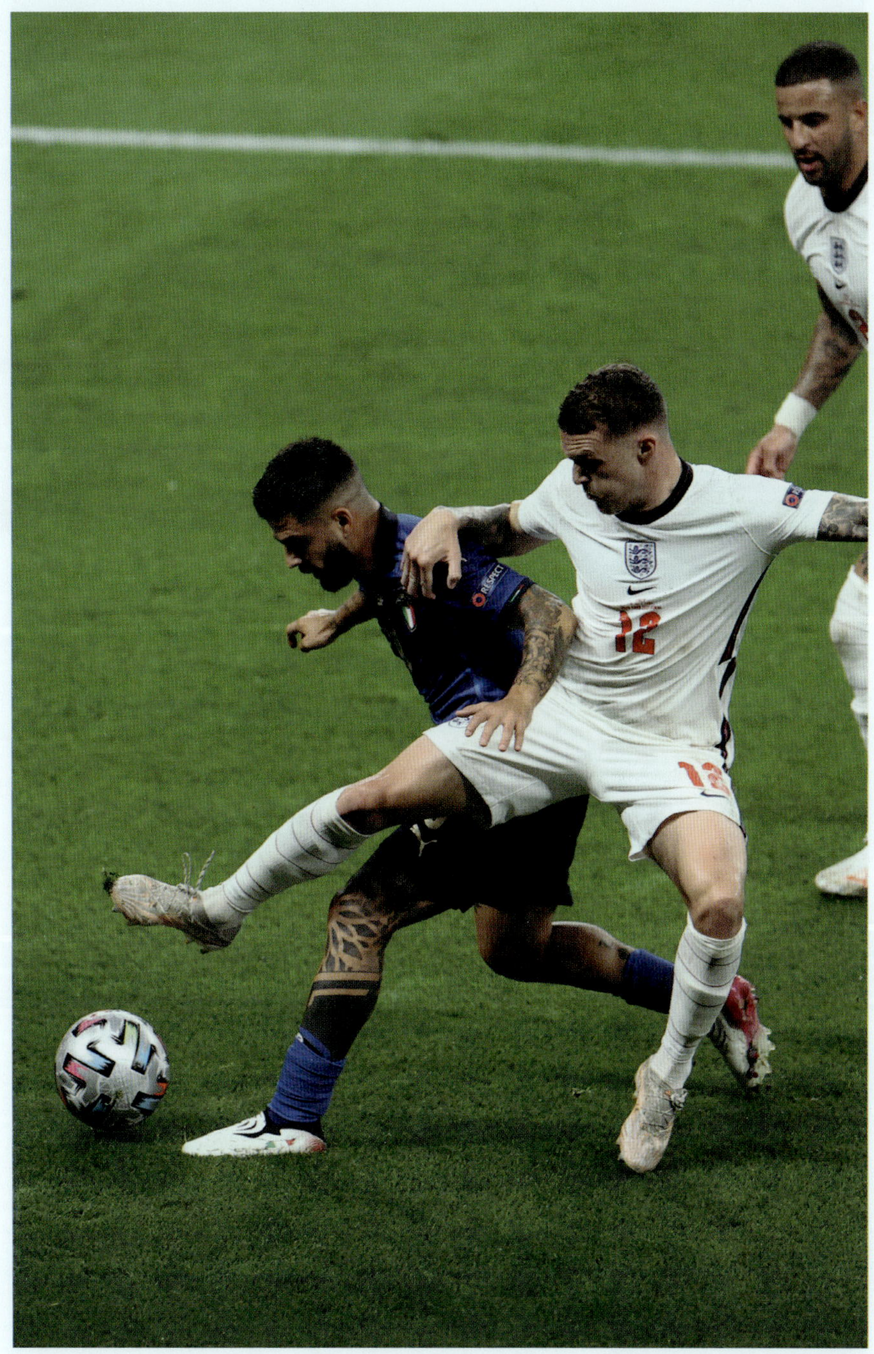

Ein hochintensives Finale zweier Nationalmannschaften, die das ganze Turnier einen klaren Matchplan vorweisen konnten.

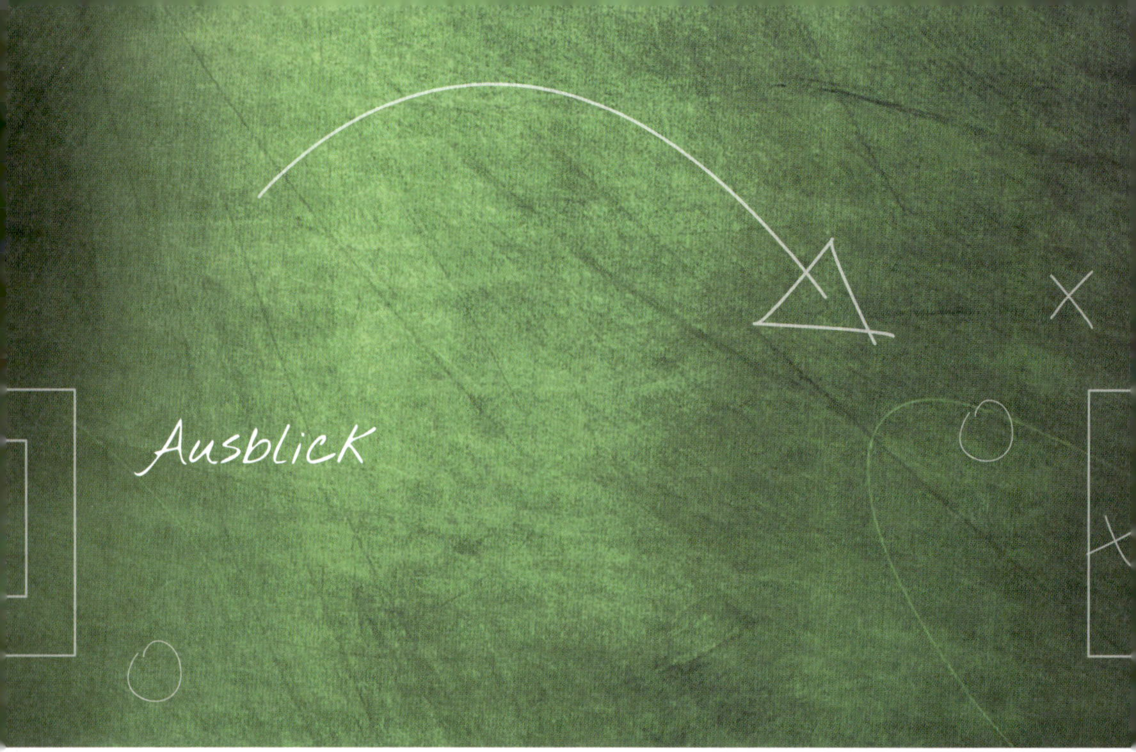

Ausblick

„Wähle im Krieg einen Standort von dem aus du mehrere Ein- und Ausblicke hast. Wenn du dich innerhalb eines Problems befindest, wirst du es nicht begreifen können und adäquat handeln." – Sun Tzu, die Kunst des Krieges (ca. 500 v. Chr.)

Zum Schluss stellt sich die Frage, in welche Richtung sich der Fußball entwickeln wird, klar wird sein, dass Erfolg immer modern sein wird.

Dass der Fußball sich weiterentwickeln wird, steht fest, dazu sagt die Trainerlegende Dettmar Cramer in einem tollen Werbespot:

„Solange besser möglich ist, ist gut nicht gut genug."

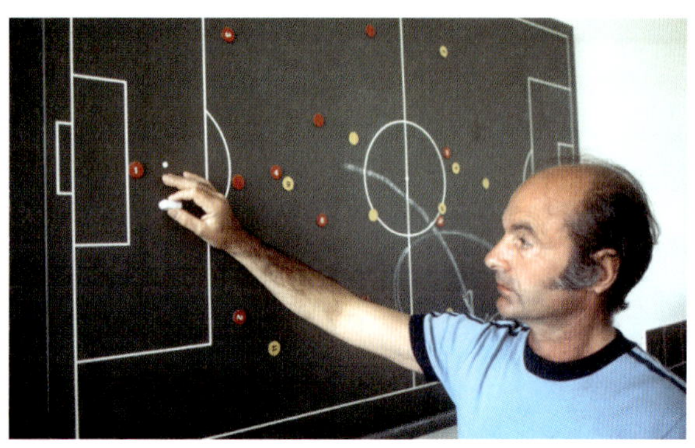

Dettmar Cramer an der Taktiktafel

Der Fußball wird sich wie alles im Leben getreu dem Motto *„Höher, schneller, weiter"* entwickeln.

Folgende Punkte werden dabei eine wesentliche Rolle spielen:

- Jede Mannschaft, die Erfolg haben will, muss in de Lage sein, in allen vier (fünf) Spielphasen Lösungen zu haben, die auf klaren Prinzipien aufbauen.
- Der moderne Fußball wird über Raumkontrolle entschieden. Die Mannschaft, die zum richtigen Zeitpunkt den richtigen Raum kontrolliert, gewinnt das Spiel und Raumkontrolle im Strafraum des Gegners ist dabei die Königsdisziplin.
- Der verfügbare Raum und die Zeit werden immer noch knapper werden, so haben sich die kompakten Defensivblöcke von (2006) 50 m x 35 m (2006) auf 30 m x 25 m (2018) verengt, wodurch die Handlungsschnelligkeit der Spieler weiter zunehmen wird.
- Die Spieler im modernen Fußball müssen immer flexibler werden. Die Spieler müssen sich innerhalb kurzer Zeit auf neue Spielkonstellationen einstellen können und auch auf starke Änderungen des Spielrhythmus innerhalb eines Spiels flexibel reagieren können.
- Der Übergang zwischen den einzelnen Systemen wird immer fließender. Erfolgreiche Teams können sich jederzeit verschiedenen Spielsituationen anpassen und sind im Beherrschen verschiedener Systeme gleichermaßen gut. Themen wie die dynamische Raumbesetzung beim Positionsspiel werden sich rasant entwickeln.

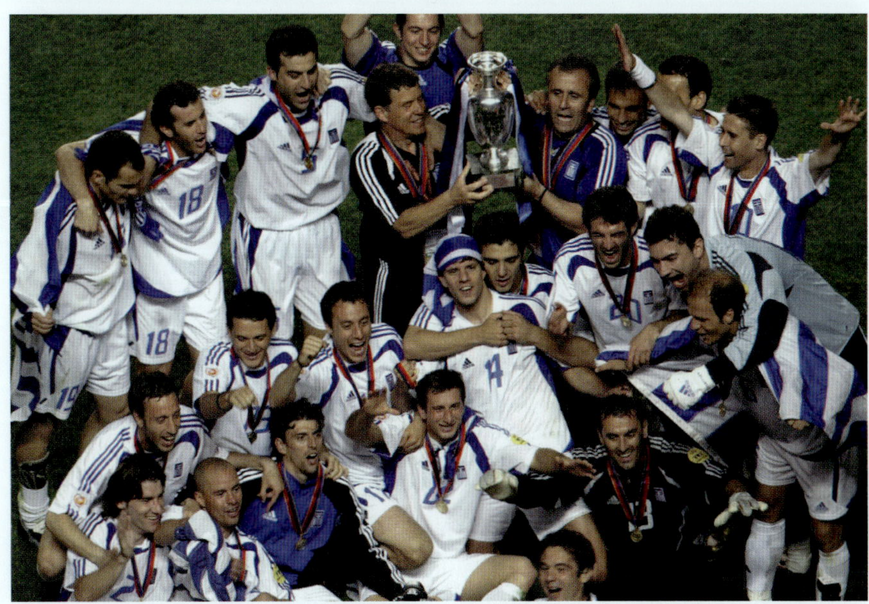

Überraschung: Griechenland wird 2004 mit Libero Europameister.

- Die Renaissance des Mittelstürmers gegen extrem defensive Mannschaften. Internationale Topstürmer weisen eine Konversionrate von 20-30 % aus, 60 % der Tore werden in der Box mit dem ersten Kontakt erzielt, dementsprechend müssen diese Fähigkeiten geschult werden.
- Antizipation und Handlungsschnelligkeit werden immer wichtiger, da das Spielfeld immer enger wird. Die Ballkontaktzeit die von 1,9 Sekunden (2008) auf 0,9 Sekunden (2016) gesunken ist, wird in Zukunft auch von vermeintlich kleineren Teams erreicht werden.
- Es wird immer mehr einstudierte Torerfolge geben, wie beispielsweise aus Standardsituationen. So braucht es nur 50 Eckbälle für ein Tor, aber 85 Angriffe für ein Tor.
- Einige Trends kehren oftmals auch wieder zurück. Ein Beispiel hierfür ist der Gewinn der Europameisterschaft 2004 von Griechenland mit Libero.
- Ausschlaggebend im Fußball wird immer mehr die Spielfähigkeit sein: Wie schnell ist ein Spieler in der Lage, neue Spielsituationen zu erkennen und diese optimal zu lösen? Hier liegt großes Potenzial im kognitiven Bereich.
- Die Spieler werden immer mehr zu „spezialisierten Allroundern" werden.
- Auch in konditioneller Hinsicht wird sich der Fußball weiterentwickeln. Die Spieler müssen ein noch höheres Tempo anschlagen können und müssen noch mehr Sprints absolvieren. So steig der absolvierte Anteil mit hohen Geschwindigkeiten (> 15 km/h) von 12 % bei der WM 2006 auf 24-28 % bei der WM 2014 und der Anteil höchster Geschwindigkeit (> 28 km/h) sogar von 6,2 % (WM 2006) auf 12,7 % (WM 2014).
- Daher müssen die Spieler im Bereich der Athletik noch fußballspezifischer und vor allem auch positionsspezifischer ausgebildet werden: Ein Flügelspieler kann unmöglich dasselbe Ausdauerprogramm wie ein Innenverteidiger absolvieren.
- Gut ist es, immer wieder einen Blick über den Tellerrand zu anderen Sportarten wie dem American Football oder Hockey zu werfen, die dem Fußball im Bereich Athletiktraining und positionsspezifischem Training voraus sind.
- Ein weiterer Trend ist ein noch kreativeres Agieren in der Defensive: So waren beispielsweise bewusste Pressingstrategien mit einem Steuern des Gegners vor einiger Zeit noch kaum vorstellbar.

- Interessant wird auch die zukünftige Entwicklung des ballorientierten Spiels sein: Die ersten Jahrgänge, die bereits vom jüngsten Alter an ballorientiert geschult wurden, kommen jetzt nach und nach aus den Jugendteams.
- Ein weiterer Ansatzpunkt ist das Integrieren von Spezialtrainern, was in vielen anderen Sportarten schon längst Standard ist. Warum sollte es nicht auch einen Spezialtrainer für Standardsituationen geben?
- Das Kopfballspiel wird immer noch mehr an Bedeutung gewinnen. Viele Jugendabteilungen reagieren bereits darauf und das Kopfballpendel kommt wieder zum Einsatz.
- Außerdem wird sich die Trainingsintensität erhöhen. Und auch die Dauer: Nicht auf dem Platz selbst, sondern neben dem Platz, beispielsweise im Bereich der Videoanalyse oder warum nicht auch mit dem Befassen von Taktik und Systemen.
- Fakten, Fakten, Fakten. Durch Big Data wird das Spiel immer mehr aufgeschlüsselt und analysiert, weshalb zusätzlich Personalbedarf in der Auswertung dieser Details besteht.
- Verbesserte Einbindung und Verzahnung zwischen Profi- und Nachwuchsabteilung durch Talentmanager, indem Talente frühzeitiger eingebunden werden und zudem länger bei den ersten Schritten in den Profibereich betreut werden.
- Ausnutzen der Fakten durch Kreativität: Ein Beispiel wäre ein bewusst geplanter Fehlpass, der in den Rücken der gegnerischen Verteidigung gespielt wird, um diese dann bewusst zu pressen, da die Chance, aus einem Pressing ein Tor zu erzielen, relativ groß ist. Ein weiteres Beispiel wäre, die hohe Fehlerquote bei Einwürfen auszunutzen, indem man den Ball bei einem Einwurf bewusst möglichst nah am Tor des Gegners in das Seitenaus wirft, um von dort zu pressen.
- Topspieler in Manndeckung nehmen: Warum sollte Joshua Kimmich nicht in der Lage sein, Lionel Messi in einer direkten Manndeckung auszuschalten? Der Rest agiert normal im 10 gegen 10.
- Und die Position des Trainers und seines Trainerteams wird noch mehr an Bedeutung gewinnen, da sie Maßnahmen ausarbeiten müssen, damit die Spieler und die Mannschaft den Trends gewachsen sind.
- Die Bedeutung des 1:0 wird immer weiter steigen.

- Das Durchschnittsalter und das Debütalter werden im Profifußball immer niedriger, so lag in der Saison 2002/2003 das Durchschnittsalter in der Bundesliga noch bei 27,1 Jahren, in der Saison 2017/2018 nur noch bei 24,5 Jahren.
- 70 % der Tore fallen nach einem schnellen Gegenangriff. Dauer dieser Gegenangriffe: 6-8 Sekunden nach 2-4 Passfolgen, Tendenz weiter sinkend.
- Die erfolgreichsten Mannschaften werden in Zukunft immer mehr mit einer Spielidee auftreten, in der es darum geht, dass mit der grundlegenden Spielidee darum gespielt wird, um proaktiv das Ziel „zu erreichen" anstatt passiv „zu verhindern."
- Der Einsatz von zielgerichteten Key Performance Indikatoren, die z. B. die Entwicklung der Spielidee auf dem Platz begleiten, werden immer mehr genutzt werden und sich dadurch stetig verbessern.
- Die Bedeutung der Datenanalyse wird bedeutend zu nehmen, gerade im Scouting Bereich, aber auch in der Analyse auf dem Platz wird die Implementation von Balldaten die Thematik auf eine völlig neue Ebene anheben.
- Immer mehr Vereine werden erkennen, dass die Investition in eine eigene Nachwuchsakademie einer der wenigen Wege sein wird, um nachhaltig bestehen zu können.
- Das aktuelle „Peak Age" von Fußball-Profis auf Topniveau liegt im Schnitt zwischen 25-28 Jahren, da hier die körperliche Verfassung mit Spielerfahrung auf höchstem Niveau aufeinandertreffen. Dieses „Peak Age" wird sich in Zukunft durch eine Verbesserung in der Trainingsmethodologie und den Regenerationsmaßnahmen auf einen Rahmen zwischen 23-30 Jahren erweitern.
- Analysen der besten Spieler zeigen klar auf, dass diese in den meisten Fällen bereit mit 18 Jahren im Profifußball debütiert haben und davor mindestens 7-8 Jahre eine Top-Ausbildung durchlaufen haben – in vielen Fällen sogar länger.
- Die erfolgversprechendste Trainingsmethodologie die in Zukunft noch viel mehr genutzt werden wird, richtet sich nach der Spielidee und einem daraus entwickelten Spielmodell und nicht nach sportartfremden Periodisierungskonzepten.

Doch wie sagte nicht schon Otto Rehhagel:
„Die Wahrheit liegt
am Ende auf dem Platz."

DER AUTOR

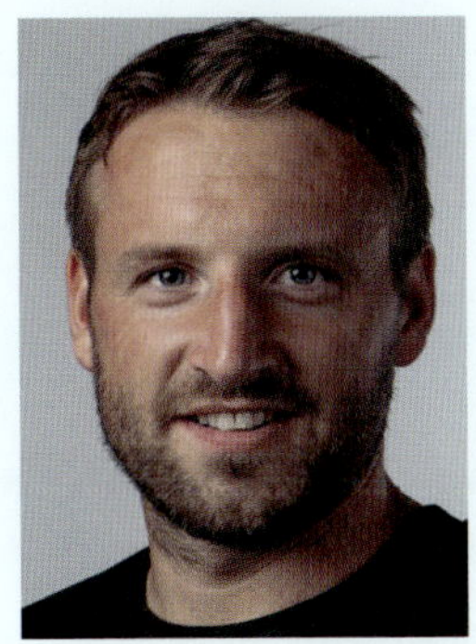

Timo Jankowski

Der verheiratete Familienvater von drei Töchtern ist studierter Betriebswirt und diplomierter Berufstrainer und arbeitet bereits seit über zehn Jahren hauptberuflich als Fußballtrainer.

Nach Stationen als DFB-Stützpunkttrainer und dem FC Aarau arbeitete der Inhaber der DFB-A-Lizenz und des SFV A+-Diploms acht Jahre lang beim Schweizer Rekordmeister Grasshopper Club Zürich in verschiedenen Positionen im Nachwuchsbereich und der 1. Mannschaft. Die letzten Jahre konnten während seiner Funktion als Ausbildungschef über 50 Spieler ihr Debut im Profifußball feiern.

Zudem war er als Co-Trainer der Schweizer U16-Nationalmannschaft sowie als Referent für Firmen, Vereine und Verbände tätig.

Im Juli 2021 trat Timo Jankowski eine neue Stelle als Technischer Direktor des Fußballverband in Fiji mit dem großen Ziel an, über eine gute Trainerausbildung und eine effektive und effiziente Spielerentwicklung Fußball nachhaltig in Fiji zu entwickeln, um den Traum der Teilnahme an der WM 2026, für den die Region Ozeanien zum ersten Mal einen fixen Startplatz erhalten wird, zu verwirklichen.

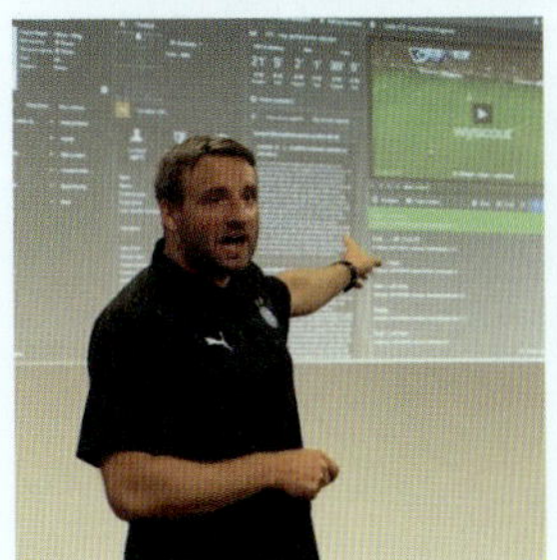

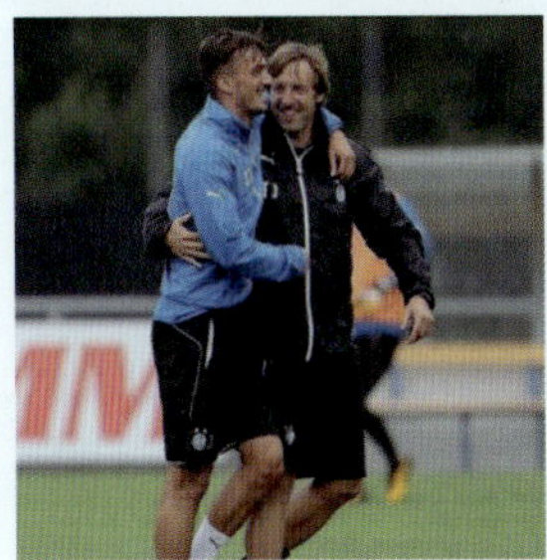

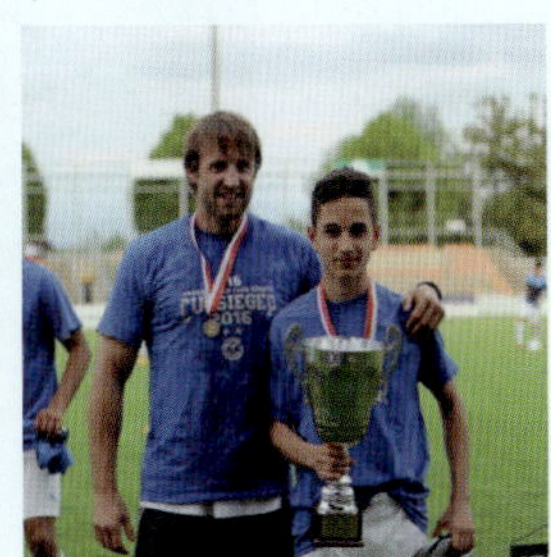

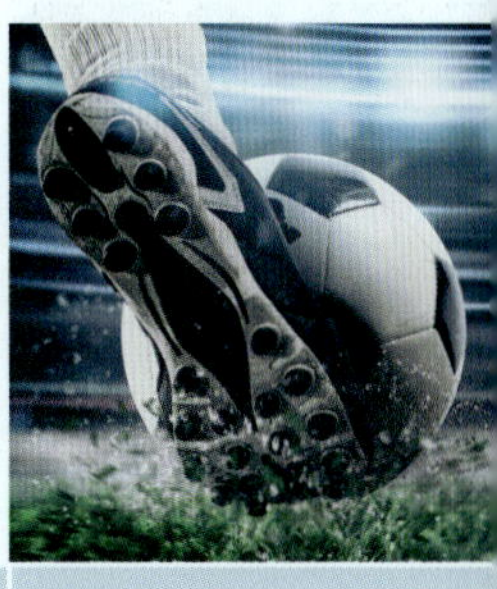

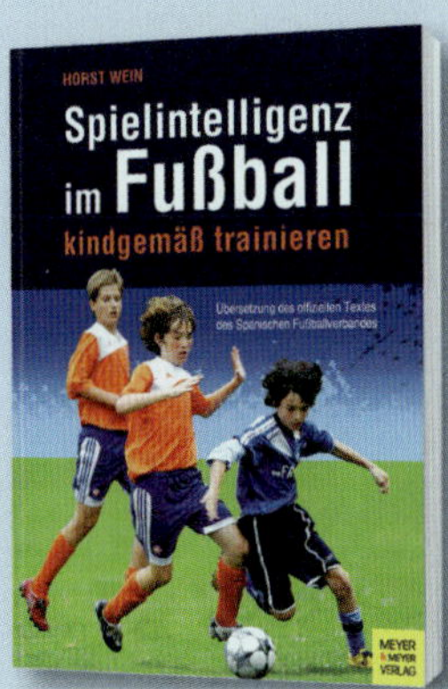

ISBN: 978-3-89899-946-5

€ [D] 24,95 / € [A] 25,70

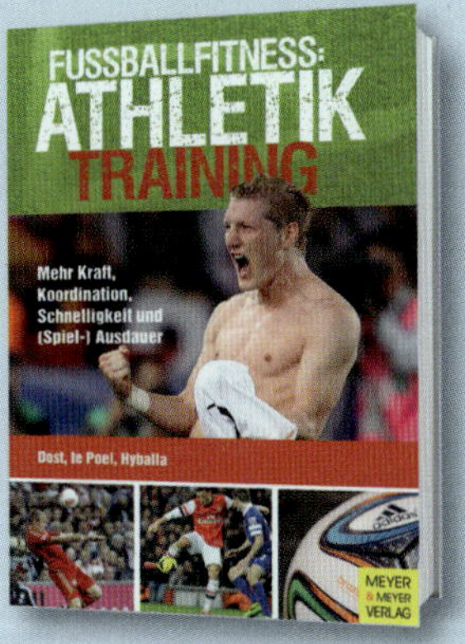

ISBN: 978-3-89899-880-2

€ [D] 29,95 / € [A] 30,80

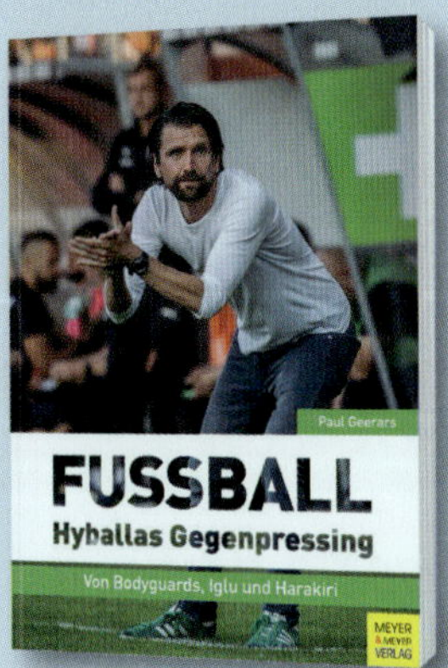

ISBN: 978-3-8403-7761-7

€ [D] 18,00 / € [A] 18,50

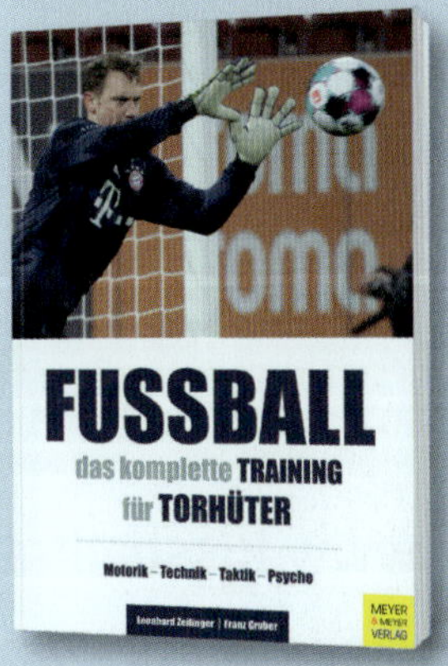

ISBN: 978-3-8403-7766-2

€ [D] 24,00 / € [A] 24,70

MEYER & MEYER
Fachverlag GmbH
Von-Coels-Str. 390
52080 Aachen

Telefon	02 41 - 9 58 10 - 25
Fax	02 41 - 9 58 10 - 10
E-Mail	vertrieb@m-m-sports.com
Website	www.dersportverlag.de

Unsere Bücher erhalten Sie online oder bei Ihrem Buchhändler.

MEYER & MEYER VERLAG